ふるさとの情景

公益社団法人　俳人協会［編］

東京四季出版

まえがき

「俳句文学館」誌上で、「ふるさとの情景」の連載が始まったのは平成9年6月5日号の「『りんごの町』板柳」（青森）が最初だった。以来全国四十七都道府県の会員のみな様にご執筆いただき、四半世を越したいまなお「俳句文学館」の人気コラムとして好評を得ている。

今回、俳人協会創立六十周年記念事業刊行物として、平成31年4月5日号の第二五〇回「昭和の記憶『八甲田丸』」（青森）までをカラー版として一冊にまとめることにした。

連載開始時の「平成」もすでに「令和」と改まり、時代も少しずつ変化してきている。その時代の移り変わりをコラムの端々にお読みいただければ幸いである。

令和三年八月

公益社団法人　俳人協会
会長　大串　章

目次

III 中部

中国

四国

Ⅷ 九州・沖縄

Ⅰ　北海道・東北

文化と歴史の町・小樽

小樽という地名は、アイヌ語で「オタルナイ」（砂浜の中の川の意味）に由来し、今から三八〇年前（慶長年間）に松前藩の知行地として開かれ、その後ニシンを求める和人の数が増加し、元治二年を小樽開基の年としております。小樽は開拓使により揚陸港として発展してきており、空知地域の豊富な石炭の積出し港としても栄え、明治一三年には札幌、小樽間に鉄道が敷設されています。

今日港湾都市小樽の西には「ニセコ積丹小樽海岸国定公園」があり、随一の景勝地オタモイ海岸へは遊覧船が運航されています。

祝津地区には「おたる水族館」をはじめ有形文化財の「鰊御殿」や網元の「旧青山別邸」等、このほかマリーナ、日和山灯台等もあり家族で楽しい一日を過ごすこともできます。

ここ小樽では多くの作家画家等が生まれ育ち、石川啄木、小林多喜二、伊藤整などの文学碑や歌碑などが立てられ文学館美術館等にその作品が展示されています。

また運河地区には明治、大正期に建てられた石造倉庫など歴史的建造物が数多くあり異国情緒を醸し出しています。これらの建物は現在、ガラス、オルゴールの店舗や地ビール工場等となっており、運河と瓦斯灯の風景は小樽を象徴する名所となっています。

更に過去に幾多の名スキーヤーを輩出した「天狗山スキー場」には山頂までロープウェーが運行し、四季折々の展望を楽しむことができます。

手宮地区には、小樽交通記念館があり「しづか号」「大勝号」等の機関車をはじめ交通の歴史が展示されています。

一方小樽市内の奥座敷には朝里川温泉が三方を山に囲まれ、市民に親しまれる閑静な温泉郷としてあります。

▽交通＝JR函館本線小樽駅下車、札幌より列車、バス約三〇分

平成12年1月5日号（吉田功次郎）

小樽を象徴する運河や倉庫

アイヌ文化学ぶ心を

旭川市周辺には、むかしアイヌの人達が川辺のあちこちに小さな集落（アイヌ・コタン）を作って暮らしていた。

いまは開発がすすみ近文のアイヌ記念館を中心に伝統の民芸品作りや織布工芸・民族音楽など幅広く活躍をしている。特に木彫細工は評判が高く道内外の観光地に出荷されている。アイヌ記念館は、先代の川村カ子ト氏が建立。昭和五八年に長男の兼一氏が館長を継承した。館内には狩猟民族の生活用具や刀剣、北海道に棲む鳥獣の剝製などが陳列されていて、狩猟民族の昔を知る事が出来る。また訪れる人の希望があれば昔から伝わる踊を披露してくれる。

記念館から西へ二キロメートル程に、近文アイヌ墓地がある。林に囲まれた二ヘクタール程の静かな敷地にアイヌの先祖が祀られている。墓は木の標で、男性のものは鉾形で先が尖っている。女性のは杵形をしており、それぞれに片仮名で故人の名が彫られている。春は囀りの中で、夏は終日遠く近くに郭公が聞かれ、秋は野菊が咲き乱れる。そんな中に立っている墓標群を見ていると、森羅万象を神々とあがめ、自然の中に生きて来た人達の心が分って来る様な気がするし、不思議と心が和んでくる。

心和むアイヌ民族の墓標

更に此処より二キロメートル程先にある嵐山（本州から移住して来た人々が形が京都の嵐山に似ているところから名付けられた）にはアイヌ文化伝承のコタンがあり、旭川市の博物館の分館があって丸木舟などが陳列されている。山の木々の間には、チセ（笹で家全体が葺かれている昔の住居）やプー（食糧庫）などが再現されていてアイヌの人達の往時の生活を偲ぶことが出来る。

これ等を単なる観光として見るのも良いが、アイヌ民族の自然と共に生きて来た心や文化を知ろうという姿勢で対すると、現代の吾々が学ばねばならぬ事が見えて来る。

▽交通＝アイヌ記念館は旭川駅前から旭川バスで一五分。アイヌ記念館前下車。

平成15年12月5日号（河村岳葉）

煉瓦と文教の町・江別

札幌市東部に隣接する江別市は自然豊かな「文教」「農業」「工業」そして札幌のベッドタウンでもある、人口一二万人余りの街です。

石狩川河口近くのため縄文時代から人が住み、続縄文時代の住居跡、土器、古墳、アイヌ期のチャシ（砦）なども発見されています。

アイヌの人達は「イ・ブ・ツ（大事な所への入口）」「ユベオツ（鮫のいる川）」と呼び、これが江別の語源だそうです。

道立自然公園となっている野幌（のっぽろ）森林公園は札幌・北広島・江別の三市に跨る二千ヘクタールを超える原始林です。天然記念物の熊啄木鳥が生息するなど、動植物の保護も行われています。公園内は遊歩道が整備され、キャンプ場や運動公園もあります。

昭和初期には擦文時代（奈良・平安時代）の江別古墳群が発見され、郷土資料館には出土した四〇〇以上の土器が展示されています。平成一一年、市内に道立埋蔵文化財センターが造られました。道立図書館があり、四つの大学、各種研究施設が集まる「文教のまち」としての顔もあります。

明治中期からは煉瓦が製造され、現在も市内には煉瓦建造物が多数あります。その歴史の中で、煉瓦・焼物のテーマ館「セラミックアートセンター」が造られ、企画展示・体験教室が開かれています。また煉瓦建造物の象徴として「旧石田邸」（昭和二〇年頃築）が改修され「ガラス工芸館」として製作見学・体験も出来ます。二〇〇四年には「江別の煉瓦」が北海道遺産に登録されました。

旧石田邸の「ガラス工芸館」

道内の陶芸家やガラス作家、サークル等四〇〇店近くが一堂に会し、作品を販売する「えべつやきもの市」が、毎年七月の第二土・日曜に江別駅周辺・セラミックアートセンターで開催されます。

▽問合せ＝江別市役所　経済部商工振興課
電話〇一一—三八一—一〇二三

平成20年1月5日号（西田美木子）

開拓の名残を今に

札幌市中央区創成東地区にかけて、一八七七年（明治一〇）までに、鍛工所、蒸気木挽器械所、開拓使麦酒醸造所、葡萄酒醸造所、味噌製造所が開設された。いずれも官営である。紡織所、病院などの他、屯田兵指令部もあった。札幌のことを語るに、開拓の歴史は避けられない。

昨今、ドストエフスキーブームだそうである。その原作の『白痴』が、黒澤明監督によって映画化されたのは、戦後間もない一九五一年（昭和二六）のことである。

黒澤明は「一八〇〇年代の帝政ロシア時代のペテルスブルクに起きた出来事を、現代の日本にもってきて不自然にならないようにするには、北方唯一の文化都市であり、エキゾティックな札幌より他にはなかった。厳寒期の札幌の街の人々も風物もすべて白と黒との世界に限られ、さまざまな様式の古い建物にも映画的な面白さがあった」と話した。この映画の石造倉庫は、創成東地区の三条通り付近にあったものである。

これらの建物は大分失われたものの、煉瓦造りの建物は現存しており、一般公開されて随時見ることが出来る。その他の煉瓦造りの建物、石蔵も散見され、「苗穂産業遺産」と称されるだけのことはある。

旧永山武四郎邸（北海道指定有形文化財）

この麦酒工場の東隣に、第二代北海道庁長官であった永山武四郎の旧邸がある。（所在地＝札幌市中央区北二条東六丁目二番地）。建築は明治一〇年代前半。外観洋風、内部は洋風応接室と、書院座敷を直接に連絡する和洋折衷様式。明治前半期の北海道の上流住宅建築の好例とされる。一九一一年（明治四四）三菱合資会社（後三菱鉱業）によって買収され、後に三菱鉱業寮部分を増築し、その遺構は十分保たれている。一九八五年（昭和六〇）に札幌市の所有となり、北海道指定有形文化財となった。

俳人阿部みどり女は、永山武四郎の四女としてここで出生、札幌北星女学校に通っていた。「朴の葉のブリキの如く秋風に　山口青邨」の色紙があり、俳句にも縁がある。

▽交通＝地下鉄東西線バスセンター前下車北へ徒歩約四〇〇メートル
▽問合せ＝旧永山武四郎邸
電話〇一一―二三二―〇四五〇

平成21年11月5日号（野崎声山）

野鳥の楽園・ウトナイ湖

工業都市苫小牧の郊外に、約五千年前から始まった陸地化により生成された海跡湖＝ウトナイ湖がある。

　周囲約九キロメートル、面積二七五ヘクタール、水深約一メートルの淡水湖の名の語源は、アイヌ語で「小さな川の流れが集まる所」。美々川やトキサタマップなどの清流が注ぎ込み、透明度の高い湖として知られる。周辺には海であった名残の砂丘、広大な勇払原野、湿原といった豊かな自然環境が形成され、動植物の宝庫、野鳥の楽園といわれて、四季折々に自然との触れ合いが楽しめる。特に鳥類は二六〇種以上が確認され、雁、鴨、白鳥などの渡り鳥にとって重要な中継地であり、越冬地でもある。因って、我が国初のバードサンクチュアリの指定、一九八二年には国指定鳥獣保護区、一九九一年にはラムサール条約湿地に、また東アジア・オーストラリア地域渡り鳥性水鳥重要生息地ネットワークに参加、国内外の研究者が多く訪れる。

　湖の氷が解け始めた三月、渡って来た雁は今季一〇万羽を超え、加えて鴨や白鳥の塒となり大変な賑わい。早暁の塒立ち、編隊を組んで戻る夕暮の情景は壮観で、命の営みに圧倒される。

　雁が去り、留鳥の鴨や白鳥だけの静けさの五月、芽吹く木々や草原の間を繁殖のために南から渡って来たアオジやオオルリが美しく囀り、フデリンドウやハスカップも咲き始めた。

▽交通＝千歳空港からバス一五分・苫小牧駅からバス三〇分
▽問合せ＝ウトナイ湖野生鳥獣保護センター
　電話〇一四四―五八―二二三一

平成26年7月5日号（名取光恵）

朝まだきの湖を飛び立つ雁の群（写真撮影：はやしひろし氏）

海鳥と原生林の離島

北海道北部の日本海に浮かぶ天売島・焼尻島は国定公園に指定されている小島である。天売島は日本有数の海鳥の繁殖地、焼尻島には、厳しい自然により生まれたイチイの原生林があり国の天然記念物に指定されている。

天売島一泊を前提として、昼過ぎの到着を目指すと良い。グラスボートに乗船し奇岩と断崖の景を楽しみ、運が良ければオロロン鳥を遠くに、ケイマフリ等の海鳥を間近に見ることが出来る。

夕食後は、観光バスで、海鳥ウトウのウォッチングを体験してほしい。赤岩展望台の斜面は世界最大の繁殖地で、五～七月にかけては、その帰巣を観察出来る。夕方から夜にかけて、頭上すれすれに何十万羽ものウトウがヒナに与える小魚を銜えて帰巣する光景は壮観である。

翌朝は焼尻島へ。天売島とは違い、岸壁が少なくなだらかな景観。まず、五万本のオンコ（イチイ）が自生する「オンコの荘」へと向かう。三〇〇〇年もの間、風雪に耐えた枝を横に張り広げた姿には、自然の厳しさを痛感させられる。

次に中央部辺りの丘の、めん羊（サフォーク種）の広大な放牧地へ。島の海風のミネラルを含んだ牧草を食し、貴重な高級羊肉が生まれるという。港の食堂でも味わえる。

最後に「旧小納家（こな）（焼尻郷土資料館）を見学。漁業・呉服・雑貨商を営み、郵便局・電信局も併設したという洋風建築の文化財。北海道の夏、稀有な体験を是非どうぞ。

▽交通＝札幌・羽幌間「沿岸バス」特急はぼろ号約三時間。羽幌港連絡バス約一〇分。羽幌・天売間高速船で約一時間

▽問合せ＝羽幌観光協会
電話〇一六四―六二―六六六六

平成30年7月5日号（辰巳奈優美）

天売島赤岩（オロロン鳥生息地付近）

「りんごの町」板柳

津軽平野の中央部、岩木川沿いにひらけた板柳町はりんごの里とよばれる、まさにりんごづくしの町。奥羽本線は川部で離れ五能線となり三つ目の駅が板柳。五月中旬には白い可憐なりんごの花を咲かせ、秋の収穫の喜びで一番活気づく。

りんごの里、板柳のシンボル「ふるさとセンター」は、とんがり屋根が可愛いいシャレた建物。りんごの実はもちろん、木の根から葉まで徹底的に活用してまちづくりを進めようと、昭和六一年、二六〇〇〇平方メートルの敷地内に建設。中枢の本館には過去、現在、未来がわかる「りんご資料室」があり、りんごのすべてが一目で見られる。歴史・栽培の四季。品種、効用から料理のことなどあらゆる資料、道具、製品などが展示され、その周りには二五〇種、八〇〇本の「品種見本園」がある。

本館背後の加工場では、完熟りんごを原料にジュース・ジャムを毎日製造、人気を呼び、弘前大学附属病院長の武部和夫氏は、成人病を遠ざける効き目に一日一個のりんごを勧めている。

来訪者がりんご草木染や菓子作り、樹皮工芸品作りが体験出来る「工芸館」と、総ヒバ造りの宿泊用「コテージ」は温泉浴場をそろえ、学んで、遊んで、泊まれるりんごづくしの施設。他にも町内の板柳温泉・高増温泉・あすなろ温泉めぐりが楽しめ、地酒もある。

ふるさとセンターの西に岩木山、東に八甲田山連峰の眺望は抜群。四季折々の花が彩り、鳥が飛び交う楽園で、句碑も建ち、俳句会などには絶好の場所。地元の利用者が多い。また、近くにはわだつみ神社として文禄二年（一五九三）津軽藩祖為信によって創建された海童神社がある。社宝の神輿は討ち入りで名高い播州赤穂藩が祭り用に大阪へ注文して造らせたものであったが、江戸城中の刃傷事件のため、引き取られないままであったのを豪商若狭屋儀兵衛が購入して奉納した。神輿には赤穂藩の紋所違い鷹の羽がついている。

板柳駅から東へ約七キロの所に、永禄元年（一五五八）北畠顕範が西方の固めとして築いた古館城址がある。秘蔵の〝錦の御旗〟や〝白たんぽぽ〟の咲くことで知られている。

▽交通＝ふるさとセンターから車で弘前市まで約二〇分、青森空港まで約四〇分、十和田湖・奥入瀬渓流まで一時間四〇分

平成9年6月5日号

（桜庭梵子）

とんがり屋根が可愛いい
「ふるさとセンター」

豊凶占う「乳穂ヶ滝」

乳穂ヶ滝は、白神山地世界遺産へ通じる弘前ルートの最奥の地である西目屋村の県道に面した滝の名である。歳時記での滝は夏だが、乳穂ヶ滝の見頃は厳寒である。

滝といえば懸崖から大量の水が真っ逆さまに落ちてくる勇壮な景を想像するだろうが、ここに集まってくるのは民間信仰者と冬の観光客である。その理由は、古くからこの滝の成長の状態をみて農作物の豊凶を占う儀式が行われてきたからである。

雨乞いから豊凶の占いにいたるまで日本式祈願には寺社などの祈願所が設けられてあるのが普通だが、ここにはそうした建物はない。滝の真下に小祠があり、不動尊が祀られている。

文化三年（一八〇六）に津軽藩九代藩主寧親がここに参拝しており、寛政八年（一七九六）には特命使者を遣わしてその氷塊を検見させ、豊凶の手がかりとしたとの記録があるが、乳穂ヶ滝を天下に周知させたのは江戸後期の旅行者菅江真澄である。真澄は信濃・東北・北海道を遊歴し、後にその記録を『菅江真澄遊覧記』として世に出しているが、ここでは白神山地近くの「暗門の滝」を訪ねての帰途としておく。

見事に氷結した「乳穂の滝」

写真は、乳穂ヶ滝が結氷し、見事に着地したところである。しかし、雪国津軽だからといって毎年結氷し、着地するわけではない。暖冬のため地表に足がとどかない年もあれば、巨木ほどに肥えた大氷柱が日中の暖気のため落下してしまうこともある。

そんな時でも何らかのご託宣があるところが民間信仰の民間信仰たる所以なのかも知れない。

▽交通＝JR弘前駅から車で約三〇分。西目屋村役場から徒歩一〇分

平成12年12月5日号（福士光生）

城下町の姿残す弘前

弘前は、慶長八年（一六〇三）津軽藩二代藩主信枚によって築かれた城下町である。

昭和の中期、日本国中が新しいことはいいことだとばかりに由緒ある地名を昭和町・平和町・あけぼの団地などと改名していった中で、弘前市は代官町・百石町・五十石町といった武家町ばかりでなく鍛冶町・鞘師町・鉄砲町・紺屋町といった職人町にいたるまで町名変更というはやりの半纏に着替えることなく、城下町の誇りを選んだ。

伝統的建造物群保存地区は、追手の守護のために配備したとされる藩重臣の子弟が住んでいた侍町の一画であり、現在の馬喰町の全域と小人町・若党町の一部である。

保存地区は、城址でもある弘前公園北濠の北方に位置し、旧岩田家・旧伊東家・旧梅田家と地域内にめぐらす常緑樹の生け垣と当時を再現した門、板塀など伝統的な町並みから成っている。

旧岩田家は三百石の中流武士だが、十代目平吉は函館戦争の際津軽部隊の参謀を務めた家柄である。建物は寛政から文化の時代の建築の茅葺平家であり、昭和五六年、十三代夏城氏の遺志によって弘前市へ寄贈されている。

旧伊東家は代々津軽藩の藩医を務め、元長町にあったものを昭和五三年弘前市が伊東凌二氏から譲り受けた。

旧梅田家は嘉永年間に建築された武士の住宅である。昭和五三年、この一帯が伝統的建造物群保存地区に選定された後、市は民間の組織である保存会の協力を得、昭和六〇年からこれを無料開館した。

お城と桜で有名な弘前公園から徒歩五分圏にあるという利便性から吟行には最適なはずなのに、県外からの来館者が県内の来館者の一〇倍強というのがおもしろい。

▽交通＝ＪＲ弘前駅から浜の町・石渡行バスに乗り換え、亀の甲門前で下車、徒歩五分。

平成13年9月5日号（福士光生）

弘前市に寄贈された旧岩田家の屋敷

日本の道百選「こみせ通り」

雪深い地方（主として新潟県）で、町屋の軒から庇を長く張り出し、その下を通路としたもの」というのが広辞苑などが語る「雁木」である。

新潟県括弧、とはしているものの、K社刊行のカラー大歳時記が雁木の解説に使っている写真は青森県黒石市の「こみせ通り」のものである。

「伝統的建造物群・こみせ通り」の保存に力を入れている黒石市は、明暦二年（一六五六）に津軽藩から分知した城下町である。道路の幅員を広げることをもって地方の発展とする全国的な流れに乗って、黒石市にも高速道路やバイパスが造られた。

ために青森方面への基幹道路だった中町通りも旧道と呼ばれるようになってしまったが、この地域は国指定の文化財である「高橋家」や市指定の「鳴海家」などのほか藩政時代からの商家や呉服屋、旅籠などの伝統的な建物が記念館としてではなく、その一族の生活の本拠として遺っている。

俳句愛好者が「雁木道」と呼ぶ「こみせ通り」

黒石市の観光マップによると、「こみせは、藩政時代に考案された木造のアーケードであり、四季を通して開放している。柱の痕跡から、蔀（しとみ）が入っていたものと考えられる」とある。

識者によると、この蔀の有無が北陸の雁木との違いである、ということになるのだが、県内の俳句愛好者の多くは、ここを訪れると必ずといっていいほど「雁木」「雁木町」「雁木道」と詠む。機能的に類似していたら、明かり取りだったという蔀のことなど気にしない大らかさがこの地方にはあるようだ。

昭和六二年「日本の道百選」に選ばれた「こみせ」は冬期間という季節限定ではないが、冬にここを訪れたら容易に江戸の昔へ還ることができるはずである。

▽交通＝東北自動車道・黒石ＩＣから車で約一五分。弘南鉄道弘南線黒石駅から徒歩一五分。

平成16年3月5日号（福士光生）

圧巻は野辺地の防雪林

下北半島の基部、陸奥湾の湾頭に位置し、十符ヶ浦と呼ばれる風光明媚な浜辺を持つ野辺地町は、古い記憶を大切に守ろうとする町に思える。

かつて野辺地は江戸の昔、南部藩の日本海航路の交易港として栄え、莫大な富を築いた回船問屋が軒を並べ、活気に満ちた湊町であった。しかし明治二四年と大正八年の二度の大火で、歴史的な建造物はことごとく焼け、江戸時代の栄華をとどめるものは、時の豪商が建てた石の灯明台である常夜燈などをわずかに残すのみである。

野辺地駅に降り立つと駅構内の西側に線路に沿って樹高が一五メートル以上もある大きな杉林が目につく。東北本線が全通して二年後の明治二六年に造成されたこの杉林は全長二キロメートル、木の数約七〇〇の日本最古の鉄道防雪林で、見る者を圧倒する。海辺の市街地から数キロも離れた原野に出来た野辺地駅は出来た当時は吹雪の中に埋もれてゆく駅であった。それを防ごうと設けた林である。

野辺地駅構内の日本最古の鉄道防雪林

昔から下北半島を結ぶＪＲ大湊線の乗り継ぎ駅として、多くの人々が乗り降りした野辺地駅、幾多の風雪に耐えこの鉄道防雪林は人々を出迎え、そして見送った。それは今も変わらない。

歌人石川啄木もこの駅に降り立っている。母の兄が野辺地町にある寺の住職をしていて、明治三九年渋民村宝徳寺住職の罷免処分を受け、この寺、常光寺に身を寄せていた父や母に会うために降りている。啄木は汽車を待つ間駅のホームからこの防雪林を眺めたにちがいない。胸に去来する思いは何だっただろうか。

潮かをる北の浜辺の砂山のかの浜薔薇よ今年も咲けるや　啄木

常光寺に近い桜の名所愛宕公園に啄木の歌碑が町を見下ろすようにひっそりと建っている。

▽交通＝青い森鉄道で青森駅から五〇分。八戸駅から四五分。青森市から車で一時間。

平成17年5月5日号（西谷是空）

北の外れの龍飛崎

陸奥湾を挟んで、二つの半島が北へ伸びる。一つはマサカリの形をした下北半島。もう一つが津軽半島である。

龍飛（たっぴ）崎は津軽半島の最北端に位置し、北海道の恵山が手にとるように近い。かつて日本軍の要塞があり、立ち入り禁止だった高台に龍飛崎灯台が立っている。何年か前に灯台守は撤退し、今は完全無人化。吹きつける強風は雪をとばし、ゴミをもきれいにさらってしまう。

龍飛崎灯台から北海道恵山を望む

眼下に見えるのは津軽海峡。マグロ漁船が魚影を追って、激しく行き交っている。同じ海流に乗ってくるマグロだが、釣る場所によって大間マグロは一本二〇〇〇万円の超高値で話題になるし、こちら側の三厩（みんまや）マグロは築地市場でも大間産の値の六～七割ぐらい。釣る位置の少しの違いが漁師たちの運命を分ける。

この海域はいか釣りでも有名だ。集魚灯で海を照らしながら釣りあげるのは、スルメイカ。灯をつけず、網で獲るのはヤリイカだ。一斉に海峡に灯が点ると、まるで不夜城のように海は輝く。

青函トンネルは昭和六三年に開通。ここにはトンネルの歴史を展示する記念館がある。坑道を通って海底駅まで行ける体験坑道は往復一〇〇〇円。

灯台近くには、青森方面から伸びてきた国道三三九号がここで行き止まりとなる有名な〝階段国道〟がある。階段の出入口は冬はロープで通せんぼ。すぐそばには「この階段は除雪していませんのでご注意を……」の標示があった。階段国道を登り切ったところに「津軽海峡冬景色」の歌謡碑が。ボタンを押すと石川さゆりの歌声が冬の季節風に乗って、岬の一面に流れ出した。聴いているのはたったひとり。鉛色の海が迫ってくる。津軽海峡冬景色は、やはり切なくわびしい。

岬の一帯には、このほか太宰治の記念碑、大久保橙青の句碑などがある。板画家棟方志功が古木に揮毫したという「龍飛」の大看板は潮風で風化し、文字がすっかり薄れてしまっていた。

▽交通＝ＪＲ津軽線で青森駅から一時間三〇分。三厩駅下車。外ヶ浜町営バスに乗り換え、龍飛崎灯台前まで三〇分。

平成21年3月5日号（小野いるま）

十二湖の鼓動

十二湖は白神山地の西側に位置し、宝永元年（一七〇四）にこの地を襲った大地震で谷口が塞き止められ、地盤が陥没して三三の湖沼が形成された。傍らの大崩（六九四メートル）の頂上から眺めると、小さい池は森の中に隠れ、大きな池が十二枚見えたことから十二湖と呼ばれるようになったと伝えられている。

十二湖は七八〇ヘクタールもの広大な森が原始のまま保存され、津軽国定公園の中核を担って動植物の豊かな生態系を保っている。

十二湖を代表するものに、神秘的な「青池」と日本名水百選の「沸壺の池」があり、それらを巡る森林セラピーロードがある。十二湖リフレッシュ村からアカショウビンが飛来する「長池」を経由して、ブナの巨木が林立する散策二・五時間コースが最も人気が高い。

金山の池・糸畑の池コースの所要時間は五時間。黒山椒魚の卵塊が見られる「長池」から「四五郎の池」を経由し、十二湖の奥の「金山の池」へ。湖畔の散策道には天然ヒバの林が新緑の森を作り、ヒノキチオールの香りを楽しむことができる。

当国定公園にはニホンカモシカ、ニホンリス、モリアオガエル、ニホンアナグマ、ヤマセミなど多くの希少動物が生息、またヒメホテイラン、ヤマシャクナゲ、イイギリ、ツガルミセバヤなどの植物の宝庫でもある。

十二湖は自然美を満喫しながら森林浴の世界に浸ることができる森林セラピーの基地。

巨大な白い岩肌の「日本キャニオン」も見所の一つ。深く浸蝕された山襞に圧倒される。

余談ながら、俳句の句材は無尽蔵にある。

▽交通＝ＪＲ五能線十二湖駅から車で約二〇分。

▽問合せ＝西津軽郡深浦町観光協会

電話〇一七三―七四―三三二〇

平成27年4月5日号（草野力丸）

十二湖の中の面子坂の池。湖面に埋没樹が見える。後ろは崩山。

昭和の記憶「八甲田丸」

かつて北海道と本州をつなぎ、航海の数だけ人間ドラマを生みだしてきた青函連絡船「八甲田丸」。青森駅に隣接するフェリー埠頭に係留され、黄色と白の船体は青森県観光物産館「アスパム」と並び青森市のシンボルである。

青函連絡船は昭和六三年三月、青函トンネル開通と同時にその役割を終えた。希望を抱いての旅立ち、失恋による失意の中での乗船など、人生の哀歓を乗せての八〇年だった。

乗船口は二階、船内に入ると昭和の匂いがする。出迎えてくれるのが前掛け姿の娘が立つりんご店。三階は青函ワールドと青函鉄道連絡船記念館。昭和三〇年代の青森市内を写した写真やりんご市場の風景、大きな風呂敷包みを背負い青函を往復した担ぎ屋の姿など、青森駅前の活気あふれる様子を模したジオラマを展示している。四階は当時のままの操舵室。前方に青い海が広がり、荒波を乗り越えてきた船長の姿を想起させる。

連絡船の横の公園には、「津軽海峡冬景色」の歌謡碑が建ち、近づけばメロディーが流れる。夕焼の中の、あるいは吹雪の中の「八甲田丸」に人生を重ねる人も多いようだ。

また、歩いて五分、大型ねぶたを常設展示しているねぶたの家「ワ・ラッセ」も観光の目玉の一つ。ねぶた祭期間以外にもねぶた囃しが流れ、実際に太鼓の体験や跳ね人を体験できるなど、祭気分を味わえるのが魅力である。

そして車で二〇分程の場所には、国の特別史跡「三内丸山遺跡」がある。

▽交通＝青い森鉄道青森駅下車徒歩五分。東北自動車道青森中央ＩＣから車で一五分。

▽問合せ＝青函連絡船メモリアルシップ「八甲田丸」

電話〇一七—七三五—八一五〇

平成31年4月5日号（浜田しげる）

青函連絡船メモリアルシップ「八甲田丸」

北上の流れと民俗村

岩手の母なる北上川とその支流和賀川の合流する桜の名所北上市立公園地内、約七〇〇〇〇平方メートル。谷と丘陵を巧みに生かし、縄文、平安の竪穴住居、重文の菅野家（享保年間建築）を始め、江戸から大正時代に至る北上川流域の古民家や歴史的建築物約三〇棟を移築、その性格に併せ路地や庭園、樹木等の環境復元も忠実。その中を野兎が駆け、むささびが飛び、鶯、郭公、時鳥、虫時雨。水芭蕉が咲き、山桜が散る。楢櫟の若葉青葉、楓紅葉、落葉、雪。

季節の移ろいに「人の住む『証し』にふれて時を見つめる」。

ここは、北上市・みちのく民俗村。失われゆく建築・民俗遺産の保護と活用を図るため、昭和四七年、大肝煎りの菅野家（母家・医薬門）の移築復元に始まり、同五八年から、一〇年の歳月を重ね、先人の生活体験を学ぶ野外博物館としての整備が完成したのである。

古民家には、南部曲り屋・商家・武家・豪雪地や煙草栽培地の民家など、外に竈小屋・作業小屋・山伏の修験道場・ご番所・水車など。当時の民具調度を整え、出入り自由。

句会・歌会・読書会・夏季子ども会の体験学習や宿泊にも開放される。

冬季を除く日曜日の民俗芸能、四季折々の野外観察、民俗の展示会。水口を祀り、古代米（赤米）を植え、実る頃に民俗村まつり、幟を立て提灯を吊るし、餅や団子を売る。神楽が門付けをする。

更に注目すべきは、間の沢を境に対峙して築かれてある南部・伊達藩の領境塚、藩境塚、挟み塚とも。

民俗村東一帯の山と谷は、国見山極楽寺（本邦最北端の定額寺）の古代仏教遺跡、足をのばせば、西行歌碑、『一遍聖絵』の聖塚、縄文期の環状列石群。近くには東京より移転の「サトウ・ハチロー記念館」。芭蕉句碑、山口青邨句碑。

民俗村主催の吟行会は春秋二回。平成九年四月、ＢＳ俳句・吟行会の開催も記憶に新しい。

▽交通＝ＪＲ北上駅からバス一五分、展勝地下車徒歩二分。東北自動車道北上・江釣子ＩＣより自動車五分。

▽問合せ＝北上市立博物館
電話〇一九七―六四―一七五六

平成10年9月5日号（菅原多つを）

重要文化財・菅野家住宅＝北上市立博物館
小田嶋恭二氏撮影

夕日の里に子規の句碑

岩手県湯田町下前より秋田県六郷町に通ずる奥羽山脈の笹峠の峠口に自然石に刻まれた正岡子規の句碑がある。

蜩や夕日の里は見えながら　子規

明治二六年七月一九日、子規は上野より「奥の細道」を辿る旅に発ち八月二〇日に帰京、この一カ月の旅を『はて知らずの記』として遺している。その途中、八月一六日、六郷町より黒森峠笹峠を越え下前に入り、更に二里程先の湯本温泉に一泊の件を「急ぎ山を下るに鳥聲を聞かず。下り下りてはるか山もと、二三の茅屋を望む。そを力にいそげども曲り曲りして山路はたやすくそこに出づべくもあらず。

「蜩や……」の子規の句碑

蜩や夕日の里は見えながら

日くれはてて麓村に下る。宵月をたよりに心細くも猶一・二里の道を辿りてとある小村に出でぬ。ここは湯田といふ温泉場なりけり」と述べている。

夕日の里、下前集落の人々が句碑建立に着手したのが、昭和二三年、完成は二五年秋。下前の人々が力を合わせた句碑には数多くの俳人が訪れている。石川桂郎、大野林火、香西照雄、野沢節子等々、その中から、

下前村二十六戸が萩を刈る　山口青邨

芭蕉の山刃伐峠越えを子規はここで再現しているかのようである。明治二七年、小説『一日物語』を発表。湯田を通り六郷まで行く男の物語である。印象がよほど深かったのであろう。

子規の泊まった湯本温泉には句碑公園があり昭和二六年に子規と虚子の句を並べ刻んだ句碑が建立されている。

山の温泉や裸の上の天の河　子規

夏蔭のこの道を斯く行きたらん　虚子

冬は丈余の雪で閉ざされるが、春の萌え、夏の深緑、秋の紅葉と句碑の辺りの自然は美しい。因に、湯田町の玄関JR北上線ほっと湯田駅前にも子規句碑がある。

▽問合せ＝湯田町観光協会
電話〇一九七―八二―二一一一

平成17年1月5日号（小林輝子）

神秘の光　姫蛍の乱舞

近頃は「蛍の里」とか「蛍の村」などと名付け、蛍を地域起こしのメインにしている地方が多い。

ここにご紹介する折爪岳の姫蛍もその一つ。岩手県の北部にある折爪岳には、およそ一〇〇万匹もの姫蛍が見られる。

源氏蛍や平家蛍は水清らかな川沿いに発生するが、姫蛍が繁殖するのは山の中。自然が豊かに残された深山である。

姫蛍は、源氏蛍や平家蛍よりも体が一回り小さいことからそう呼ばれているが、小さくても光の点滅は強い。

毎年七月上旬から末までの約一ヵ月足らず、麓から山頂にかけて、姫蛍の一大イルミネーションが折爪岳で繰り広げられる。またここには山毛欅の原生林があり、森の中を乱舞する風景は圧巻。至るところで光のウエーブが起こり、スピードも変化して渦巻く様は、この世のものとは思われない。まるで森に棲む星の妖精たちの舞踏会だ。

余談ながらこの妖精たち、オスは約一秒に一回規則的に発光。メスは約二～三秒に一回のタイミングで光る（オスへの誘引信号）。また、グループで光ったり消えたりすることを「一斉明滅」という。つまり集団ラブコールである。

姫蛍の雄は飛ぶことができるが、雌は飛べないため、より強い愛のサインが要るのだろう。

そして梅雨明けの乾いた風が起こると、蛍たちは一斉にどこかへ消えてしまう。蛍は自然の恵みであり、山の手入れの時期によっても出るか出ないかが決まるのである。

麓の江刺家地区では、六月初めに山の下草を刈り、七月に伸びた状態で蛍が現れるのを待つ。この時の草丈によっても蛍の出が違うので、地元では草刈の時期に神経を使うという。

シーズンともなると、近隣の各市町村から、姫蛍観賞用のバスが出る。

車でのアプローチは、高速八戸道の九戸インターで降り、左折するとすぐ姫蛍ロードに出て頂上まで行くことができる。

山一面が姫蛍の光に覆われる折爪岳
（写真提供：栃木県・和田竹夫氏）

▽問合せ＝九戸村役場総務課
電話〇一九五―四二―二一一一

平成20年11月5日号（澤口航悠）

雪原の犬ぞりレース

JR金ヶ崎駅より田園地帯を車で約三〇分西へ走ると、奥羽山脈駒ヶ岳（一一二九メートル）の麓に着く。ブナ原生林の緑に包まれる自然の宝庫だ。

山頂へは駒ヶ岳神社奥の宮の参道を、赤鳥居から凡そ二時間で登ることが出来る。

駒ヶ岳の名前の由来は、残雪が馬の形に似るからとか、坂上田村麻呂が愛馬を弔うために仏像を祀ったからとかいわれている。登山は五月初めから一一月初旬頃まで。周辺にはゴルフ場や温泉がある。

山麓の和光開拓地は昭和二三年に第一次七戸から始まり、第九次まで山形県出身の三九戸が入植。国有林の松林を切り拓いた。

平成五年には村づくり日本一の天皇賞を受賞。現在も戸数は当時と変わらず、畑作や酪農を営んでいる。

野も山も眠る二月、この和光開拓地で「白銀に燃えて」全国犬ぞりフェスティバルin金ヶ崎が開かれる。特設会場周辺は、北海道の大地を思わせるような広大な牧草地帯。昨年の大会は述べ五二〇〇人が集まった。

競技種目は初心者一頭引き二〇〇メートルから六頭引き七キロメートルまで様々。いずれも人と犬一体の迫力あるレースが展開される。犬ぞりレースは全国的にも開催地が少なく、愛好者は岩手県内外から訪れる。

宿泊としては金ヶ崎の温泉や民宿などがあり、食事や休憩、日帰りの入浴も出来る。

今年の全国犬ぞりフェスティバルin金ヶ崎は第一七回を数え、二月一一日（土）、一二日（日）の二日間に渡って実施される予定である。

▽交通＝東北新幹線水沢江刺より車で四〇分。東北自動車道水沢ＩＣより車で二〇分。

▽問合せ＝金ヶ崎町観光協会
電話〇一九七―四二―二七一〇

平成24年2月5日号（及川茂登子）

全国犬ぞりフェスティバルin金ヶ崎
(写真提供：金ヶ崎町観光協会)

厄病い人形送り

奥羽山脈のど真ん中の岩手県和賀郡西和賀町に、古くから行われている「厄病(やくやま)い人形送り」という祭りが町内三カ所の集落で行われている。

月日は各々違うが、いずれも積雪期で行事の内容もほぼ同じ。集落の中に疫病が入り込まないようにと願う祭りで、その日の朝、集会場に藁を持ち寄り、皆で手分けして一体の藁人形を作る。

丁髷頭、顔は半紙に目鼻口を墨で描き、藁で結び付ける。上半身は裃を付け、腰蓑を袴のように付け、大小の木刀を手挟む。股間には反り返った巨大な男根とふぐりを付ける。

手の指、足の指に至るまで全部藁の細工。背に藁苞に入れた餅を背負い、五円玉に藁を通し腕にぶら下げる。

人形は先頭になった村の男性に担がれ、その後に太鼓・法螺貝・集落の人々が従う。行列は集落の外れまで続き、道端の樹に高々と括りつけられる。

昔から高地冷所・無医村に住む人々が何より恐れたのは、疫病であった。太鼓や法螺貝を鳴らすのは、集落の中に潜んでいる疫病や悪霊を誘い出し、人形と共に村外へ送り出すためである。

また、人形は決して後ろを向いてはならない。括られた藁人形は次の年の祭りまで、村を守り続けている。

厄払人形寒き世の銭添へらるる　　和賀流

戦後一時的に中止されたが、その年に赤痢が流行したため、再び続けられたという。

祭日
白木野集落　一月一九日
左草集落　二月一一日
下前集落　三月　第一日曜日
いずれも朝から一一時頃まで
▽問合せ＝西和賀町観光協会
電話〇一九七―八一―一一三五

平成27年7月5日号（小林輝子）

担ぎ出した藁人形は村外れの木に括り付けられる

句材豊富な気仙沼港

宮城県四つの遠洋漁業港の中で、昨年気仙沼港が、三年連続の水揚げ金額県下一の三〇〇億円台を記録した。しかもその中で、近海鮪漁、鰹一本釣と秋刀魚漁の三業種が全国一位で、平成九年の今年は更に活気づいている。

秋刀魚揚ぐ八百トンの音の渦　星野郁夫

は、秋刀魚盛漁期のある日の港の光景であるが、秋刀魚と戻り鰹の水揚げが重なると、五〇〇〇余隻もの漁船が港に犇めき、市場は勿論、関連の機能のフル活動で街全体が賑う。

気仙沼は海、魚、船、そして港に生きる人々の句材が、四季を通じて豊富である。今回、海鮮市場海の市と鮫博物館が新設され、見学に訪れる人たちを更に楽しませてくれる。

遠洋漁業港なので、それぞれの国訛りが交錯、出漁岸壁では、出航船と家族の別れの光景が目につく。

遠洋の船荷に混じる竹婦人　藤野田露

のように、海の男の哀歓に触れることにもなる。

各種の水産加工場や鱶鰭その他の加工場の干し場、鉄工場や造船場等の点在する街は、多少の生臭さや騒音を我慢すれば界隈を巡ることでいい句材に遭遇する。

気仙沼の漁港（写真提供：気仙沼市観光課）

港は気仙沼湾の奥に位置し、どんな嵐にも安心して船を係留できることで全国に知られている。それは湾頭に大島という天然の防波堤を擁しているからであるが、大島は、詩人水上不二をして「緑の真珠」と詠わしめた絶好の吟行地で、三六〇度の眺望が楽しめる。島の中心亀山は、気仙沼全体の観光の要でもある。

海を離れた市内には天台宗別格本山海岸山観音寺の静かな佇いがあり、境内には当地と関りのある文人墨客の詩歌碑が数多く建立されている。

落合直文生家、鮎貝家の居館の煙雲館は、岩出山の伊達家有備館と並ぶ回遊式名庭園で、借景に大島、岩井崎、そして太平洋が広がる。

岩井崎は陸中海岸国立公園の最南端。限りない波濤と眼前の噴潮、芝生と松の緑と青い空。寝転べば、暫し時空を越えた世界へ俳人達を誘うこと必定。

平成10年2月5日号（菊田島椿）

文化遺産豊富な登米

町の東側を北上川が流れる登米町（とよま）は県北東部に位置し、四季折々の趣がある。芭蕉が一宿した地でもある。戦国時代の葛西氏四〇〇年、登米伊達三〇〇年の城下町として栄え、いまも武家屋敷と商家のたたずまいが江戸の名残をとどめている。

北上川は下流のこの辺りで更に雄大さを増し、肥沃な耕土と舟運による隆盛を町にもたらした。町にはその文化遺産が数多く残っている。

町を歩いて特に印象的なのは、明治の洋風学校建築の木造二階建ての旧登米高等尋常小学校。白いバルコニーの校舎がモダンで目を引く。国の重要文化財である。

堤防に向く白い洋風建築は旧登米警察署庁舎（現警察資料館）。瀟洒な建物の中に当時のままの留置場が再現されている。この辺りは河港の跡で遊郭もあったそうだ。

また、登米には明治初期に水沢県庁が置かれ、和洋折衷の庁舎がいまも威厳をみせている。これら明治の建物は、町のシンボルとして城下の町並に溶けこみ昔を偲ばせている。

ほかに登米伊達一三代の品を収蔵した懐古館や菩提寺が歴史を伝える。

旧登米高等尋常小学校（現教育記念館）

芭蕉は元禄二年五月にここ旧名、戸伊摩に一泊した。その九〇数年後、明和七年に登米俳人らが「降らずとも竹植る日は蓑と笠」の芭蕉句碑を建立。今も八幡神社境内に古碑の趣を示している。町には芭蕉の足跡を慕い訪れた文人墨客の碑が沢山あって興味深い。

もう一つの見所は藩制時代から伝わる登米能や神楽を演ずる伝統芸能伝承館の能舞台、平成八年の建築だが音響を増す甕を床下に配置したユニークな設計である。

背山の竹林が美しく、一度はここで薪能を観たい気持ちにさせられる。

町をゆっくり散策して北上川堤防にある河東碧梧桐揮毫の「芭蕉翁一宿之跡」の石碑に立つと、改めて今昔の感を覚える。

▽交通＝東北新幹線、くりこま高原駅より車で四〇分

▽問合せ＝登米市観光物産協会
電話〇二二〇―五二―四六四八

平成15年2月5日号（岩崎洋子）

女人像まつる甲冑堂

JR白石駅前から越河行き市民バスで二〇分。

甲冑堂前で下車し国道四号線の斎川橋を渡ると左手に「奥の細道　甲冑堂」の標柱が目を引く。なおも続く登り坂が鐙摺坂。坂のたもとすなわち白石市斎川の田村神社境内に建っているのが甲冑堂。

芭蕉の『おくのほそ道』に随行した曾良の『旅日記』には「さい川ヨリ十町程前ニ、万ギ沼・万ギ山有。ソノ下ノ道、アブミコワシト云岩有。二町程下リテ右ノ方ニ次信・忠信ガ妻ノ御影堂有」と記す。また元禄九年、天野桃隣がおくのほそ道追慕の『陸奥衛』の旅をして「軍めく二人の嫁や花あやめ」を挙げている。（堂近くに句碑が建つ）一〇〇年後、橘南谿が『東遊記』で荒廃した堂の情景を記述している。

甲冑堂の歴史は古く室町時代に創建造像されていたという。明治八年焼失。二人の孝養が文部省唱歌となり再建の気運が高まり昭和一四年現在の堂の完成をみた。法隆寺夢殿を模した六角堂。設計者は元東北大教授の小倉強。彫刻は宮城県柴田町出身で日展無鑑査の小室達（青葉城趾の伊達政宗公騎馬像の製作者）。

堂内にまつられている甲冑姿の女人像の説明を少し。あの源義経の家来、飯坂の大鳥城主佐藤元治の子息継信・忠信兄弟の妻女。長刀をすっくと立てた座像が楓。弓を持つ立像が初音。材は伊豆は修善寺山中より彫刻家自ら探し当てた楠大樹。長刀、太刀、弓以外はこの一本で二体の全てが彫りあげられた。彩色と壁画は日本画家の岡田華郷。六〇余年の歳月を経ても女人像の一途なまなざしは健気で眩しいほどだ。「河」創刊主宰角川源義、夫人で後継主宰となった照子も訪れている。

甲冑堂、継信・忠信が妻の像に
青山河夫の仕種に太刀帯(は)くか　源義

甲冑女人植田あかりをはろかにす　照子

▽問合せ＝白石市産業部商工観光課
電話〇二二四―二二―一三二一

平成18年2月5日号（坂内佳禰）

継信の妻楓（右）と忠信の妻初音（左）の甲冑像

史蹟と自然の交響

大崎市田尻は、仙台から北へ五〇キロメートルの距離にある純農村地帯である。栗駒山の残雪に駒の姿が顕れるころ、大崎耕土はトラクターの音が響き渡る。四月中旬には、加護坊山の一目千本桜が咲き誇る。

標高二二四メートルの頂上に立つと、北に栗駒山、西に船形山、眼下に田尻の町並や蕪栗沼が一望できる。そこには天武天皇が勅願寺として建てた「加護山国家安楽寺跡」の標柱と礎石群が残っている。

祇劫寺は涌谷三代館主伊達安芸定宗夫妻の菩提寺。寛文事件（俗にいう伊達騒動）で、原田甲斐に斬殺された安芸宗重は定宗の次子。

現在は無住寺。境内には国の天然記念物コウヤマキや県の天然記念物マルミガヤの巨木が目を引く。寺の名に因んだ三つの池には、山椒魚の卵塊が五月の風に吹かれている。

平成一七年には、真雁をはじめ冬鳥たちの越冬地「蕪栗沼・周辺水田」がラムサール条約湿地に登録された。

真雁の飛来は九月末から始まるが、一〇月頃のねぐら入りが圧巻。町では一一月から一月にかけて「ねぐら入り観察会」や「雁を観る会」が企画されている。

今年（平成二三年）の真雁の飛来数は、一月のピーク期に九〇〇〇〇羽だったが、二月末には殆ど北帰行を遂げた。

▽交通＝JR東北本線田尻駅から車で二〇分。

▽問合せ＝大崎市田尻総合支所地域振興課
電話〇二二九―三九―一一一五

平成23年4月5日号（坂内佳禰）

蕪栗沼の葦原　沼は水鳥たちの越冬地

徳仙丈山の山つつじ

美しい港町、気仙沼は宮城県沿岸北部にあり、岩手県に接して交流も盛んである。時々「宮・手・県」などと地元の人が笑い合う。

この気仙沼の中心より車で約三〇分の所に標高七一一メートルの「徳仙丈山」がある。頂上はもちろん、山の至るところからリアス式の美しい海、気仙沼湾を望むことができる。

日本最大級のつつじの名所「徳山丈山」

一九七〇年頃より地元の篤志家が「日本一のつつじ山を作ろう」とこの山につつじを植え始めた。現在もその志を受け継いだ人々によって、撫育管理が行われている。

毎年五月中旬から六月中旬にかけて、約五〇万本のヤマツツジやレンゲツツジが全山を深紅に染め上げる。今や九州の霧島や阿蘇、雲仙のミヤマキリシマ群落にも劣らない程のスケールとも思われる。

山全体がなだらかな傾斜なので、誰もが散歩気分でつつじを満喫することができる。

近年はバスツアーでの団体客や、トレッキングを楽しむ観光客が増えてきた。しかも市街からのアクセスが良い割には、観光地として俗化はしていない。

また「森は海の恋人」と言ったのは地元の畠山重篤（京都大学フィールド科学教育研究センター社会連携教授）。海の環境を守るためにいち早く植林活動を始め、牡蠣や帆立の養殖を行って森と海の連環を証明した。豊かな森、豊かな木々が海を育むことの実践であった。

今やこの言葉は全国的に知られ、環境保全のキーワードとなった。

さらに気仙沼は遠洋マグロ漁で水揚高世界一。鰹や秋刀魚も日本有数の水揚高を誇っている。とは言え東日本大震災のダメージは強く、街の中にはまだまだ深い傷痕が残っている。

しかし山側の自然は太古の美しさを保ち、「森は海の恋人」の港町として、その本来の姿に立ち返ろうとしているのである。

▽交通＝ＪＲ大船渡線気仙沼駅下車。
▽問合せ＝気仙沼市産業部観光課
電話〇二二六―二二―六六〇〇

平成27年9月5日号（岡本幸治）

小京都の面影いまも

みちのくの小京都といわれる角館は、今から約三七〇年前この地方を領していた芦名氏によって築かれた城下町である。

芦名氏は跡継ぎに恵まれず三代にして断絶した。

その後、京都の公家出の秋田藩主佐竹家の初代藩主佐竹義隣が治める。嗣子二代目藩主義明の夫人も京の公家出であった。このため京都の生活文化が角館の地に入り込むこととなる。

故郷を偲んで計画的に京風の町造りがなされ、特に黒板塀が続く武家屋敷あたりは、現在でもほぼ当時の面影を残している。武家屋敷の通りは、春には見事な枝垂桜が咲き、艶やかな彩りを添える。樹齢二〇〇年を越えるものだけで四〇〇本以上もあり、一五三本は、初代藩主が京都から移植したものと伝わり、国の天然記念物に指定されている。

春の武家屋敷通り

桜は角館の顔で、今はどこの家でも枝垂桜が庭に植えられており、町の中央を流れる桧木内川堤防には二キロメートルにわたって染井吉野も植えられてある。四月の終わりから五月にかけて美しい絵巻物さながらに町中を彩り、華やぎに満ち溢れる。

角館の武家屋敷を内町、町人町を外町とした町割りは現在も引継がれており、内町の一部は「重要伝統的建造物群保存地区」に指定されている。

その一戸、青柳家は二〇〇石の家格を有する上級武士の体面を保持した構えで、角館歴史村として公開されている。

武家屋敷の権威を誇る薬医門、母屋、武器庫の建造物のほか、屋敷全体に樹高二〇メートル以上の樅、松、杉、枝垂桜等が植込まれ、庭園には成木、野草など三〇〇種、数百本が植栽されており、山水は絶え間なく池に流れ、四季折おりの景観を楽しむこともでき、吟行地として最適である。

▽交通＝秋田新幹線角館駅下車、徒歩二〇分、車五分、観光人力車も有り
▽問合せ＝角館町観光協会
電話〇一八七―五四―二七〇〇

平成10年12月5日号（藤原星人）

「まほろばの里」協和町

「まほろばの里」として知られている名勝地の協和町は、秋田県の中心部にあり、四か村が合併して誕生した。和と協調の町として協和と命名される。

秋田県内陸部の産業や交通の要衝であり、豊かな自然に恵まれ、古事記の時代までさかのぼる歴史と能楽に代表される文化が息づいている町である。

◎まほろば能楽殿

中世の歴史を物語る唐松岳を背景にした能楽殿は、秋田県唯一の本格的な能舞台である。毎年定期的に、薪能(六月上旬)と定期能(八月下旬)の公演が行われ県内各地から大勢の観客が集まる。また、資料室や茶店、庭園など落ち着いた佇まいを見せてくれる。

◎まほろば唐松神社

安産の神として古来から親しまれている「唐松さん」は、町内外からたくさんの人々が祈願に訪れる。唐松神社の歴史は古く神官の物部氏の祖先は、遠く古代までさかのぼると伝えられている。

石を積んだ「天日宮」や室町時代の作の県指定有形文化財の「獅子頭」などが歴史をしのばせてくれる。

◎唐松城趾

中世末期に唐松岳周辺において、秋田に本拠を置く安東氏、角館の戸沢氏、県南の雄である横手の小野寺氏の勢力争いが激化していた。唐松岳や淀川流域で数千の軍勢による壮絶な戦いを繰り広げた跡を今もとどめている。

また、当時をしのび、戦死した武者の供養塔や敵方の行動を阻止しようとした土塁の竪堀跡が残されている。

▽問合せ＝大仙市観光交流課
電話〇一八七—六三—一一一一

平成16年7月5日号（吉田金也）

安産の神として親しまれる唐松神社

空気がうまい「五能線」

日本海の岩群と世界自然遺産「白神山地」の景色を、同時にもしくは交替劇的に味わえる五能線。全長一四七・二キロメートルで、誰もが魅了される。鉄道写真撮影には持ってこいの光景が広がる。

「リゾートしらかみ」三兄弟列車と銘打った一日三本の運行がある。

全車両指定席となっていて、一つは〝橅〟号。白神山地のブナ林をイメージした緑色。一つは〝くまげら〟。クマゲラの額の赤をポイントに、日本海に沈む夕陽をイメージしたカラーリング。もう一つは〝青池〟。白神山地山麓の十二湖にある神秘的な青池の青を基調としている。

車窓が天井から膝元までと広いので、風景に溶けこむ心地がする。それに絶景の地点では、減速サービスがある。

もちろん、食事や飲み物を楽しみながらの旅となる。列車内では民謡や昔語り等の区間もあり、ゆったりとした時間に身も心も預けて、日本の原風景を堪能できるはずだ。ところによっては、途中下車して散策や温泉に浸る時間を設けている駅もある。間をおいて、元の列車が迎えに来るという趣向が用意されている。

西村京太郎著の『五能線の女』は、この時差をトリックにした殺人事件らしい。加えて『五能線誘拐ルート』などもあるので、随分と不穏な一帯とは考えないで欲しい。むしろ水森かおりが歌う「五能線」の内容のごとく、心の憩いにはお誂え向きの此処彼処だと思う。

秋田から青森まで一日で往復できる時刻表が組まれている。しかしお好みの所でじっくり宿泊されて、時節の祭りや山海の珍味と地酒を味わい、海・山の空気を満喫されることをお勧めしたい。

▽問合せ＝JR能代駅
電話〇一八五―五二―〇八六七
八峰町観光協会
電話〇一八五―七六―四一〇〇
他にJR秋田駅、青森駅、弘前駅への問合せも可。

平成20年5月5日号（柳川大亀）

日本海沿岸と白神山地山麓を走る「蕪」号

神秘の極み「田沢湖」

マスコミの調査によると、国民が一度も訪れたことのない県として、秋田県が佐賀県に次いでワースト二位だそうだ。これには少なからず驚いた。

秋田県は一部に隣接する県もあるが、世界遺産の白神山地、十和田・八幡平国立公園、男鹿国定公園をはじめ、竿灯、日本三大盆踊りの一つとされる西馬音内（にしもない）盆踊、ＮＨＫが毎年実況中継する大曲の全国花火大会、横手のかまくらなど、その紹介だけでも本稿に納まらないほど豊かな情景に恵まれている。格好の吟行地として、全国の俳人のお出でをお待ちしたい。

さて、この度ご紹介するのは日本最深のカルデラ湖「田沢湖」。

最大深度四二三メートル、湖面二五・五平方キロメートル、約二〇キロメートルの周囲はほぼ円形。秋田駒ケ岳をはじめ四季折々に変化する山々を映し、翡翠や藍などの神秘的な色を醸し出してくれる。

また湖畔には、彫刻家、舟越保武氏の金色に輝く「たつこ像」が建立されている。

透明度を誇る田沢湖のほとりに立つ「たつこ像」

昔この地に、辰子という大変美しい娘がいた。彼女は自分の美貌を保ちたい一心で、神に願をかけた。すると「北に湧く泉の水を飲め」とのお告げが。難儀の末に田沢湖を見つけ、その水を飲み続けたところ、彼女は龍と化してしまった。そして田沢湖の主となって湖底に沈んだという。

この田沢湖の固有種で、絶滅したと思われていた「国鱒」が、最近富士五湖の一つ西湖で発見され、話題になった。

▽交通＝ＪＲ秋田新幹線こまち号で田沢湖駅下車、バスで約一五分。

▽問合せ＝秋田県仙北市。田沢湖観光情報センター
電話〇一八七―四三―二一一一

平成24年12月5日号（佐々木踏青子）

石井露月の故郷と高尾山

JR秋田駅より車で約四〇分、秋田市の南部に新観光秋田三十景の一つに数えられる高尾山がある。標高は三八三メートルと決して高い山ではないが、昔からの修験の場所として神聖視された信仰の山である。

上り口には奈良時代に創建された高尾神社の里宮が鎮座、樹齢一〇〇〇年以上とされる大杉の御神木が威容を誇る。

八合目付近までは車で行くことが出来、そこに降り立つと眼下に米所秋田の肥沃な穀倉地帯と、流域に恵みを与え蛇行する雄物川の雄大な流れを目の当りにする。晴れている時は遠く奥羽山脈も視界に飛び込む絶景が広がり、言葉を呑みしばらく立ち尽くす。

高尾山を語るとき、正岡子規門四天王と称された石井露月を忘れることは出来ない。

麓の女米木地区で生まれた露月は、明治二六年文学を志して上京、子規門下として俳句を学んだ後の明治三二年に帰郷。俳句はもとより、医師として生涯、住民の生活の向上・青年の教育・村政の発展に力を尽くし、郷土の偉人と慕われて顕彰碑や句碑も多い。

高尾山八合目からの眺望

八合目付近の山荘の前には、露月が高尾山に登ったときに詠んだ「秋立つか雲の音聞け山の上」を刻んだ句碑が建ち、その前では思わず天空を仰ぎ見る。

麓には虚子や碧梧桐が宿泊した露月旧居が現存。秋田市から文化財に指定され生前のままに管理されている。

また、露月も好んだとされる「石巻の清水」と呼ばれている清水が湧出。露月のレリーフが置かれているこの清水を汲む人々が、今も後を絶たない。

こうした場所には露月を顕彰する投句箱が置かれており、俳句愛好者には一度足を運んでいただきたい山である。

▽問合せ＝高尾山／秋田市観光振興課
電話〇一八—八八八—五六〇二
石井露月／秋田市教育委員会雄和図書館
電話〇一八—八八六—二八五三

平成29年1月5日号（佐藤景心）

西蔵王高原の大山桜

西蔵王高原は、仁寿元年（八五一）に慈覚大師が開山し、それ以来、仏の山として繁栄したと伝えられる瀧山（りゅうざん）の西側山腹に広がる高原で、山形市の東南に位置している。

ここには、大小の湖沼が点在し、放牧馬、野草園、乗馬クラブなどがある。牧場の入口付近一帯は三百坊と呼ばれ、昔、沢山の坊舎が建っていた所とされ、ここから古代の瓦や唐・宋の古銭なども出土している。

牧場口のすぐ北に、旧参道が残っており、赤石造りの大鳥居もある。

このあたりには、太古から大山桜が自生していて、五月上旬には典雅な薄紅の花が匂い立つように開く。

約八〇〇年前、みちのく行脚の西行法師が平泉の帰途ここに立ち寄り、「又の年の三月に出羽国に越えて、滝の山と申す山寺に侍りけるに、櫻の常よりも薄紅の色濃き花にて、並み立てりけるを、寺の人々も見興じければ、

〝たぐひなき思ひいではの櫻かなうすくれなゐの花のにほひは〟

と詠み、讃えたのも、この桜であろうと言われている。

ところが残念な事にこの桜を知る人が少なく、放牧場を作る為に六割がたが掘り返され、引続く杉の植林のために又伐り倒されて、今は往時の一〇分の一ほどが残るだけになってしまった。この桜を何とか守り育てたいと願う人々が、平成五年牧場口に西行歌碑を建立し、記念の西行祭を開いた。祭に集うた人々は一様にこの桜に魅せられ、虜になってしまったようである。

山中に凜と、優雅に匂い立つこの殆ど知られていない西行ゆかりの桜は、とっておきの吟行の穴場といえよう。

又、高原の北端に立つと、近くは山形市、遠くは飯豊、朝日、月山を一望することが出来、夜景もまた絶景である。

秋は蕎麦畑が一面に広がり、寒晒しの蕎麦の味は格別で、一足伸ばすとすぐ蔵王温泉もある。

▽交通＝ＪＲ山形駅から牧場口まで車で約二〇分。野草園まではバスが通っている。

▽問合せ＝山形市観光協会
電話〇二三—六四七—二二六六

平成10年7月5日号（庄司りつこ）

五月上旬に薄紅の花を咲かせる大山桜

縁結び若松寺の観音様

めでためでたの若松様よと、花笠音頭で唄われている「若松様」とは天童市東部の山腹に建つ鈴立山若松寺のことである。和銅元年(七〇八)行基菩薩開山以来、約一三〇〇年の歴史を持つ。

若松寺が「めでためでた」と唄われるのは、本尊の観世音菩薩が昔から縁結びの観音様として多くの人々に親しまれて来たからである。今でも若いカップルが肩を寄せ合ってお参りしている姿が見られ微笑ましい。

この縁結び観音の安置してあるお堂は、国の重要文化財に指定されており、最上三十三観音霊場の第一番札所でもある。

最上三十三観音巡礼が始まったのは室町時代と古いが、江戸時代になって一層盛んになった。それは、時の山形城主、最上義光の娘駒姫が関白秀次の侍妾であったため、京都三条河原で刑死したのを悲しみ、義光が駒姫の冥福を祈るために神仏への信仰を深めたことによると言われている。

観音堂までは車で登れるが、心洗われるような瀬音に耳を傾け、苔むした旧参道を三〇分も登れば観音堂に着く。慶長一六年(一六一一)最上義光により大改修されたお堂は流麗な室町様式である。堂内には国宝の懸仏や、約五〇〇年前に奉納されたという絵馬が掲げられているが、中に「平相国貞婦に迫るの図」という珍しい絵馬もある。

また若松観音にはムカサリ絵馬が多い。ムカサリとは山形では婚姻のことを言う。病気や災害、戦争などのため未婚のまま死んだわが子に、せめてあの世で結婚させてやりたいという親心を絵に描いて奉納したもので、見ていると物悲しい気分になる。境内の一段高い所に天明二年鋳造という梵鐘がある。鐘楼の側に立つと葉山、月山が一望できる。

▽交通＝ＪＲ天童駅から車で約二〇分
▽問合せ＝天童市商工観光課
電話〇二三―六五四―一一一一

平成16年6月5日号（黒沢道子）

天童市東部に建つ鈴立山若松寺観音堂

紅花文化の資料館

「べに花の里」を標榜する山形県河北町は、最上川と寒河江川の合流点に位置し、面積が五二平方キロメートルの農業の町である。

町の花は紅花。江戸時代から明治初期にかけ、米と紅花による最上川舟運によって京文化を色濃くもたらした先人たちのエネルギーを尊び、選定したものである。

これらの思いを形としたものに「河北町紅花資料館」がある。

一九八二年、河北町は紅花商人だった旧名主掘米四郎兵衛家から屋敷・建造物・古文書などの寄贈を受けた。それを機に町は、紅花の生産や流通の様子、つまり紅花文化が一目で分かるように寄贈品を展示。一九八四年に開館した。

約一〇〇〇〇平方メートルの敷地には、上物として長屋門・簓子塀・武者蔵・座敷蔵・御朱印蔵・工房くれなゐ・紅の館（増設分）などが建てられている。

主な収蔵品としては、農兵の武具（江戸末期に一六七名の農兵を組織し地域の治安にも貢献）や調度品・化粧品・夢殿の秘宝「獅子狩文錦」の複製。大名拝領の品・巌谷一六や副島種臣の扁額・縉齋の襖絵・沢畑焼・沢畑太刀などがある。

風格ある「河北町紅花資料館」の正面

さらに「紅の館」には林家舞楽（国指定重要無形民俗文化財）ジオラマ・どんが祭山車・小鵜飼船（紅花や米を酒田まで運んだ川船）模型・北前船（日本海海運の主力として活躍した廻船）絵馬・青山氷耕の紅花屏風（県指定文化財）複製、人間国宝志村ふくみの生絹・祝着・大振袖など、多数の紅染衣装が展示されている。また紅花商人が京からの帰り荷として求めた、享保雛・次郎左衛門雛・櫛・簪・紅猪口・袱紗などの手工芸品が目を楽しませてくれる。

紅花にべに滲み来て人を待つ　細谷鳩舎

開館は午前九時、閉館は午後五時（一一月から二月までは午後四時）。

休館は第二木曜日と年末年始。

▽交通＝山形空港から車で一〇分。JRさくらんぼ東根駅から車で一五分。

▽問合せ＝河北町商工観光課

電話〇二三七―七三―五一六二

平成21年10月5日号（小山田子鬼）

谷地どんがまつり

山形県河北町谷地は最上川中流の緑豊かな田園地帯を有し、文化の香り高い町である。

江戸時代には米と紅花の一大集散地として栄えた。集積された米や紅花は船で最上川を酒田へ下り、日本海から敦賀に上陸。琵琶湖・淀川を経て、京都・大阪に送られた。

当地にはこの交易によって伝わった京文化の面影が、今も色濃く残されている。

「谷地どんが祭」（敬老の日を最終日とする前二日に開催）のお囃子も祇園囃子の名残がとどめられている。

「林家舞楽」＝祭りの初日と二日目に、林家舞楽（重要無形文化財）が奉納される。貞観二年（八六〇）に慈覚大師が山寺を開山したとき、難波四天王寺の楽人林越前が従い、山寺に伝え、その後江戸時代初期の谷地八幡宮に迎えられ、現在に至っている。

この舞楽は門外不出・一子相伝を守り続け、千百余年間、長子のみに伝承されてきたものである。

散手、陵王、納曽利等が奉奏される。

「谷地奴行列」＝奴には出陣奴と凱旋奴とがあり、この祭りは後者に属する。御輿の露払いを務めるもので、勇壮な姿の振りと唄で練り歩く。特に振り始めと終わりの「立て」は見事なものである。

「囃子屋台」＝紅花による財力を恐れた幕府は、当谷地八カ村を天領・上山領・戸沢領に分割。三年に一度の当番制として祭典一切の所役を務めさせた。

三年に一度の当番は奴の外囃子屋台の巡演も行う。絢爛豪華な屋台は、笛・太鼓・三味線に芸者も加わり、三日間町内を巡演するのである。

▽交通＝山形空港から車で一〇分。JRさくらんぼ東根駅から車で一五分。

▽問合せ＝河北町商工観光課
電話〇二三七―七三―五一六二

平成25年12月5日号（後藤貞義）

印度の戒日王の作「陵王の喜び」という古代演劇の一節をとった「陵王の舞」（写真提供：谷地八幡宮）

霞城のロマンを訪ねて

山形駅西口に山形市のシンボル、高さ一一五メートルを誇る「霞城セントラル」がある。この建物から徒歩一〇分の市街地中央部に、国指定史跡山形城跡「霞城公園」が広がる。合戦時に城郭が霞で隠れて見えなかったことから「霞ヶ城」とも呼ばれた。絵図面と古写真を参考に二ノ丸東大手門と本丸一文字門が復原され、往時を偲ぶことができる。

公園内外には多くの文化施設がある。山形市郷土館（旧済生館）は木造三層楼一四角形の疑似洋風建築物で、明治一一年に病院として竣工した。外国人医師を招き、山形での西洋医学の中心的役割を果たした。昭和四一年、国の重要文化財に指定されたのを機に霞城公園内に移築された。医学にかかわる文献等がある。

内庭から撮った14角形の三層楼

山形市郷土館に隣接する県立博物館には国宝に指定された土偶「縄文の女神」がある。縄文中期のもので、高さ四八センチメートル。完全な形の土偶では日本一の大きさ。九〇〇〇万年前の海にいたヤマガタダイカイギュウの全身骨格の展示も貴重。昭和五三年、最上川川床で発見。地名のつく化石は珍しく見応えがある。

東大手門に近い最上義光歴史館は、最上家一一代藩主義光公を顕彰する施設。関ヶ原の合戦後、山形県から秋田県南部まで五七万石に及ぶ領地を支配した。

城下町の基礎を築いた義光公は、優れた連歌を遺した一流の文人でもあった。武具や合戦図屏風等を数多く展示している。

公園内にはスポーツ施設もあり、休日には多くの県民が訪れる。

▽交通＝山形駅西口より最上義光歴史館まで一、二キロ程度。

▽問合せ＝山形県山形観光情報センター（霞城セントラル一階）
電話〇二三―六四七―二三三三

平成30年1月5日号（笹原　茂）

植物群生の駒止湿原

湿原といえば、釧路湿原や尾瀬などを思い浮かべるが、いずれもいざ俳人が行くとなると、なかなか大変である。そこで今回は観光シーズンでも尾瀬ほど混雑しないで、ミニ尾瀬として親しまれ句帳片手にのんびりと歩くことができる駒止（こまど）湿原を紹介してみたい。ここは、国の天然記念物にも指定されている。

福島県の昭和村と南会津町の境界付近、駒止峠の頂上に広がる湿原で、標高約一一〇〇メートル、木道が設置されていて往復一時間半~二時間の平坦なコースである。

駒止は峠の名称であり、治承四年（一一八〇）、高倉以仁王が馬で南会津に落ちのびたとき、「馬でさえ足を止めた険しい峠」であったことからその名がついた。また、すばらしい景色にしばらく「駒を止めた」ことによるとも言われている。しかし『新編会津風土記』には『駒戸峠』の名があるから、前述の説はさだかではないらしい。

かつてはつづらおりの細道で、バスは何回も切り返しをしながらあえぎあえぎ登った峠であり、冬季の豪雪時は徒歩での通行以外越える方法もなく、多くの遭難事故が語り継がれている。

こう書くとさぞや秘境かと思われるが、会津若松から会津鉄道か、浅草から野岩鉄道・東武鉄道で会津田島下車、タクシーで三〇分で行ける。田島駅から国道二八九号線を西に向かい途中から旧道を登りつめると駒止湿原入口の標識があり、駐車場がある。春は水芭蕉、初夏はヒオウギアヤメ、夏はワタスゲ、ニッコウキスゲ、秋はエゾリンドウなどが主なものだが、その他尾瀬にも負けないほどの植物が群生している。加えて湿原の周辺にはブナの原生林が残っているし、タムシバ、ムラサキヤシオツツジ、ハクサンシャクナゲ等の花が季節折々に見られるし、もちろん野鳥の類も多い。

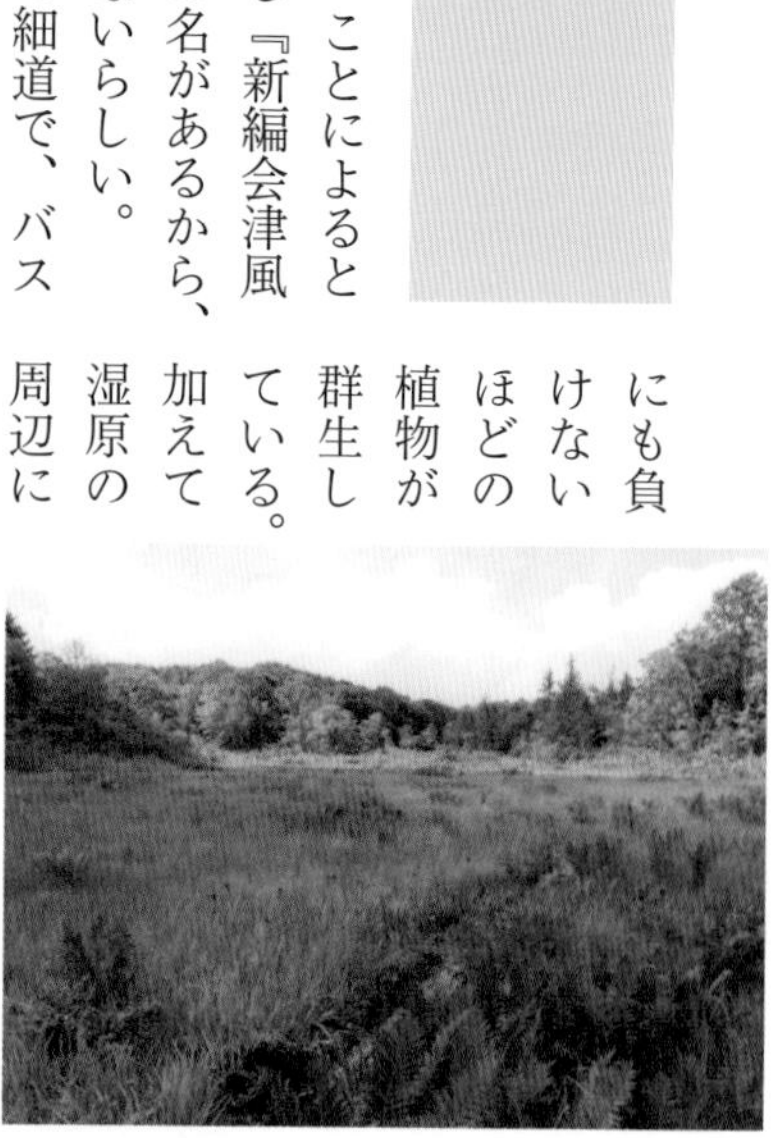

6月下旬に咲くワタスゲ

また、時間に余裕があれば奥会津地方歴史民俗資料館、常楽院マリア観音、細井家資料館、奥会津南郷民俗館など見学場所もあるし、阿賀野川や只見川の景観を味わったりと句材は随所にある。ひなびた温泉宿も一興。からむし織りで知られる昭和村も近い。

▽問合せ＝南会津町観光物産協会
電話〇二四一―六二―三〇〇〇

平成11年4月5日号（益永孝元）

伝統誇る松明あかし

福島県須賀川に伝わります「松明あかし」を紹介したいと思います。須賀川の初冬の風物詩に火の祭りが二つあります。

　歳時記にも載っている須賀川の「牡丹焚火」と「松明あかし」です。二つとも一一月に行われ、「松明あかし」は第二土曜日、「牡丹焚火」は第三土曜日となっております。

　牡丹焚火は俳句を作る人達には親しみ深いもので、一方松明あかしは須賀川城主二階堂氏落城にまつわる四一〇年の伝統を誇る祭りです。会場は日本都市百選の一つに選ばれております翠ヶ丘公園内の五老山で行われます。

初冬の風物詩「松明あかし」

　二階堂氏が伊達政宗に攻められた時、須賀川城と町家が火に包まれて多数の犠牲者を出しました。その霊を慰めるために始められたと伝えられています。その後、領主の目をはばかり、狢狩りなどに事寄せて四一〇年間続けられて来ました。

　当日午後三時頃、松明通り上北町において大松明、武者行列出陣式が行われます。午後四時、長さ一〇メートル、重さ三トンもの大松明を若者一五〇人が担ぎ出し街を練り歩きます。そのあとを姫行列、さらに二階堂家の武者行列と続き、街の中は祭り一色となり五老山へと向かいます。

　夕闇に篝火が映えるころ、少年少女の持つ小松明がちらちらと川べりから五老山へと行くさまは美しいと言うより何か切なさを感じます。小松明が登り切ると山頂に立てられた三〇本もの本松明に点火され、勇壮な松明太鼓とともに一山火の海と化します。眼前の燃えさかる火の色にどきどきしながら、当時の落城の無念さに思いを馳せます。

　遠くから見ると一町燃えているかのように思われます。

　この本松明は会社、学校などで自分達の手で作られたもので、一週間位前から立て始められ、それとともに須賀川も冬へと入って行きます。

▽交通＝ＪＲ東北線須賀川駅から一キロ
▽問合せ＝須賀川市コミュニティプラザ内
　観光案内所
　電話〇二四八―六三―二一一一

平成15年10月5日号（江藤文子）

水辺の新吟行ゾーン

「とかくして、越行まゝに、あふくま川を渡る。……すか川の驛に等窮といふものを尋て、四五日とゞめらる」（芭蕉『おくのほそ道』）とある須賀川に最近新たな吟行地が出現した。

名称は、浜尾遊水地。阿武隈川の水があふれそうになったとき、一時的に川の水をため込み、川の水を減らして洪水を防ぐはたらきをするために設けられた。平成一四年に完成。湛水面積約六二ヘクタール、遊水地容量約一八〇万リットル。遊水地と阿武隈川を隔てる囲繞堤と、遊水地にたまった水が民家側へ流れ込むことを防ぐための周囲堤に囲まれた広大な原っぱ。〈五月雨は滝降りうづむ水かさ哉〉（芭蕉）の乙字ヶ滝の下流である。

四季、何れの季節に訪れても俳人にとっては季語の宝庫である。地域の信仰上のシンボル、愛宕様の桜の古木や杉の大樹がある小高い跡は残されているが、他は一面、蘆や蒲、薄の原であり、現在は背高泡立草の黄が凌駕している。季節ごとの野鳥が絶えない。かつては林檎や桃など果樹を中心とした畑地だった。

最近ではここをホームグラウンドに、毎月句作に挑戦している人もいる。定点観測さながら。遠くに安達太良山、磐梯山が見えるが、茫洋とした一帯。観光地などでないだけに、自己を見つめ、人生と向き合うには最適な場所である。また、さえぎるものがないので折々の雲をみるのにも適している。電柱もなく電線が走っていないのもいい。

近年、須賀川を訪れた俳人には案内している。

土地の有効利用のため、「水辺の回遊ゾーン」「レクリエーション・体験ゾーン」等に整備する計画もあるが、俳句を作る者にとっては、野鳥や動物が集まる現在のままの放置状態の方がありがたい。

須賀川駅から約五キロメートル。路線バスの停留所からは結構距離があるのでタクシーが便利。今、周辺の農地は収穫直前の林檎が赤く色づいている。牡丹園をはじめ、芭蕉の足跡をたどるついでにちょっと足を伸ばしてみてはどうだろうか。

▽問合せ＝国土交通省福島河川国道事務所
電話〇二四―五四六―四三三一

平成19年12月5日号（益永孝元）

阿武隈川の浜尾遊水地

神秘「涌井の清水」

福島県岩瀬郡天栄村の文書によれば、皇統譜第一三代・成務天皇の御代、この辺りに大蛇が棲み、里人に大きな害を及ぼしていた。

大切な水源を汚し、邪気を吐き散らし、田畑を荒らし、暴れ回っていた。当地を治めていた国造・建美依米命（たけみよりめのみこと）がこれを憂え、湧湯御前神社（わくゆごぜんじんじゃ）を祀って民百姓の安息を願った。すると大蛇はたちまち姿を消し、この地に静けさが戻ったという。

湧水は沼をなし、里人の暮らしの水はもちろん、農業用水としても大切にされてきた。

「涌井の清水」は特に大切なもので、天然記念物（村重要文化財）に指定されている。

約五〇〇平方メートルの小沼ながら、水底からは一年中間断なく清水が湧き出し、青砂が舞い上っている。

年中休むことなく清水が湧き出る「涌井の清水」

どんな旱魃の年でも水量は一定。昔からここに棲む魚を捕えることや、沼を掻き回すことは固く禁じられてきた。

湧湯御前神社は今は小さく古びているが、地域の人々により大切に護られている。

また雨乞の霊地として、歴代の白河藩主により保護されてきた経緯がある。

一方ここは古より馬の産地として全国に知られ、坂上田村麻呂の駿馬や熊谷直実の愛馬も当地の産駒である。

またこの地は室町時代以前からの交通の要衝であり、豊臣秀吉はここから勢至堂峠を越え、会津に入った。

江戸時代の天文六年（一五三七）には近くに関所が置かれ、会津藩や新発田藩、佐渡奉行などの江戸との往還路として、重要なロケーションになっていた。

▽交通＝ＪＲ東北本線須賀川駅から国道一一八号線を車で約三〇分。または東北自動車道須賀川ＩＣから国道一一八号線を三〇分。

▽問合せ＝天栄村観光協会
電話〇二四八―八二―二一一七

平成24年8月5日号（横山節哉）

須賀川の「松明あかし」

今から遡ること四二六年、約四〇〇年にわたって続いた南奥州の雄・二階堂氏は、伊達政宗の軍勢に滅ぼされ、その名が歴史上から消えた。須賀川市民はその悲劇を今も忘れることなく、毎年一一月第二土曜日の夜、五老山の丘に「須賀川松明あかし」を繰り広げる。

二階堂氏の祖は藤原鎌足の一八代後裔・白尾三郎。源頼朝に従って鎌倉幕府の政所を務めていたが、奥州平定の軍功が認められ、この地方の領主となった。

天正一八年（一五九〇）伊達政宗は常陸の佐竹氏を攻める手始めに黒川城（現・会津若松城）の芦名盛隆を討ち、その勢いを駆って須賀川城に迫った。

須賀川城主は芦名盛隆の母・大乗院（政宗の伯母・阿南）。政宗のこの行動に抗議すべく、二階堂家の家臣や領民は、一〇月一〇日の夜手に手に松明を掲げて東の丘に集まった。

二階堂家の家臣団には交戦派と和睦派があったが、城主・大乗院は永年の盟友・佐竹氏に気遣い、和睦の道を選ばなかった。政宗も伯母・大乗院を攻めることを渋っていたが、ついに一〇月二六日、大軍を以て攻めかかる。東西に流れる釈迦堂川を挟んでの攻防。ところがそんな最中、二階堂家の重臣守谷筑後守が裏切り、城の風上に火を放つ。火は折からの強風に煽られ、瞬く間に城もろとも城下を全焼させた。家臣六〇〇名の殆どは城と運命を共にし、二階堂家の名声はこの瞬間に歴史から消えたのである。

爾来、領民たちは討ち死にした武士の霊を鎮めるために、旧暦の一〇月一〇日「東の丘」に数十基の松明をかざすようになった。

夕闇が迫る頃、二階堂家本丸跡で採火された小松明を手に手に持った市民たちが丘を登る。そして本松明に点火。その後、姫松明以下に次々と点火され、丘は紅蓮の炎と化す。

▽交通＝ＪＲ東北線須賀川駅から一キロ
▽問合せ＝須賀川市コミュニティプラザ内観光案内所
電話〇二四八―六三―二一一一

平成28年6月5日号（横山節哉）

日本三大火祭り・須賀川の「松明あかし」

II 関東

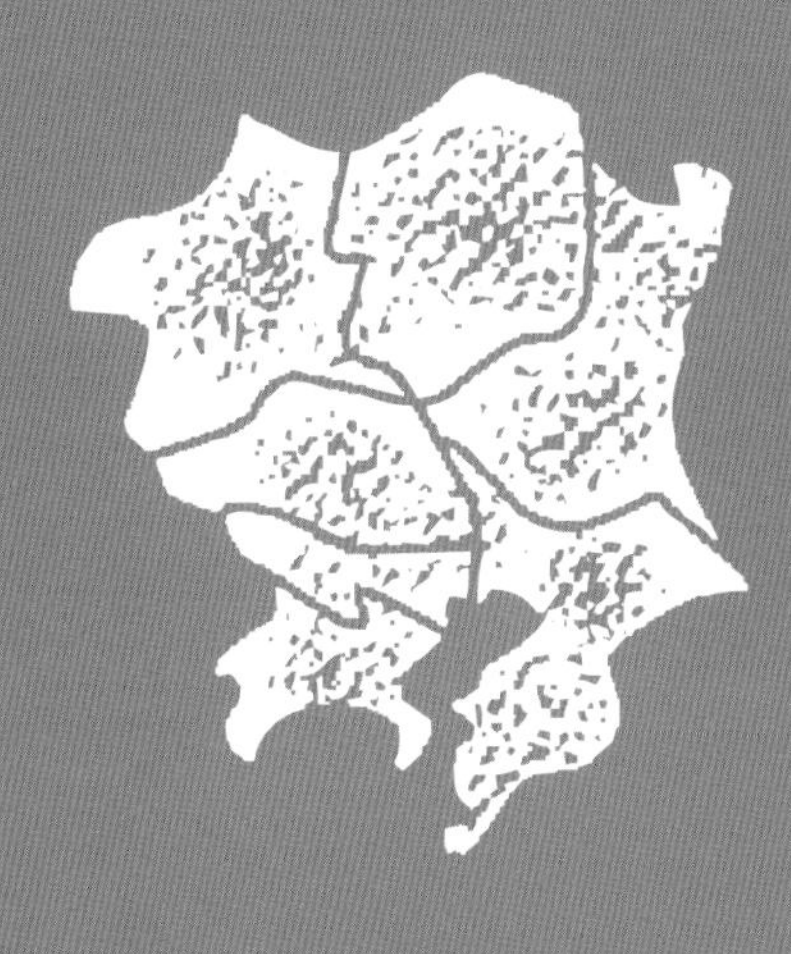

さながら「氷瀑浄土」

日本三名瀑の一つとして、高さ一二〇メートル、幅七三メートルの景観を誇る袋田の滝は、福島県との県境、大子町にある。滝水が四段に落下することから「四度の滝」と呼ばれる。また西行が「春夏秋冬の四度来なければ、真の風趣は味わえない」と絶賛したことから名付けられたともいわれている。

　この滝を正面から見るためには「袋田の滝観瀑トンネル」（二七六メートル）を利用する。奥へ進むと右手に第一観瀑台。幅の広い三段目が目前にあり、落下する水音に全身が包まれるような大スケールを体感する。

　二〇〇八年にオープンした第二観瀑台へは、エレベーターで上がる。三つのデッキがあるが、いずれのデッキからも最上段を含めた滝の全容が望め、人気を集めている。

　久慈川にシャーベット状の「しが」がきらきらと浮かぶ厳冬期には、この滝が岸壁もろとも凍結する。自然の造形である氷瀑の威容は、見る者を圧倒し、数多くの俳人が句にしている。

凍滝と奥嶺の月と照らし合ふ　　能村登四郎

しつかりと見ておけと瀧凍りけり　　今瀬剛一

　毎年、大子町では「氷瀑全国俳句大会」（今季は一月二四日（日））を催している。

　また「冬の滝紀行」（一二月末〜一月末の土・日・祭日）として、様々なイベントを行う。側面から滝が見られる吊橋のイルミネーション、音楽演奏会、トンネル入口付近で、地元の方々による甘酒やけんちん汁のサービスなど……。

中でもライトアップされた凍滝は見事。静寂な夜空に青白い硬質の光を放つ姿は、正に幽玄そのものである。

　完全に凍結すると絶壁へ挑戦するアイスクライミングの姿が小さく見られることもあり改めて滝の壮大な存在感に目を奪われる。

凍結した袋田の滝

▽交通＝ＪＲ水郡線袋田駅から車で五分、徒歩四五分。
▽問合せ＝大子町観光協会
電話〇二九五―七二―〇二八五
大子町観光商工課
電話〇二九五―七二―一一三八

平成21年12月5日号（小松道子）

鹿島神宮「祭頭祭」

鹿島神宮「祭頭祭」は防人の「鹿島立ち」に由来する祭りである。

図説『俳句大歳時記』には、仲春の季語として次のように記載されている。

「鹿島神宮では毎年三月九日に旧神領五六郷によって祭頭祭が行われる。神宮を境に南北に分け、大頭一カ村、助祭二カ村を決める。

新発意（しぼち）という幼い大将に鎧兜・帯刀・采配を持たせ、年寄りの肩車に乗せる。隊員は五色の襷を吹き流して村里を巡り歩く勇壮な祭りである」。

この南北二隊の新発意は隊を指揮し「イヤーホエ鹿島の豊竹トホヨトヤ・イヤートホヨトヤアアヤレソラホエ……」の囃唄と共に、樫棒を打ち合わせる。

これらは明らかに戦闘場面のシミュレーション。奈良・平安の昔に、九州の防人の士気を鼓舞した行事が、今に伝えられていることが納得できる勇壮なシーンである。

樫棒を打ち合わせる勇壮な新発意（しぼち）

祭神は日本神話に登場する天孫降臨に先立ち、「出雲の国譲り」で功績のあった武甕槌（たけみかづち）大神で武神である。

境内には建立された句碑や歌碑が多い。

松尾芭蕉　三句

名月や鶴臑高き遠干潟

此松の実生せし代や神の秋

枯枝に鳥のとまりけり秋の暮

香取より鹿島はさびし木の実落つ　山口青邨

また大舎人部千文の万葉歌〈霰降り鹿島の神を祈りつつ皇御軍（すめらみいくさ）に我はきにしを〉などがある。俳人にぜひ訪れて欲しい場所である。

▽交通＝JR鹿島神宮駅より徒歩一〇分。高速バス鹿島ターミナルより徒歩五分。

▽問合せ＝鹿嶋市観光協会

電話〇二九九―八二―七七三〇

鹿嶋市観光課

電話〇二九九―八二―二九一一

平成26年2月5日号（小橋隆三）

パワースポット「御岩神社」

御岩神社は、茨城県日立市入四間町にあって『常陸國風土記』に「浄らかな山かびれの高峰（御岩山の古称）に天つ神鎮まる」と記されている。古代よりの信仰の聖地であり、祭神一八八柱が祀られている。中世には、山岳信仰・神仏混淆の霊場。江戸期には、徳川光圀など水戸藩代々の藩主の参拝する祈願所であった。私の子供のころは、年に二回の回向祭以外は参拝の人も少ない淋しい神社であった。

鳥居をくぐると御岩山の道は、拝殿の先より表参道と裏参道に分かれ、かびれ神宮近くで合流。その途中に、天狗が棲んでいたという御神木「三本杉」、「御岩山霊場図」が掲げられている楼門、薩都神社中宮、奥宮「賀毗禮神宮」等があり、山頂には「盾と鉾」の岩がある。御岩山全体が神域であり、今でも神仏習合の趣が色濃く残っていて、明治の神仏分離後も「神仏を祀る唯一の社」と言われている。

宇宙飛行士の向井千秋さんが宇宙から地球を見た時に「日本から光の柱が立っていた。その場所が日立市の山中であり、御岩神社らしい」というのだ。この光を見たのは向井さんだけではない。もう一人、アポロ一四号の宇宙飛行士エドガー・ミッチェル氏がいる。

茨城県外ではあまり知られていないが、近年、多くの霊能者やスピリチュアル・リーダーも訪れ、注目を集めている関東有数のパワースポットである。スピリチュアリストによると、御岩神社は異空間と繋がる場所なのだそうだ。

参道に沿って「残り葉の人のけはひに散りかかる」孤悠、「月の夜の石にかへりし道祖神」爽青、「春深し杉のいづこに念仏鳥」紫雲郷、の三基の句碑がある。

樹齢約500年。御神木「三本杉」

▽交通＝日立駅からバス三五分

▽問合せ＝御岩神社　電話〇二九四—二一—八四四五

平成30年3月5日号

（大竹多可志）

隠れた景勝地・仏岩

芭蕉が〈行春や鳥啼き魚の目は泪〉の句を残し、奥の細道の旅に出たのは元禄二年で、約三〇〇年前のこと。

旅の二日目には私の住む下野の国に入り、日光東照宮を参拝し「あらたふと青葉若葉の日の光」の句を遺した。

東照宮の壮麗な廟と大小おびただしい数の現世、霊界の鳥獣たちと溢れるほどの花々の浮き彫りを施した華麗な陽明門は日光のシンボル。

東照宮に近い仏岩・六部天

その東照宮から地続きのところの「もうひとつの日光」史蹟探勝路を歩くと、「日光開山の祖」勝道上人の霊廟、開山堂に出る。開山堂の借景となっている切り立った断崖一帯を仏岩と呼ぶ。ここは訪れる人も少ない隠れた景勝地となっている。

五〇〇年を越す老杉が点綴し、昼なお暗く幻想幽玄の世界に誘われる。仏岩上方で勝道上人は荼毘にふされたと聞く。

仏岩幽し狐の牡丹実に　　野口一秋

仏岩の窪みには、梵天、帝釈天、四天王等六基の石仏が苔を纏い、降りしきる落葉の梢に瞳を凝らしている。

病葉や何れ傷もつ六部天　　栗山さつ子

勝道上人の霊廟の開山堂の裏には「勝道上人之塔」と台座に刻まれた、五輪塔の墓がある。

露浄土蓮華升麻を胸に抱く　　西本一都

開山堂から始まり瀧尾神社に続く約二キロの石畳の両袖には鬱蒼と聳える五〇〇年の老杉群の景は、いやがうえにも句心を躍動させる。

修行僧をろがむ露のみちゆづる　　西本一都

信心の石畳踏み露を踏む　　鶴見一石子

神橋から瀧尾神社の、約三キロメートルの探勝路は、それぞれに趣を変えた史跡が三六程ある。

私は、島根県平田市平田にある「白魚火」荒木古川主宰の結社に属し、昭和五四年に、この地「もうひとつの日光」開山堂周辺を「白魚火全国俳句大会」の吟行地とした程の景勝の地であり、掲句は、その時の吟行句である。

是非日光方面にお出での節は、この地を散策していただきたい。

▽問合せ＝日光市役所観光商工課
電話〇二八八—五四—一一一一

平成9年12月5日号（鶴見一石子）

壮大な渡良瀬の葭焼き

渡良瀬遊水地の葭焼きは、平地としては、日本最大の火のページェントであり、壮大の一言に尽きる。面積約一〇〇〇万坪の葭野の原が一日で末黒野と化す。

葭焼きの実施期日は、概ね三月下旬の日曜日としているが、関係機関が協議し一二月中に予定日を決定する。平成一三年は三月二一日（水）に実施した。天候次第で変更になる。

この遊水地は、栃木、群馬、埼玉、茨城の各県に広がる大遊水地で、葭焼当日は、隣接した各県の関係者が動員される。

長大な築堤は、明治四三年（一九一〇）から大正一一年（一九二二）に形成されたもので、越流堤、周囲堤、小築堤、流入堤から成る。堤に立てば茫々枯葭原が一望千里。

枯葭への点火は、午前八時頃。火の手は見る見る白煙を呼び黒煙を呼ぶ。火舌は猛り、細流を飛び、野原を駈け火の筋は一気呵成に帯状と化し数十メートルとなり奔る。

葭切、鶸を始め鳥類二四七種類の外多くの動物が生息している葭原に阿鼻叫喚の声が。渦巻く炎の黒煙は、日輪をも隠すほど。

谷中村は、巴波川、思川、渡良瀬川に囲まれた栃木県最南端の村。

明治の中頃から、足尾銅山鉱毒問題が国家的問題となり、鉱毒水を沈殿させるため遊水地となったのが谷中村。明治期の義人政治家、田中正造が鉱毒事件糾弾に奔走した夢の跡地である。

百余年の歳月は流れ、いま遊水地を取り巻く自然環境は改善され素晴らしく、昔の面影はない。

日本最大の火のページェント

春の葭焼きの外、四月に、同運動公園で熱気球競技大会、桜祭。五月はみずウォーク渡良瀬遊水地大会。八月は、花火大会。一一月には、マラソン大会等、四季を通し楽しめる場。広大な、リフレッシュゾーンの風を感じ句作を試みてはいかが。

▽交通＝東北自動車道佐野藤岡ＩＣから一〇分。東武線藤岡駅下車徒歩一三分。

▽問合せ＝栃木市渡良瀬遊水地課
電話〇二八二—六二—〇九一九

平成14年2月5日号（鶴見一石子）

圧巻は蜻蛉の羽化　六月の芦野

毎年六月の第二日曜日には「柳まつり全国俳句大会」が俳聖芭蕉のゆかりの地芦野において開催される。

柳まつりの柳は「遊行柳」といい、那須町の指定史跡となっている。芦野宿の北西方通称上の宮と呼ぶ温泉神社の社頭にある。

柳を訪ねると、地元の芦野石の玉垣が美しく参道は季節の草花が目を楽しませてくれる。

「月日は百代の過客にして」の調べに始まる奥の細道の柳の近くに〈田一枚植て立去る柳かな〉の芭蕉の句碑が立ち、蕪村の「柳散」の句碑や西行の「道の辺に」歌碑も立ち詩心をそそる。今にも謡曲の柳の精が現れてきそうな雰囲気。

この付近は自然のままに残されており、四季折々の草花の宝庫でもある。

特に圧巻は、六月に見られる蜻蛉の羽化、その生々しさは一見の価値があり、お勧めできる。

「柳まつり全国俳句大会」は今年で二四回を迎え、那須町・佐藤正洋町長を中心に実行委員会が結成され企画検討、寸分の遺漏もなく運ばれている。

柳から少し離れた休み所の近くには、田が一枚この日のために水を張り用意されている。

田掻馬は、馬鍬（一メートルほどの横棒に七、八本の鉄の歯が櫛状に並んだもの）を取りつけ当時の田掻きを再現する。

紺絣に襷掛け姉さん被りの九人が一列に並び苗取り作業、田植へと手際よく進む。近くでは、囃子方女性三人の苗取唄、田植唄が芦野の里へ流れ青嶺へひびく。

栃木・芦野の「遊行柳」

田植を堪能後、野外で頂く赤飯の炊き出しは格別。地元の方々の至れり尽くせりのご好意は三一六年前の悠久の歴史の機微に触れて、忽ち一日は過ぎて行く。

芦野の地の柳を訪ねる文人は多い。立松和平と俵万智の両氏の二〇〇一年初版の『新・おくのほそ道』の一節に、「黒羽では、芭蕉は半月近くも長逗留している。黒羽がよほど居心地よかったと見える」と記している。

今栄蔵氏の「芭蕉年譜大成」には、芭蕉の奥の細道の旅で、黒羽の滞在期間が最も長く四月三日から四月一七日までとある。

▽問合せ＝那須町観光商工課
電話〇二八七—七二—六九一八

平成17年8月5日号（鶴見一石子）

子供が主役の蛇まつり

毎年五月五日（子供の日）に小山市間々田地区で行われる「蛇まつり」は、かつて「ジャガマイタ」と呼ばれた奇祭。

町内七地区の子供たちの手によって作られた御神体の蛇七体が、子供たちに担がれてそれぞれの地区を練り歩く。

蛇体作りは子供たちによって、約一ヵ月前から準備が始まる。材料の調達や祭礼当日の役割分担など、ほとんど子供たちだけで決定する。

蛇の胴体は太い孟宗竹を割って作られる。そこに藁や羊歯を縄で巻き付けて鱗に、頭部は直径五〇～七〇センチ位に作り上げる。

全長凡そ二〇メートル。かつては三〇メートルもあったという。目は綿を金紙・銀紙で包み、耳は鮑貝、舌は赤く塗った団扇を使う。後尾に縄でシリケンと称する木製の剣型のものを付ける。

祭り当日、各地区毎に作られた蛇は各会所を発ち間々田八幡宮に集合。これを「蛇寄せ」という。

蛇は禰宜のお祓いを請け、口にお神酒が注がれる。その際、境内の弁天池に首を差し入れて「水飲み」を行う。各町会の蛇が次々と池に入り、激しく水を飲む。そして再び町内に担ぎ込まれる。

行列は八大竜王の旗を先頭に、小中学生の男子が「ジャーガマイタジャガマイタ」と連呼しながら家々の戸口を訪れる。

ジャガマイタとは、蛇が「参った」とか「巻いた」という意味らしい。

しかしこの「蛇まつり」の発祥については、それに関する文書類など一切残されていない。

伝承によると釈迦が誕生した時、八大竜王が天から龍水を降らせたという仏教説話から起こったとされ、田植え前のほどよい雨を八大竜王に祈願したといわれている。

このように龍を真似た御神体を作って雨乞い、五穀豊穣、疫病退散などを祈願する信仰は、当地のみならず全国各地にも広まっているようだ。

▽交通＝JR東北線（宇都宮線）間々田駅より車で約一〇分。東北自動車道佐野藤岡ICより四〇分。

▽問合せ＝小山市文化振興課
電話〇二八五―二二―九六六二

平成22年8月5日号（橋本和子）

境内の池に大蛇を入れる「水飲み」の儀式

絢爛 蔵の町の人形山車

栃木市は江戸時代より舟運で栄えた問屋町で、北関東の商都と呼ばれてきた。また東照宮に参拝する例幣使街道として賑わい、その両側にはかつての繁栄を伝える蔵の町並みが今も残されている。

平成二一年には国土交通省が実施する都市景観大賞「美しいまちなみ賞」を受賞した。

この町に明治時代から続いている秋祭りがある。絢爛豪華な人形山車が蔵の町大通りを練り歩くのだ。これまでは五年毎の祭りだったが、各年に開催されるようになった。

一一月の第二金曜・土曜・日曜の三日間。多くの観光客で賑わう。

一一月に入るや否や、各町内に山車小屋を造るための丸太や荒縄が積まれる。何しろ山車の丈は凡そ九メートル。小屋はそれ以上に高くしなければならない。

祭りの初日は、山車人形の顔合わせ。神武天皇、天照大神、劉備玄徳・関羽張飛の義兄弟、それに静御前……。

見事な彫刻と金糸銀糸の刺繍の衣装を纏った（有形民俗文化財）人形山車が、蔵の町を華麗に舞う。特に静御前の姿が朱塗りの高棚上に現れると、見物人から溜息ともつかない喚声が上がる。

二日目、いよいよ勢揃いした人形山車が大通りを練り歩く。山車の上段・下段に張り巡らされた金襴の幕、彩色の彫刻、鋳金もまた見事である。

三日目の夜はクライマックス。躍動する灯の海の中、「喧嘩囃子」が始まる。

その強烈なリズムは群衆心理を煽り、各町内の祭衆の手丸提灯を乱舞させる。

やがて囃子の音が緩くなり、祭衆の鬨の声と共に山車の四隅に吊るされた鬼火提灯が闇の中へ一基、また一基と消えて行く。

喧嘩囃子（写真提供：栃木市）

▽交通＝東武線栃木駅下車徒歩一〇分。

▽問合せ＝栃木市観光協会

電話〇二八二―二五―二三五六

平成26年1月5日号（中新井みつ子）

文士の愛した温泉郷

野州塩原温泉は開湯一二〇〇年を誇る。

明治期、交通網の整備が計られ、また県令であった三島家の別邸が皇室に献上されて御用邸になると、高位高官、名士たちが次々に別荘を建設し塩原は飛躍のときを迎えた。

火山性の地形、奇岩なす渓谷の清流は文人たちを誘い、多くの名作が誕生した。

明治の文豪、尾崎紅葉もその一人である。『金色夜叉』の主人公間貫一が人間性を取り戻し心の平安を得たのは風光明媚な塩原であった。物語の発端が熱海の海岸であるなら、塩原は終結に向かう大事な場面である。

紅葉が『金色夜叉』の想を練った旅館、清琴楼（当時佐野屋）は明治の面影を残し、紅葉滞在の部屋に所縁の品々を展示している。

塩原温泉郷を愛した文豪・文士たちは枚挙に暇がない。町には約五〇基の文学碑があり、まさに「文学の里塩原」の観を呈す。

〈湯壺から首丈出せば野菊哉　漱石〉

〈さまみえて土になりゐる落葉かな　東洋城〉〈処々灯りぬ秋の湯七郷　零余子〉。また福渡（ふくわた）の旅館和泉屋の先代主人は、詩を野口雨情に文章を長谷川伸に師事した。

和泉屋には文士たちの愛した部屋が残され、窓辺に佇てば渓声山色を堪能できる。〈誰れと別れか福渡あたり啼いて夜半ゆく川千鳥　雨情〉。

町から少し足を延ばせば、新湯の爆裂火口跡に濛々と噴気が上がり、夏には箒川の清流に河鹿の声が涼やかに響き渡る。また六～八月ヨシ沼では腹長二センチメートルに満たない希少な八丁トンボを見ることができる。塩原はまた大自然の宝庫でもある。

▽交通＝那須塩原駅よりバス六五分
▽問合せ＝塩原温泉観光協会
電話〇二八七―三二―四〇〇〇

平成30年9月5日号（平手ふじえ）

塩原で観察できる日本最小の八丁トンボ

オトギの国・猿ヶ京

永禄三年三月、越後の上杉謙信は、三国峠を越えてはじめてこの湯にやって来た。

「峠のこっちの空は、こんなに明るいのか」。上州は年間通じて晴天の日が日本一。半年近くも雪に閉ざされている越後の謙信にとっては別天地。どうしても戦いに勝ち、関東平野を治めて見たくなり、戦勝祈願の酒宴を開くうちに、つい飲み過ぎて、うとうとしてしまい、そのうちに不思議な夢を見た。

夏のご馳走を食べようとしたら箸が片方しかない。しかもご馳走を口に入れた途端、前歯が八本も抜け掌中に落ちた。

「これはどうしたことだ」と大声を出したら目が覚めた。これを聞いた家来の直江山城守は、「殿さま、これは良い夢をご覧になられた。片っぱしから関八州を手中に出来るというお告げですぞ」といった。謙信は「きょうは申の年の申の月、申の日で、三つの申が今日である。今からこの地を〝申が今日〟と改めよ。めでたい。めでたい」と喜び合った。以来この地は「猿ヶ京」と呼ばれるようになり、謙信は連戦連勝忽ち関八州を手中にしたという。

こんな昔語りを知らない私たちも、猿ヶ京という地名には、オトギの国の桃源郷を思わせるロマンチックな響きがする。赤谷湖のほとりや森の中を歩いていると、ひょっこり河童に出会えるような気がするし、お湯に沈んでいると、民話の主人公たちの話声が聞こえてくる。そして法師蟬たちも語り部の一役を買って一しきり唄う。

民話の郷つくづく法師ひとしきり　銀葉

赤谷湖の鏡のような湖面

三国街道添いのこの秘湯猿ヶ京も、上越新幹線や高速自動車道が開通し、東京からも手軽に多くの文人たちが訪れるようになった。大鷹の生息する赤谷湖を眼下に大露天風呂に浸った後、風味豊かな豆腐懐石「豆腐十珍」の多彩な味を堪能し、囲炉裏のある部屋で民話を聞ける。その語り口の独特なリズムに郷愁をそそられる。

▽交通＝JR上越新幹線上毛高原駅下車、駅前からバス猿ヶ京温泉行三五分、関越自動車道月夜野IC下車、国道一七号猿ヶ京まで二五分。

平成11年9月5日号（吉田銀葉）

歴史的な遺産・多胡碑

群馬県多野郡吉井町（現高崎市）は、高崎市街地から一〇キロメートル程南にある、人口二五〇〇〇人ほどの静かな町である。

「記紀」からもうかがえるように、この地は朝鮮半島よりの渡来人が多く住みつき、いまも韓来文化を偲ばせる遺跡や地名も多く、まさに、古代史の宝庫といっても過言ではない。

日本三古碑の一つであり、上毛三古碑の一つでもある多胡碑は、この町の大字池字御門（みかど）にある。近くに大宮神社もあり古墳も散在する。奈良朝初期の和銅四年（七一一）このあたりを統合し多胡郡が出来た喜びを碑に遺したもの。建碑にかかわる経緯は「続日本紀」和銅四年の記事とも照合出来、無類の歴史的遺産といえよう。

碑の高さは一二六センチメートル。この町の南部から採れる牛伏砂岩（通称多胡石）で造られている。六行八〇字の文字は六朝風といわれ、国内はもとより、中国や外国からも書家や歴史家が訪れ、高い評価を受けている。

町では、この石碑につづく広大な土地を「石碑の里公園」と名付けて整備した。園内には、多胡碑記念館をはじめ、古墳を再現したり、古代蓮を咲かせたりし、多くの人を呼んでいる。

郊外には牛伏山（四九〇・五メートル）といい、ちょうど牛の背を思わせる形の山がある。その背後には御荷鉾（みかぼ）山をはじめ、奥多摩の山々、更には秩父山系が重層し、まことに風光明媚。

吾が恋はまさかもかなし
草枕多胡の人野のおくもかなしも
（三四〇三）

万葉集東歌で、このあたりと比定され、地元の人々に永く愛されて来ている。

この辺の山河にふれると、妙になつかしい思いにかられるから不思議である。

▽交通＝上信越自動車道、吉井ＩＣから五分。ＪＲ高崎駅から上信電鉄吉井駅下車。駅前タクシー。

▽問合せ＝高崎市吉井支所
電話〇二七—三八七—三一一一

平成14年6月5日号（関口ふさの）

名石牛伏砂岩に彫られた多胡碑

俗塵を洗う四万温泉

遠く延暦年間。源頼光の家臣・日向守貞光が、夢枕にたった童子に、この湯は四万種類の病気に霊効があると伝えられ、四万と呼ばれるようになったといわれている。

〈世のちり洗う四万温泉〉（上毛かるた）と紹介されて、大自然に恵まれた立地に薬湯としての湯の魅力を秘める。

薬湯の由来は天文六年（一五三七）の棟札を所蔵する薬師堂が日向見にたてられていることからもうかがい知ることができる。

四万温泉は、上信越高原国立公園内に位置し、東、北、更に西の三方は一〇〇〇メートル級の山岳に囲まれ、山間を縫って走る四万川の流れに沿った温泉地である。

湯治場として古くから（天正年間・一五〇〇年代後半）親しまれ、明治に入り湯治宿が発達し、温泉地としての整備が進み、昭和二九年に国民保養温泉の第一号に指定された。

『四万温泉史』（四万温泉協会発行）によれば、四万に来遊した人びとは多彩。大槻文彦、与謝野晶子、斎藤茂吉、高村光太郎、太宰治と井伏鱒二、若山牧水そして、富安風生。ゆずり葉公園には風生句碑〈春嶺を重ねて四万といふ名あり〉がある。

昭和二〇年、前田普羅が訪れている。

四万川に一樹の栗はこぼれけり　普羅

又、四万への途上には、句碑一二〇基あまりが林立している「離山句碑公園」がある。

露涼し形あるもの皆生ける　鬼城

自然と健康をテーマとした薬草農業公園—およそ五〇〇種類の薬草、薬木、ハーブの栽培をしている「薬王園」（現・中之条ガーデンズ）もある。

清らかな自然環境に親しみ、俗塵を洗い落とし明日への活力を充実させ、四季折々に楽しさを与えてくれる名湯。最近では、NHK連続テレビ小説「ファイト」の舞台となった「しまおんせん」へ吟行を兼ねお出掛け下さい。

美しい茅ぶき屋根の日向見薬師堂

▽問合せ＝四万温泉協会
電話〇二七九—六四—二三二一

平成17年11月5日号（蟻川玄秋）

芸術の宝庫　妙義山麓

奇岩怪石が林立する妙義山は、白雲山・金洞山・金鶏山の総称で、群馬を代表する名峰の一つである。また九州の耶馬渓、四国の寒霞渓と並んで、日本三奇勝の一つに数えられている。

妙義山の名の由来は、後醍醐天皇に仕えていた権大納言長親卿が「明々（めいめい）巍々（ぎぎ）たる山」と称えたことから、「明巍」と名付けられ、後に「妙義」と呼ばれるようになった。

その謂れからしても、荒々しい岩肌が創り出す景観は、当時から人々を魅了して止まなかった。今も天狗や仙人が棲んでいるような錯覚に陥る山容で屹立している。

この主峰・白雲山の麓に、日本武尊をはじめ名だたる神々を祀る妙義神社がある。樹齢四〇〇年を超す老杉の社には、鮮やかな朱色の総門や黒漆塗り・権現造りの豪華絢爛たる本社が造営され、上毛の日光と言われるほど見事な彫刻が施されている。特に拝殿の金龍や羽目板壁の鳳凰は圧巻。

妙義神社山門の枝垂桜と妙義山

一方、急な斜面を生かした境内は、借景庭園としても絶景である。ここは知る人ぞ知る枝垂桜の名所。シーズンには訪れる花見客も多い。

大の字を配した山を背に、仙人の姿を連想させる桜。高い総門を越え、打揚花火のように枝垂れる桜。雪を被ったような白さで咲き誇る桜。また神々が手を差し伸べているように高い石垣から天降る桜……どれも詩心をくすぐる個性を誇っている。

さらにこれらの絶妙な配置も見逃せない。こんな所にも先人の技量と配慮が窺えるのである。

自然と人によって遺された贈り物には、鼻唄交じりで訪れた私でさえ、自ずと頭が垂れるのである。

▽交通＝ＪＲ信越線松井田駅タクシー約一五分。上信越自動車道松井田・妙義ＩＣから五分。

▽問合せ＝妙義神社社務所

電話〇二七四―七三―二一一九

平成22年6月5日号（横山幸嗣）

日本で最初の製糸工場

群馬県には名所旧跡歴史上の人物などを詠み込んだ「上毛かるた」がある。小学校に入学すればかるた大会があり、群馬県民は上毛かるたの絵札も取り札も全て記憶している。

「日本で最初の富岡製糸」は、読み札「に」の札に書かれた文言である。取り札には襷掛けの工女が繰糸場で糸取りをしている姿が描かれている。

この富岡製糸場が絹産業遺産群の中核となり、世界遺産に登録された。世界の宝として認められたのである。

製糸場の煙折る風花散らす　洋一

明治五年、日本初の官営製糸工場として創業したが、その後民間に払い下げられ、最後は片倉製糸工場となり昭和六二年まで操業されていた。

製糸場のシンボルは東西にある赤煉瓦の繭倉庫と、広大な敷地の真ん中にそそり立つ高さ五〇メートル近い大煙突。石炭を焚いた黒煙は、太く力強く富岡の空に立ち上っていた。

枯桑の道どこからも赤城見ゆ　占魚

群馬県は全国でも屈指の養蚕県で、全盛期の昭和二〇～五〇年代には山の開墾地まで桑が植えられ、見渡す限り桑畑。まさに「桑海」であった。

平成二六年の六月二一日、夕立に浄められた東西の繭倉庫は、誇らしくライトアップ。世界遺産登録が決定した祝賀セレモニーには、六〇〇〇人の市民が集まり、万歳を繰り返した。夜空に打ち揚げられた大花火に、幾度も大煙突が浮いた。

上州富岡駅下車徒歩五分。

▽交通＝ＪＲ高崎駅から上信電鉄三五分、

▽問合せ＝富岡製糸場課

電話〇二七四―六四―〇〇〇五

平成26年10月5日号（高橋洋一）

富岡製糸場の東置繭所

鉄道遺産の動態展示

駅弁の「峠の釜めし」で知られるJR信越線横川駅。その隣に「碓氷峠鉄道文化むら」がある。難所だった同峠で活躍した蒸気機関車、電気機関車など三〇台以上が動態展示されているほか、実際に機関車の運転を体験することができる人気スポットだ。

動態展示とは、すぐに動かせる状態で展示すること。鉄道ファンならずとも昔懐かしい車両に触れることができる。

信越線は一八八五年（明治一八）に開通したが、横川―軽井沢間の碓氷峠は標高差が五五三メートルもあるため、二本のレールの間にギザギザのあるラックレールを設置。これに車両の腹部に付けた歯車をかみ合わせて走るアプト式を採用した。

一九六三年（昭和三八）から碓氷峠のために開発された電気機関車EF六三を走らせて、日本経済を支えたが、一九九七年の長野新幹線（現北陸新幹線）の開業に伴って横川―軽井沢間は廃線になった。

さまざまな機関車が並ぶ鉄道文化むら

このため「鉄道のまち」ともいわれる横川に、鉄道を守り続けた先人の足跡を留めておこうと鉄道文化むらが一九九九年（平成一一）に建設された。

ここから日帰り温泉「峠の湯」まで二・六キロメートル間をトロッコ列車が走っている。周辺には深い森が広がり、野生の猿が遊んでいることが多い。

鉄道文化むらからは「アプトの道」が整備されており、熊ノ平駅跡まで五・九キロメートルの鉄路跡を歩くことができる。途中の碓氷第三橋梁（通称・めがね橋）は明治時代の建造。二〇〇万個のレンガを川底から高さ三一メートルまで積み上げた当時の技術に驚かされる。

▽交通＝JR信越線横川駅隣接。上信越道松井田妙義ICから一〇分。
▽問合せ＝一般財団法人碓氷峠交流記念財団
電話〇二七―三八〇―四一六三

平成30年10月5日号（武藤洋一）

名木百選・牛島の藤

埼玉県広しといえども、国指定の特別天然記念物はそう沢山はあるまい。その一つが春日部市牛島にある藤花園の藤である。東武野田線の最寄り駅の名前からして「藤の牛島」というくらい、名物の藤なのだ。

毎年五月初旬に花をつけるので、今年も三日に行ってみたところ、まさに花盛り。観光シーズンは朝八時から開園だが、その前から客が押しかける。混まないうちに花見をしたいのである。

樹齢は約一二〇〇年、弘法大師お手植えともいわれるが、その辺のことはだれにも分からない。山藤に似ているが、蔓は右巻きで毛のない変種らしい。根元の総周囲は九メートル、棚は東西約三四メートル、南北一七メートルにも達する巨大な藤で、花房は最も長いもので約二メートルと案内板にあるが、明治のころは三メートルあったという。

酒粕・油粕・化学肥料等を年四回ほど施しているようだが、特に酒粕は会津若松の銘酒醸造元から毎年二月に送られてくるものを、寒肥として施肥するとのこと。つまり相当の酒飲みなのである。

岡田日郎氏のご教示によれば、三好達治に「牛島古藤歌」なる詩があり、その二連目に、

ゆく春のながき花ふさ
花のいろ揺れもうごかず
古利根の水になく鳥
行々子啼き止ずけり

と歌われているという。

そして、石原八束氏（三好達治に親炙、師事したことは有名）の解説文によると、「三好先生を囲んでこの春日部在牛島の千歳藤を、十年くらいは毎年見に出かけた」とのことである。

先年俳人協会埼玉県支部総会と第九回俳句大会を春日部で開いたとき、真っ盛りの藤を見ていただこうと思い、五月三日に設定した。この日はまた、春日部の藤まつりの当日で、駅前の藤通りが薄紫の花でいっぱいになった。通りには模擬店が並び、流し踊りやブラスバンド演奏、ブラジルの裸身美女を加えてのサンバの行進も繰り出して、盛大な賑わいだった。

藤は市花となっていて、牛島の藤は、平成元年に新日本名木百選にも選定されている。

▽交通＝東武野田線で春日部から一つ目、藤の牛島駅下車、徒歩一〇分。

平成11年6月5日号（杉　良介）

特別天然記念物　牛島の藤

貴重な植物群生・浮野（うきや）

水の集まりやすいところ。その低湿原野から加須の緑野は成っている。

前に水あり
後ろに空あり
武蔵野に
平遠の
青き時間の
豊かなれば
ここをまほろばとし
耕し　歩み
人の上に
日をみなぎらす

（以下略）

と、「日と水と」の詩に詠んだことがあるが、私のふるさと加須は、そのような田園の風光に満ちている。鯉のぼりと手打ちうどんのまち。それも水の有難さとは無縁ではない。富士山、秩父の山々、浅間山、赤城山、男体山、筑波山等を遠望して、高いものとしては利根川の土手ぐらいしかない。以前は、沼と芦原の景がどこからも眺められたが、今では農地整理と共に市街地化が進んで、浮野の周辺でしか、そのような景色も見られなくなってしまった。

田山花袋の小説も斎藤与里の絵も平面描写を主義としている。立体の律動は内側に蔵している。浮野の風光も平面的。穏やかにひろがる平地の中に櫟道が一本通じ、そのかたわらに塀に囲まれた浮野はある。三反歩ほどの広さは、外からは何のことはない芦原の眺めである。その中ほどのところに、朱鷺草をはじめ、クサレダマ、ムラサキミミカキグサ、エゾミソハギ等の寒冷湿地の貴重な植物を群生させている。浮野の宝石。利根川の伏流水が生み出したものと考えられているが、定かではない。

浮野の里の櫟みち

加須の浮野とその植物は郷土の誇り。その風光は水を響かせて永遠に絶えることはない。

春の菜の花と乗っ込み鮒、夏の花菖蒲とよしきり、秋の赤とんぼと木の実草の花、冬の空っ風と野の枯れ。浮野の周辺の四季のめぐりもいい。絵になり句になる眺めにあふれている。

▽交通＝東武伊勢崎線加須駅下車タクシーで一〇分、東北自動車道加須ＩＣを左折して五分。

平成17年3月5日号（落合水尾）

蔵造りの町「小江戸」

NHK朝のドラマ「つばさ」が三月末から始まった。この舞台になっているのが、川越である。川越は小江戸とも呼ばれ、全国にもよく知られている〈歴史と伝統の町〉。

川越は城下町として栄えてきた。室町時代の武将・太田道真・道灌親子が、当時の関東管領の扇谷上杉持朝の命により築城したのが、別名「初雁城」と言われた川越城。

いまも残る「蔵造り」の町並

かつては、連歌師の心敬・宗祇などを招き、歴史に残る「川越千句」が巻かれた城でもある。

時代を経て、徳川家康の江戸の世になると、代々重職の地位を占める大名が城主になって、関東の重要な守りと政治の要を担ってきた。

また、川越には多くの寺が建てられている。中でも中院、喜多院は歴史的にも重要。中院は一〇〇〇年以上の歴史を持つ古刹で、本堂前のしだれ桜が有名。

喜多院は江戸時代初期の天海僧正が住職になってからの名称。かつてのNHK大河ドラマ「春日局」でも全国的に知られた古刹。徳川三代将軍家光の誕生の間や春日局の化粧の間、境内には五百羅漢や再建された仙波東照宮などがある。

局口より見る惜春の庭の景　　能村登四郎

川越は、江戸と結ぶ舟運によって栄えた商人の町でもある。新河岸川にはその面影を尋ねることができる。その江戸時代に栄えた商人たちの家が町家形式で発達し、明治時代の「川越大火」を経て「蔵造りの街並み」を建て、今日見られるような情景を形成している。

川越は、筆者の生地であると共に、現在の俳句活動の場所でもあるが、なぜか懐郷的な気分に浸れるのは、毎日この地を訪れる観光客の多さを目にするからであろう。

秋の川越祭の一〇〇万人の人出に加え、年間五〇〇万とも言われ、今年は連続ドラマ「つばさ」の効果で九〇〇万人の観光客が見込まれているという。写真はそのドラマの舞台となった店の外観。一日かけてゆっくりと川越を歩いてみるのも、楽しいと思う。

▽交通＝JR埼京線・東武東上線川越駅、西武新宿線本川越駅下車。徒歩約二〇分。

平成21年4月5日号（小澤克己）

昼は人形山車　夜は提灯山車

埼玉県の久喜市には「関東一の提灯祭り」で知られる「天王様」の祭りがあるが、ここに紹介するのはそれではなく「上清久（かみきよく）の天王様」の祭りである。

地元八坂神社の例大祭で、江戸時代から続く伝統行事。毎年七月半ばの日曜日に行われる。昼は人形山車、夜は提灯山車に早変わりする一台二役の山車が有名である。

当日は早朝五時、地元の子供たちが獅子の頭や天狗の面を付け、「あ～りゃ～りゃ、あ～りゃ～りゃ」と大声を上げながら家々を回って、お祓いをすることから始まる。

各地区では八時頃から人形山車の飾り付けにかかる。午前一〇時、山車は八坂神社の神輿と共に地区内の十字路に集合し、三つの神社を巡る。

炎天下、総重量四トンにも及ぶ山車を、人の力で曳き回すのは容易なことではない。山車が各神社に戻ってくるのは午後二時過ぎ。昼食も休憩もそこそこに夜の提灯山車の準備に取り掛かる。

まずは天辺の人形を注意深く降ろして座敷に飾る。そして、代わりに五〇〇個近くの提灯を山車の四面にびっしりと取り付け、それら一つ一つに灯を入れる。

午後七時、三つの山車は再び十字路に集合。巨大な提灯山車が暗闇に浮かび上がる姿は圧巻である。

十字路付近では山車同士がぶつかりあったり、回転したりと大いに盛り上がる。

かくして午後一〇時過ぎ、山車は漸くそれぞれの神社に戻り、祭りの長くて短い一日が終るのである。

▽交通＝ＪＲ久喜駅から車で一〇分。バス利用で一五分、東明寺前下車。
▽問合せ＝久喜市観光協会
電話〇四八〇―二一―八六三二

平成25年8月5日号（佐怒賀由美子）

総重量４トンの人形山車

世界の盆栽の中心地

丹精こめた盆栽の並ぶ盆栽美術館の中庭

さいたま市は東京から電車で一時間弱。武蔵野国一宮の氷川神社が置かれ、日本一長いと言われる欅並木の参道が二キロメートルほど続く。神社を抜け大宮公園の池を巡ると盆栽村に着く。ここは緑溢れるお勧めの吟行コース。句帳を手に参道脇の石に腰を下ろしている人や、大欅・スダジイの下に佇んでメモを取っている人たちをしばしば見かける。

盆栽村は一九二三年（大正一二）の関東大震災で被災した東京小石川周辺の盆栽業者がこの地に移住して形成された集落である。広い土地、澄んだ水、良質な赤土に恵まれた武蔵野の山林は、盆栽の栽培に適していた。最盛期には三〇軒あった盆栽園も今では五軒を数えるだけとなったが、盆栽ブームと相俟って世界的に知られ、四季を通して散策が楽しめる観光地となった。

生活様式のグローバル化に伴い、暮らしの中で小さな自然を創り出す盆栽は、特に欧米人に愛好家が多い。五年前にオープンした盆栽を扱う初の公立美術館「盆栽美術館」には、昨年一年で三〇〇〇人を超える外国人が訪れたという。

今年五月には盆栽の愛好家が一堂に会する世界盆栽大会がさいたま市で開催された。

今や盆栽は、そのまま「ＢＯＮＳＡＩ」として歌舞伎、寿司等と同様に世界で通じる言葉となった。小さな盆鉢の中に自然を凝縮するという日本の伝統芸術は、欧米を始め多くの国で愛されている。

また、毎年ゴールデンウィークには「大盆栽祭」が開かれ、様々な種類の盆栽が勢揃い。見て回るだけでも楽しい。その光景を心待ちにしている常連客も多く、期間中は連日賑わう。

▽交通＝東武アーバンパークライン大宮公園駅より徒歩三分。ＪＲ宇都宮線土呂駅より徒歩一〇分。

▽問合せ＝さいたま観光国際協会
電話〇四八―六四七―八三三八

平成29年8月5日号（島貫　恵）

慶喜ゆかりの戸定邸

常磐線の電車が江戸川を越え、松戸駅構内に入る直前、右手に緑豊かな小高い丘が見える。最後の徳川将軍「慶喜」の弟で、第一一代水戸徳川家藩主昭武が、明治一七年ここに一邸を構えて隠棲の地とした。江戸川を眼下に遠く富士山を望む景勝の台地である。

昭和二六年、昭武の子、武定によって松戸市に寄贈され、市の公共文化施設として、戸定館の名で一般公開された。現在は戸定邸と名称が変えられ、市民には戸定邸として馴染み深い。敷地は二一〇〇坪、建坪二三八坪余である。

正面の茅葺きの門は水戸の西山荘を模したものである。邸は本格的な武家屋敷造りで、往時の大名家の生活を偲ぶ貴重な建物である。

戸定邸の静かな佇まい

前庭は慶応三年、将軍の名代としてパリ万博に出席、その後もパリに留学した昭武が、洋式庭園を取り入れた、当時としては珍しいものだったという。

戦後、印西市の赤松家に譲渡、移築されていた使者の間が、平成一〇年四月、赤松家当主秀吉氏によって市に寄贈され、再移築してほぼ建築当初の原形に復した。

明治、大正期には貴賓の訪れも多く、当時東宮だった大正天皇や皇族方も足を運んでいる。殊に兄の慶喜は頻繁にここを訪ね、写真を撮り、多くの傑作を残している。

現在は戸定歴史館や茶室松雲亭が建てられ、歌人与謝野晶子の歌碑が所々に置かれている。

歴史博物館は水戸徳川家や慶喜ゆかりの文献、調度品、写真などの資料が常設されている。

松雲亭は茶会や生花、俳句、短歌の会などに利用されており、予約制で市外居住者でも借りることができる。

▽交通＝JRまたは新京成線「松戸駅」東口下車徒歩約一〇分。松戸駅東口バス乗り場、3番より「市立東松戸病院行」または「梨香台団地行」乗車、「戸定歴史館」で下車、徒歩約三分。

▽問合せ＝戸定歴史博物館
電話〇四七—三六二—二〇五〇

平成11年2月5日号（望月百代）

見所多い仁右衛門島

仁右衛門島は房州鴨川市太海の海岸から約二〇〇メートル離れた島である。周囲四キロメートル砂岩よりなる島で源頼朝や日蓮上人の伝説で知られている。昔より島の所有者、平野仁右衛門が一戸だけ居住し、代々平野仁右衛門を受けついでいる。これにより仁右衛門島と呼ばれて、現在は一五世である。

初渚ふみて齢を愛しけり　風生

の句碑をはじめ、眸、真砂女、秋光、秋櫻子、秀穂女と句碑が点在している。島特有の植物「金銀針架子」も生えており、島外持出禁止とされている。太海海岸と島の間は泳いでも渡れそうな至近距離だが、手漕ぎの二丁櫓の渡船が出ていて名物の一つになっている。

島の見所には島主の屋敷、宝永元年に建て直したものと言われ、南天の床縁、桑の天井板、手斧削りの帯戸などが使用されている。庭に樹齢六〇〇年の大蘇鉄がある。

島の東側に治承四年、石橋山の戦に敗れた源頼朝が、安房へ逃れて来た時、夜襲をさけて身を潜めたと伝えられる洞窟があり、現在は正一位稲荷大明神が祀られている。

その上方高所には見晴台があり黒船来渡の時、砲台を築いて警護に当ったと言う。

島の西端からの眺めは美しく、眼下に亀岩がある。大亀が首を伸べた形の岩で甲羅のあたりに萱が生え、年代を感じさせている。

島は冬暖かく四季を通じて花の絶えることがない。鳶の笛はいつも長閑に流れ、早春には鶯がしきりである。目白をはじめ、渡りの鳥が羽根をやすめに寄る所でもある。

船着場のすぐ近くに島主の経営するみやげ店がある。

昔この島は蓬島の名を持っていた。島を巡る道に弁天道と言う処があり蓬島弁財天が祀られ、古い文献にも蓬島と載っている。

▽交通＝JR内房線太海下車、船着場まで徒歩一二分

平成16年1月5日号（吉川禮子）

仁右衛門島から太海漁港を見る

白樺派文人たちの跡

千葉県北西部の「手賀沼」は、風光明媚な細長い沼で周囲三二キロメートル、遊歩道が整備され野鳥、水鳥、水生植物の宝庫である。東部の北側には秋篠宮文仁殿下総裁の山階鳥類研究所をはじめ、鳥の博物館、プラネタリウムのある水の館があり、水辺探訪には有利である。

特に留鳥となっている白鳥は現在七〇余羽。春から夏にかけての雛誕生と、子育て観察は楽しい一齣となる。土曜日曜は沼一周の屋形船の運航があり、沼上からの観察が楽しめる。

手賀沼周辺は、縄文時代から近代に至るまで、歴史上の史跡の多い所であるが、明治二九年常磐線が開通以来、北側我孫子村（現在我孫子市）は、北の鎌倉として脚光を浴び、多くの人が移住あるいは別墅（しょ）を構えた。中でも大正文壇の基軸となった、白樺派の文人達の遺した跡を辿ると、短時間で濃い内容の刻を過ごすことができる。

まずは志賀直哉公園。直哉は大正四年、沼を見下ろす高台弁天山に自家を建て、『和解』を発表、『暗夜行路』の想を練るなど、志賀文学の頂点をなす作品を、次々に発表した。その茶室風書斎が公園に移築されている。

その他、理想郷を夢見て「新しき村」の発会式をした武者小路実篤邸や、民芸運動の始祖柳宗悦の三樹荘。ここにはイギリスの陶芸家バーナード・リーチが窯を築き、その後陶匠河村蜻山も居住している。また、講道館柔道を興した加納治五郎、東京歯科大を発足させた血脇守之助、帝大教授村川堅固等の別墅も残されている。

直哉公園の近くの高台楚人冠公園に登ると、河村蜻山作の陶碑があり、

筑波見ゆ冬晴れの洪いなる空に　楚

と、楚人冠の筆蹟。朝日新聞幹部で縮小版発明の杉村広太郎（楚人冠）は、日曜ごとに訪れ、地元の人に俳句指導をしている。「湖畔吟社」という結社、今も活動を続けている。

▽交通＝ＪＲ常磐線・東京メトロ千代田線ともに我孫子駅下車。

平成20年3月5日号（下鉢清子）

志賀直哉の茶室風書斎

川の駅から利根川散歩

田んぼに水が入り田植えが始まると、水郷地帯はぐんと空が大きくなる。空と田の間に見える長堤は利根川のもの。群馬を源として銚子河口まで三〇〇キロメートルを旅する利根川の下流域の町、佐原や小見川には水の道が縦横に走り、ひたひたと水の色を広げている。

暮らしの身近にはいつでも舟があった。対岸の町と行き来する渡船はいつしか姿を消していき、ただ一つ残った小見川の渡船は二〇一三年まで運行していた。

私はカヌー遊びをしていたせいか、ふるさとを離れた今でも、散歩なら水上が一番と思っている。

水郷観光といえば、絣を着た女船頭さんがさっぱ舟を繰って水路を巡る十二橋めぐりが定番だが、最近は佐原の「川の駅」から利根川を巡る船が出航している。コース、船の種類もいくつかあるが、水の上に出れば大河を渡る風が体を吹き抜けて、気分は誠に爽快。

「川の駅」を出ると船は大河の真只中へ

堤の上に点在するのは、大工の棟梁が腕によりをかけて建てた昔ながらの入母屋化粧造りの家。その重厚さが米どころの豊かさを伝えている。

船は釣人や鳥と出会いながら旧跡を巡ってゆくが、醍醐味は何といっても、大地を這う利根川の鼓動を全身で感じ取れること。川は単なる水源ではなく、それ自体が生き物なのだ。利根川の力強さは魚にも活力を与えるせいか、うなぎも鯉も鮒もぐんと味が濃い。

青蘆にヨシキリが鳴き、むせるような暑さがやってくる八月、早場米産地の水郷は刈り入れどきを迎える。

利根川に暮す人々にとって、最も輝かしい季節の到来である。

▽交通＝ＪＲ佐原駅から徒歩二〇分。

▽問合せ＝川の駅水の郷さわら

電話〇四七八―五二―一一三八

平成24年7月5日号（飯田　晴）

里見氏の歴史息づく

房総の内海を望む花満開の館山城

館山城は里見氏代々の居城跡に建つ、標高六五メートルの独立丘を中心とする城郭である。

天正一八年、戦国大名里見義康が豊臣秀吉の小田原攻めに遅参。勘気を受けて上総の所領を没収された。以来、安房一国の領主となって内海と平野を見下ろすこの地に居城を移したと伝えられている。

現在の館山城は、昭和五七年に再建。里見氏の甲冑や文献、出土品等を展示する博物館となっている。また城山公園として、桜やツツジの名所でもある。

館山城下に広がる南房総は、三方を太平洋と東京湾に囲まれた温暖な気候に恵まれ、露地には冬でも菜の花やストックが咲き誇る。

春、ヒジキや若布の採取が解禁になると、南房総の海はにわかに活気づく。岩場での海草採り、忙しげに出入りする漁船、アワビ採りも最盛期を迎える。

砂浜に積まれた漁網や潮風に若布を並べ干す光景は、南房総ならではの風物詩だが、海に生きる人にとっては生活そのものである。

夏の南房総は、内海外海共に海水浴場として賑わう。

秋、地元に静けさが戻ると、祭の季節が到来する。多くの地域で里祭が行われるが、中でも安房の国府としての「館山八幡宮の祭」は、近郷近在から山車や神輿が出御し、八幡宮に集結する様は勇壮そのものである。

一方「里見祭」は、里見氏の歴史を今に伝える祭で、鎧兜を身に着けた市民の武者行列が華やかに市内を練り歩く。

近年、東京湾アクアラインが開通し、京浜方面から南房総へ日帰りで訪れる人も多いという。

▽交通＝JR内房線館山駅よりバス、城山公園下車。

▽問合せ＝館山城

電話〇四七〇―二三―二一六四

平成28年5月5日号（金原雅子）

江戸の粋「とんど焼」

七草が明けた八日、下町の鳥越神社では江戸の風習に則り、「とんど焼」（左義長）が行われる。

年末に掛け替えた注連縄約二〇〇〇本や古札などが、五日から当日まで納所に集まる。それを円柱状に積み上げ、お焚上をするのである。江戸の頃から代々宮頭によって伝承された手法で、いかにも粋な造形である。

三時間近くかけ、漸く積み重ねた注連縄の側面に、お札や破魔矢などが程よく挿し込まれる。これも粋だ。時折古い神棚が出ると、それも天辺に置かれたりする。

当日は浅草の消防署員十余名が詰め、ホースを境内にまで延ばす。そして神事の始まる直前に、神殿・社務所・御輿蔵といった屋根屋根へたっぷりと入念に放水される。

その雫が落ち切らないうちに、氏子総代の挨拶、神事へと滞りなく進み、午後一時、いよいよ宮司による火打ち石での古式ゆかしい点火となる。

とんどの周囲に松明で火が点けられると、炎はたちまち太い火柱となり狭い境内の天を突く。凄まじい火焔だ。子供たちは「トンド、トンド」と囃しながら、青竹で地面を叩いて回る。そして炎が鎮まりかけると、代わる代わる餅を吊るした長い竹竿を延ばし、熱さに耐えながら焼く。子供たちが一巡すると、大人の番。熱々の餅を食べ、無病息災を祈るのである。

この餅は当日搗いたもので適度に柔らかく、すぐ焼けるため、油断するとつい焦がしてしまう。

こんな形で顔見知りも見知らぬ人も、とんど火を囲んで和気藹々と時間を共有し合う。鳥越神社には、大江戸の伝統行事が脈々と受け継がれ、息づいているのである。

神社を左折して一〇分ほど歩くと隅田川に架かる蔵前橋だ。正月の空はどこまでも青く澄み、都鳥の群れが高く飛び交っていた。

▽交通＝ＪＲ総武線浅草橋駅から徒歩一三分。都営地下鉄蔵前駅より徒歩五分。

▽問合せ＝鳥越神社

電話〇三―三八五一―五〇三三

平成22年1月5日号（染谷秀雄）

円柱状に高く積まれた注連縄
（写真提供：鳥越神社）

厄除けの西新井大師

千住は日光街道の第一次の宿駅。『奥の細道』で芭蕉が「千住と云ふ所にて舟をあがれば、前途三千里のおもひ胸にふさがりて」と書いたところ。ここに関東三大師の一つ、西新井大師がある。

いつでも善男善女がひしめいている寺である。まして初詣。今年こそ何か佳いことがあるかも知れない。大勢の参詣人の中に囲まれていると、そんな気持ちになってくる。

天長三年（八二六）、水不足や疫病に苦しんでいたこの地に弘法大師が訪れて祈願。すると泉が湧き出た。境内にはこの時にもたらされたという加持水の井戸があり、それが本堂の西側に位置することから「西新井」の地名が付けられた。

山門をくぐると、有名な塩地蔵尊。全身に真っ白な塩をなすり付けられ、姿が隠れてしまうほど。御堂前の塩を戴いて帰ると、疣取りやその他に霊験あらたか。その功徳の確かさに、倍の塩をお返しするのだという。

また毎月二一日が縁日に当たり、広い境内には多くの屋台や出店が立ち並ぶ。ただ見て歩くだけでも楽しい。

藤棚の下のベンチに座り、池を眺めている人たちの安らいだ表情をみると、隣人のような親近感すら覚える。

牡丹をはじめ四季の花の名所としても名高く、何度でも足を運びたくなる。初詣はもちろん、一月二一日の初大師には、ぜひお参りしたい。

▽交通＝東武伊勢崎線西新井駅で大師線に乗り換え、一つ目の大師駅下車徒歩一分。

▽問合せ＝西新井大師総持寺

電話〇三―三八九〇―二三四五

平成23年1月5日号（有賀邦彦）

西新井大師の正月風景

大晦日の狐の行列

紅白歌合戦の余韻の内に切り替わった画面から、ゴーンと響く除夜の鐘。この音を合図に、東京・北区王子の「装束稲荷」から「王子稲荷神社」まで一〇八名の装束狐と一般参加の狐たちが、笛や太鼓に合わせて行列し、新年を迎える。

名所江戸百景の浮世絵に、広重の代表作と言われる「王子装束ゑの木大晦日の狐火」がある。天にそびえる大榎の下に、真っ白な狐が沢山集まっている幻想的な絵だ。

夜空には無数の星がきらめき、数えて十数匹と思しき狐は、月光を帯びているように皓と佇んでいる。そして狐の数だけ漂う狐火。

午前零時を合図に出発（写真提供：王子狐の行列の会）

子規の句に〈追々に狐あつまる除夜の鐘〉があるが、おそらくこの広重の絵に触発されて詠んだものだろう。

地元王子の人たちも二〇年前、大晦日から新年を迎える行事としてこの浮世絵をベースに「狐の行列」を事起こしした。

当初は細々とした地域行事であったが、今や見物客一万人を超えるイベントとなった。

本年（平成二五年）の大晦日が第二〇回の記念行列である。

見物に際してはネットで調べるか、早めに簡単なリーフレットを入手すべし。ただ、普通の日の王子稲荷神社や近辺のぶらりの散歩も是非。帰りのお土産は久寿餅ｅｔｃ……。

▽交通＝ＪＲ京浜東北線王子駅北口・東京メトロ南北線王子駅・都電荒川線王子駅前停留所よりそれぞれ徒歩一〇分。

▽問合せ＝王子狐の行列の会
電話〇三—三九一一—五〇〇八

平成26年1月5日号（白井健介）

野火止用水と東京の今昔

江東区大島に生まれ育ち、中三から江戸川区小岩に移り、結婚を機に東村山に住んでいる。私の原風景は原っぱである。過去と現在を繋ぐ情景のトップは川である。台風に悩まされたので堅川、小名木川（波郷が住んでいた砂町に近い）、荒川や江戸川が今でも忘れられない。川沿いを歩くと気持ちがよいし、俳句への感興が湧く景がある。

東村山市は東京都多摩地域。市内を流れる空堀川は、名前の通り雨が降らないとすぐに干上がる。埼玉県へと続く野火止用水は玉川上水からの分水。一七世紀に江戸幕府老中の松平伊豆守信綱によって開削された。飲用の他に農業用水として使用されていた。東村山ではこの用水を利用し、水車が設けられ、小麦や蕎麦を製粉して江戸に送りだした。平成三年には野火止用水沿いに水車が復元され、その歴史を伝えている。

川は四季折々の貌を見せてくれる。

都市東京の魅力は未来への変貌の現在形にある。①生活の臭いのある商店街（江東区砂町商店街等）は活気がある。②美術館・博物館も多い。六本木の新国立美術館、両国の江戸東京博物館等は展示物でも俳句ができる。③眺望のよい新宿等の高層ビルが穴場。高所よりの俯瞰は等身大からの視線と異なる遠望が可能なので異次元の面白さがある。④その他、船での東京湾巡りや隅田川及び荒川コースも興味深い。動的風景は静止した景と違う見方を提供する。

以上は東京の都市の風貌的観点を中心にしたものである。東京の今がここにある。

▽交通＝西武新宿線久米川駅より徒歩二〇分。

▽問合せ＝東村山ふるさと歴史館

電話〇四二―三九六―三八〇〇

平成30年2月5日号（冨田正吉）

恩多町野火止水車苑（写真提供：東京都教育委員会）

大岡越前守の菩提寺

大岡裁きでご存じの名奉行大岡越前守忠相公の墓が、茅ケ崎市（相模国）にあることを知る人は少ない。菩提寺を「窓月山浄見寺」といい、西に富士・箱根・大山・丹沢の連山を、南に湘南の海を望む小高い丘にある。

この寺には県指定の重要文化財「六臂弁財天」が祀られている。また天然記念物の「お葉付き公孫樹」の他、椎・椰・欅・椨などの木立が鬱蒼として、大岡家代々の墓を見守っている。

この墓所の一郭には、大磯鴫立庵第一八世庵主鈴木芳如の句碑、歌人川田順、俳人飯田九一の碑も建っている。そこに隣接して移築された一四〇年前の古民家も一見に値するといえよう。

境内にはご住職の丹精により牡丹・躑躅・椿など四季折々の花が咲き、心を癒してくれる。

山門を入ってすぐ左側に大岡越前守の頌徳碑がある。碑の題字は内閣総理大臣浜口雄幸、撰文は文学博士沼田頼輔、書は衆議院議員従四位山宮藤吉である。

寺にはまた忠相公の真筆「所宝推賢」の掛軸および火鉢・煙草盆などが寺宝として遺されている。

毎年四月の第三土・日曜には、「大岡越前祭」が盛大に行われる。茅ヶ崎市を上げての祭りとして、大変に盛りあがる。

この時には大岡家第一四代目のご当主大岡忠輔氏が参詣され、挨拶をされる。また越前守が組織した町火消「いろは四十八組」の江戸消防記念会、江戸消防仲好会の連中も参集し、揃いの印袢纏で木遣節の奉納をされる。

▽交通＝ＪＲ相模線香川駅より徒歩一五分。ＪＲ東海道線茅ヶ崎駅よりバス二〇分。

▽問合せ＝浄見寺

電話〇四六七―五一―〇〇五四

平成22年3月5日号（菱科光順）

風格ある大岡越前公累代の墓（写真提供：茅ヶ崎市）

昔と今が混在する島

江ノ島は古くは弘法大師が洞窟に籠って修行を重ねたといわれ、また江戸時代には大山詣の講中が、ついで参りと称して連れ立ち参詣した庶民の信仰の中心地でもあった。

江ノ島神社奉安殿は源頼朝寄進と伝えられる八臂弁財天を祀る。

辺津の宮、中津宮と島山路を進めば、明治の大温室遺構を残すコッキングガーデン。苑内は四季折々の花が絶えない。またここには、三六〇度のパノラマが楽しめる展望灯台が聳えている。天気の良い日は伊豆天城を望み、箱根・丹沢の山々を従える富士山が優美に裾を広げている。

耳を澄ませば、鳶や小鳥たちの声に混じって栗鼠の声も聞くことができるだろう。これは昔、大島航路の船から逃げ、島に棲みついた台湾栗鼠である。

奥津宮を経て「御岩屋道」の道標の立つ石段の下に奇岩突き出す名勝は「稚児ヶ淵」。

自然豊かな江ノ島

歌舞伎にも登場する白菊投身の哀話が、厳しい霊窟伝説とは別の彩りを添える。

何といっても、この岩畳に打ち寄せては、砕け散る波濤の様は凄まじい。太古より変わらぬ圧倒的な自然の力を感じさせる。波が穿った岩屋の奥には、富士山の氷穴に通じるという風穴がある。手燭の灯に身を屈めながら暗い洞内の諸仏を拝し、雫滴る岩屋を出れば、ヨットの白帆の遥か彼方に大島が霞む。

小さな島の中に、昔と今が混沌と混じり合う江ノ島。毎春、断崖の岩棚に隼が雛を育むこの島には、かけがえのない自然が残されている。

▽交通＝江ノ島電鉄江ノ島駅下車徒歩一〇分。小田急線片瀬江ノ島駅下車徒歩五分。
▽問合せ＝藤沢市観光協会
電話〇四六六—二二—四一四一
平成23年3月5日号（乘田眞紀子）

ぶらり横浜　港町

横浜は何度歩いても飽きない町である。

リニューアルしたマリンタワーに登れば、眼下に箱庭のような横浜の街が一望できる。

開港記念館は横浜を代表する歴史的建造物で、煉瓦造りのハイカラな建物は大正七年からここに建つ。建った当時から市民に愛され続ける時計台が目印。

ここから港の方に足を向ければ、その先は港に沿って細長く広がる山下公園。春ともなれば昼休みのベンチは弁当を広げるサラリーマンやＯＬで一杯だ。

観光の一つのポイントは氷川丸。地下一階から上は六階まであり（見学有料）、中を歩いてみて初めてその広さに驚く。

氷川丸は動かないが横浜港を実際にクルージングしたいならシーバスがお勧め。山下公園、みなとみらいのぷかり桟橋、横浜駅、さらに赤煉瓦倉庫と、最寄りの乗り場から利用できる。夏の夕暮れ時は、視線が海面近くになるシーバスからの夜景が大人気。みなとみらい地区の水際に並ぶインターコンチネンタルからランドマークまでのホテル群や隣接する遊園地の明かりがひときわ美しい。因みにみなとみらい地区から中華街は電車で五分。中華街で舌鼓を打ったなら、午後の散策はフランス山から港が見える丘公園。さらに外人墓地や山手教会へと続く道をお勧めする。

歴史ある洋館が突然現れたり、名門女子大の教室からピアノの音が流れてきたり……。視界が開ける辺りからはベイブリッジや大桟橋が見えるだろう。

▽交通＝みなとみらい線元町・中華街駅より徒歩三分。横浜市営地下鉄・ＪＲ関内駅より徒歩一五分。

▽問合せ＝横浜観光案内所
電話〇四五―六七一―四二三二

平成26年3月5日号（中村奈美子）

みなとみらいのビル群

中原中也の海棠

鎌倉で海棠といえば長谷寺の隣の谷戸にある光則寺、扇ヶ谷の一番奥にある海蔵寺、そして比企ヶ谷の妙本寺であろう。かつては安国論寺の海棠が鎌倉三代海棠の一つと考えられたようだが、これは枯れてしまった。

このなかで一番有名なのが、光則寺のそれで、山門をくぐってすぐの本堂の右手前にある。樹齢二〇〇年、鎌倉市の天然記念物で、四方八方に伸びた枝を支える添木が幹をぐるりと囲んでいる。

海蔵寺の海棠は、若々しく、伸び盛りだ。

妙本寺の海棠は、小林秀雄が「中原中也の思ひ出」に書いている。

「晩秋の暮方、二人は石に腰掛け、海棠の散るのを黙つて見てゐた。花びらは死んだ様な空気の中を、まつ直ぐに間断なく、落ちてゐた。—中略—見入つてゐると切りがなく、私は急に厭な氣持になつて來た。我慢が出來なくなつて來た。その時、黙つて見てゐた中原が、突然『もういゝよ、歸らうよ』と言つた。私はハッとして立上り、動揺する心の中で忙し氣に言葉を求めた。『お前は、相変わらずの千里眼だよ』と私は吐き出す様に應じた。彼は、いつもする道化た様な笑ひをしてみせた」。

小林と中也は、中也の愛人を巡る三角関係の泥沼を経て、何年も絶交状態にあった。この花見で、交友が復活し、小林は、寿福寺の境内に住んでいた中也の家庭があまりに寂しげなので、妻を連れて遊びに行き、四人でトランプなどをしたという。だが、中也はこの年（一九三七）の秋、鎌倉駅前で倒れ、三〇歳の若さで急死。結核性脳膜炎だった。

現在、妙本寺にある海棠は、中也と小林が見た名木から数えて三代目だという。

▽交通＝鎌倉駅から徒歩八分
▽問合せ＝妙本寺
　電話〇四六七―二二―〇七七七

平成30年4月5日号（野口人史）

中也ゆかりの海棠の花

Ⅲ 中部

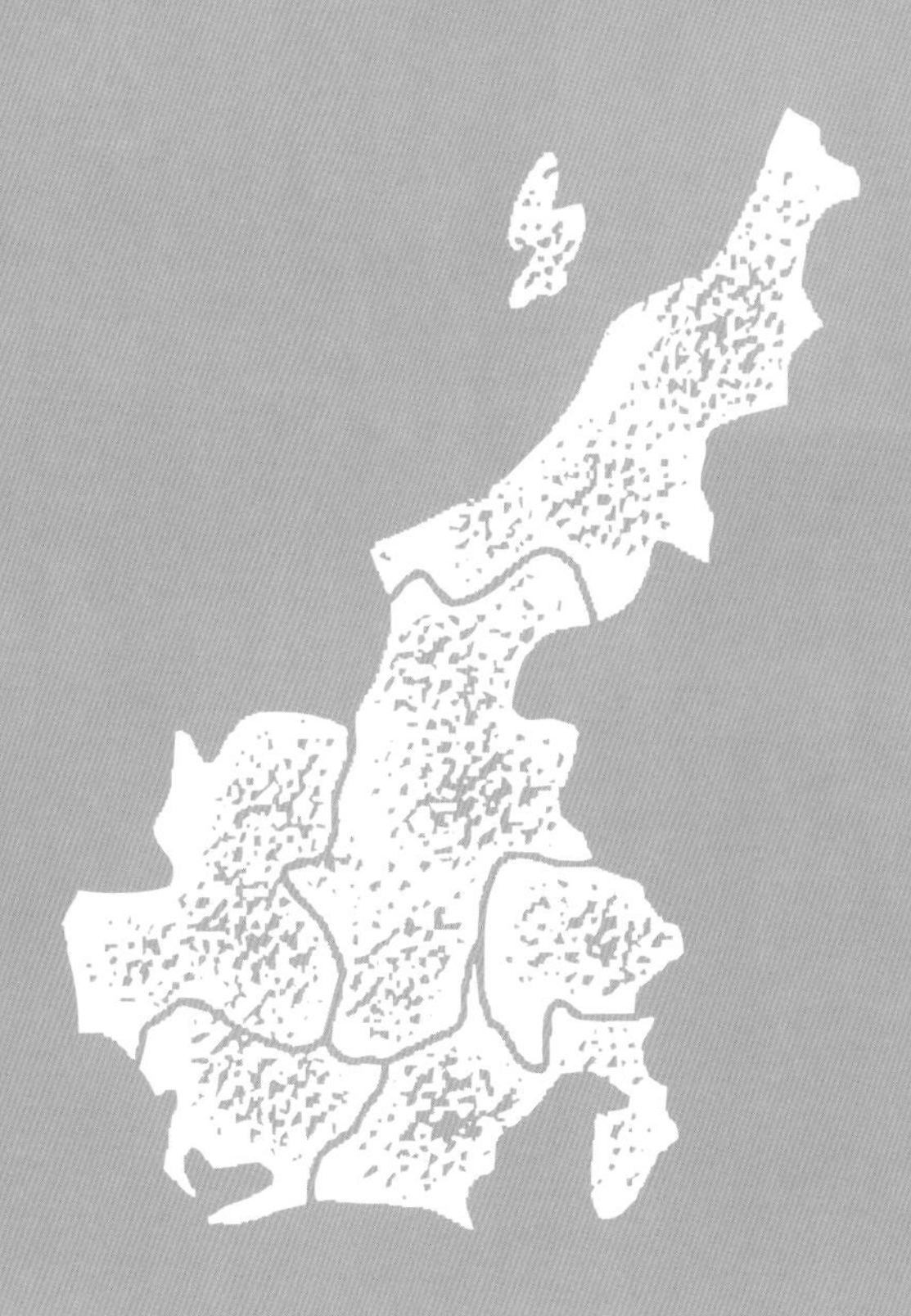

必見「三分の一湧水」

今回採り上げた北杜市（旧長坂町）の「三分の一湧水」は、八ケ岳の伏流水を溜める特異のものであり、俳人にとって見逃せない景物である。同市小荒間に位置し、女取湧水を含む八ケ岳南麓高原湧水群として、下流の村に三等分に配水した。長方形の石積工法で作られた三角石柱が流水を分流させ、その三つの口から等しく流れるように工夫された。

信玄の利水事業のもたらした遺産の一つである。

女取湧水（湧水量七〇、〇〇〇立／分）と豊かな水量を保っており、八ケ岳地域の被圧第一層からの湧水である。

その周辺は、松林に囲まれた良い環境にあり、格好の休養地でもあることから、夏季にはハイカーはじめ、観光客であふれ豊富な涼泉を求めて、容器などに汲み帰る者が絶えない。

また、付近には「棒道」がある。その昔、信玄が北信濃攻略のため、開発されたという軍用道路であり、直行する路相からこのように呼ばれている。

長坂町の「三分の一湧水」

「甲斐国志」にも、上、中、下の三道があり、上の棒道は信州立沢に至るとするが、それより高地を通過している。

一方、大泉町大芦から小荒間を経て、棒道沿いには、石仏が一町毎に並んでいる。これは幕末期に広野を行く、旅人の道標として、また、通行の安全を祈って西国、坂東三十観音を模して祀ったものといわれている。

その他、周辺には、広大な三里ケ原が展け、信玄の要衝の地であったことから、古戦跡をはじめ、前述の棒道、大井ケ原、小荒間両関所趾など歴史をたどる価値が高い。

また、ここから近い小淵沢町には、「加藤楸邨記念館」があって、同氏夫妻の句碑や数々の作品をはじめ闊達な遺墨を鑑賞することが出来る。

▽交通＝ＪＲ小海線甲斐小泉駅を起点とされるのが至便であり、湧水へは五分。車では、中央道長坂で下車してから約一五分。

平成10年4月5日号（志村昭八）

厄除地蔵の塩沢寺

甲府は温泉の町である。市内に湯泉開発が始まったのは明治初期という。明治末期から昭和初期にかけて盛んになり、中心街を含む市内の旅館やホテルで相次いで掘削された。「甲府温泉郷」の呼称もあるが、温泉街を形成してはいない。

甲府市で温泉街を形成しているのは、甲府駅から北西部へ約三キロメートルの位置にある湯村温泉郷である。大同三年（八〇八）、弘法大師が諸国教化のとき、この地に温泉が湧くのを教えたのがはじまりと伝えている。当初は粗末な湯治場だったが昭和初期から観光温泉地へと変容した。北に湯村山を背負い、その奥に渓谷美を誇る昇仙峡や千代田湖を擁した自然にも恵まれている。

温泉街の一方のはずれにあるのが塩沢寺。真言宗智山派の寺で本尊は地蔵菩薩である。寺の伝えによると空海が諸国教化の折りに開山した後、天暦九年（九五五）に空也が開基となって寺を創立、蘭渓道隆（大覚禅師）がこれを再興したという。

本尊は厄除地蔵として広く知られ二月一三日の午後から翌一四日の午前中にかけて厄除地蔵祭が行われる。一年のうちこの時だけ本尊の耳が開き、願いごとを聞きとどけてくれるとの俗信があり、県内外の厄年の人をはじめ多くの参拝客で賑わう。早春の風物詩の一つでもある。

湯村温泉街から湯村山の裾を東方へ徒歩約二〇分ほどで、臨済宗妙心寺派の古刹で、甲府五山の一つである法泉寺に行きつく。鎌倉末期に甲斐守護職武田信武が開基となり、開山に夢窓疎石を請じて創建。信玄は信武の廟所のある法泉寺に厚い外護を加え、嫡男勝頼を中興開基とした。天正一〇年（一五八二）勝頼が亡び、その首級が京都にさらされた時、妙心寺の住持がこれを請い受けて葬った。この時列席していた当時の僧が、勝頼父子の歯髪を貰いうけて甲斐宝泉寺へ葬り、目じるしに桜の木を植えた。境内に信武と勝頼の墓、桜の木があり、市指定の史跡である。

平成15年3月5日号（笠井波々）

塩沢寺の山門、奥に地蔵堂がある

つつじが崎館の遺跡

来年のNHK大河ドラマは「風林火山」と決まった。風林火山は戦国時代甲州武田軍の軍旗である。

今回は三代六十余年の館で、現在は武田神社が建てられている甲府市のつつじが崎館跡周辺の遺跡を尋ねてみたい。

▽信玄火葬塚

武田神社を南へ約一キロメートルのところに信玄の墓所がある。天正元年（一五七三）四月、京を目指した信玄は、信州伊那の駒場で亡くなった。敵に知られないようにひそかに運んでここに仮埋葬し、三年後に火葬した場所である。

墓域は堀にそって垣根をめぐらし、中央おくの三段の基壇のうえに「法性院大僧正機山信玄之墓」の石碑がある。

▽円光院

火葬塚の北東、徒歩約一〇分。ここに信玄正室の菩提寺がある。三条夫人は京都三条公頼の次女、一六歳で輿入れし、五〇歳で亡くなるまで、内外における立場を利用して信玄の天下取りの夢を支えた女性であった。信玄の死より三年前に亡くなると、甲府五山の一つ、ここに葬られた。墓は境内西端にある宝篋印塔で両側の石灯は柳沢吉保の寄進したものである。

▽要害城跡・積翠寺

つつじが崎館跡から北へ二・五キロメートル。信玄の父信虎が詰の城として標高七七〇メートルの山に築城したのが要害城。この山城の手前に積翠寺がある。

大永元年（一五二一）駿河の今川勢の侵攻を受け、甲府飯田河原で激戦となった。信虎は大井夫人をこの積翠寺に避難させた。そこで生まれたのが信玄である。

積翠寺から望む要害山

寺内には産湯の井戸と産湯天神がある。いくつかある信玄の隠し湯の一つがここにある。屋根を隔てて西方を古湯坊、東方要害山入口に位置するのが要害温泉である。

周辺の遺跡散策や森林浴を終えて一風呂浴びる格好の湯となっている。

ここからの甲府盆地の眺望はすばらしい。

▽問合せ＝やまなし観光推進機構
電話〇五五―二三一―二七二二

平成18年9月5日号（山口　正）

富士の麓の火祭り

「吉田の火祭り」は四〇〇年の伝統を誇る日本三大奇祭の一つ。富士吉田市の北口本宮浅間神社と諏訪神社両社の「お山仕舞い」の秋祭りで、毎年八月二六日・二七日に催行される。

二六日午後、神社から出発した二基の神輿はやがて御旅所に奉安される。時同じくして、約二キロメートルの道に並ぶ高さ約三メートルの大松明（八十余本）や各氏子の家の玄関先に組まれた井桁状の松明に次々と火が点けられる。

沿道は一面の火の海となり、秋の気配漂う吉田の夜空を焦がす。

見物客は紅蓮の炎に染まりながら、荘厳な一大ページェントに酔いしれるのである。

二七日午後、二基の神輿は氏子中を渡御し、午後七時頃浅間神社に帰る。そこへ「すすきの玉串」を持った氏子たちが見物客を従え、神輿の後に付いて高天原と称する境内を七回りする。

この「すすき祭り」をもって、富士北麓の夏はめでたくフィナーレを迎えるのである。

富士吉田の町は、昔から富士山信仰の宿坊として発展してきた。

「富士講」を結成して、白衣に身を包んだ信徒が「六根清浄」を唱えながら富士登山をした本道が、この吉田口になっていた。

富士講の最盛期だった江戸末期から明治初期にかけては、八六軒もの御師宿坊があり、辺りは道者で大変賑わったという。

▽交通＝富士急行富士山駅から徒歩三分。
▽問合せ＝富士吉田市役所富士山課
電話〇五五五―二二―一一一一

平成23年5月5日号（横瀬弘山）

富士吉田の夜空を焦がす大松明

手力男命のお道開き

富士山信仰で知られている吉田口登山道の起点・北口本宮浅間神社は、日本武尊が神社から南に四〇〇メートルほどの大塚山で遥拝され、勅により祠を祀ったことを起源とする。

その後現在の位置に社殿を建て、浅間の大神が祀られた。参道の先に「三国第一山」と書かれた扁額を掲げた大鳥居があるが、これは富士山のための鳥居で（高さ一七・五メートル）、木造の両部鳥居では日本一の大きさを誇る。

またこの鳥居、六〇年毎に再建され、現在のものは平成二六年に再建されたもの。

江戸時代には「富士講」の聖地ともなった当神社において、夏越祭・開山祭が二日に渡って催された。中でも手力男命のお道開きは一番の見所である。

六月三〇日、富士山駅近くの金鳥居市民公園から北口本宮浅間神社まで、伝統的な行衣を纏った富士講者や東京・日本橋から歩いてきた「富士まで歩る講」の参加者などがパレードを行う。

禊払いの行事として茅の輪潜りや形代のお焚き上げ。本殿前の神楽殿では、歳時記の夏神楽である富士太々神楽の奉納がある。

十二座の六番目は、天の岩屋戸を開いて天照大神を出したという大力の神の舞。手力男命の面を付け、槌を持っての舞である。

お道開きは山開きの前夜祭、夕方五時頃の行事。この手力男命が神社裏手にある登山鳥居にかけた注連縄を、登山の安全を祈願して槌で切るのである。

▽交通＝富士急行線富士山駅よりバス六分、徒歩三〇分。

▽問合せ＝富士吉田市観光案内所
電話〇五五五—二二—七〇〇〇
北口本宮浅間神社
電話〇五五五—二二—〇二二一

平成27年10月5日号（川上昌子）

手力男命の綱切り（写真提供：富士吉田市）

渓谷に架かる奇橋

富士の眺めが日本一美しい町として知られる大月市。中でも「錦帯橋」「木曾の桟」とともに日本三奇橋に選ばれている「猿橋」は、春は桜、秋には紅葉と観光客に人気のスポットである。

長さ約三〇メートル、幅三・三メートル、高さ三一メートルの、橋脚を全く使わず、桂川の最も川幅の狭いところで、四層の刎木によって支えられている姿は壮観である。これは崖となっている両岸の高さが、川底から高すぎるために考えられた工法と言われている。「猿橋」は、推古天皇の頃（西暦六一二年）に、百済の渡来人で造園師の志羅呼という人が、猿が藤づるを伝い体を支えあって向こう岸に渡る姿を見て造ったという伝説が残っている。「猿橋」という名前の由来もここから来ていると言われている。

大月市・桂川の渓谷に架かる「猿橋」

一方、美しい渓谷にかかる奇橋の景は甲州街道きっての名勝ということで多くの文人、墨客が訪れている。中でも有名なのは、歌川広重の「甲陽猿橋之図」。天保一二年、甲府道祖神祭へ赴く途中に立ち寄った猿橋を、数枚のスケッチと自身の記憶をたよりに構成した大きな作品で、広重の最高傑作の一つとされている。

最近では、遊歩道沿いに三〇〇〇本の紫陽花が植えられ、「猿橋あじさい祭り」が六月下旬から七月にかけて盛大に行われる。また風雅な観月会も行われ、俳句会や琴の演奏、伝統芸能などと共に春のひとときを楽しませてくれている。猿橋公園には、〈うき我をさびしがらせよ閑古鳥〉等の芭蕉の句碑もある。

▽交通＝JR中央本線猿橋駅下車徒歩一五分。中央自動車道大月ICより一五分。

▽問合せ＝大月市観光協会
電話〇五五四―二二―二九四二

平成31年2月5日号（横瀬弘山）

四季を彩る花岡平

長野市善光寺の裏山にあたる花岡平一帯の景観を紹介したい。先ず、半茶山阿弥陀寺を取り上げることにする。

月よろし卍輝く善光寺　半茶

田中半茶は松代の生まれ、昭和一二年に善光寺雲上殿西に半茶房を建立し、三七年に自ら半茶山阿弥陀寺を創建する。日本俳画協会同人に推され、俳人としても活躍する。

明月の尾を伸ばしたる千曲川　半茶

三界にこの鐘響け善光寺　半茶

仏都善光寺を詠んだ名句が多いが、六二年一〇一歳で他界された。閑静な境内は栗の木や竹林に囲まれ、半茶の生き方に触れることができる。

近くにある雲上殿は善光寺の納骨堂であり、宗派の別なく全国の数多くのお骨が納められ、高く聳える朱色の塔が一際美しい。ここからは善光寺を眼下に冬季オリンピック後の都市化した長野市が一望できる。遥かに松代、須坂を望み、かつては上杉謙信・武田信玄の有名な川中島合戦の古戦場が偲ばれ、「鞭声粛々夜河を渡る」の千曲川の悠久の流れを瞼に思い浮かべることができる。

ここ一帯は花岡平と呼ばれ、少し足を伸ばすと歌が丘があり、故進藤一考氏、渡辺幻魚氏らの句碑が何基も見られる。又、南へ進むとりんごの産地の往生地（地名）。坂を登れば、『石童丸親子物語』で知られる苅萱堂往生寺。境内に中村雨紅作詩「善光寺」や阿弥陀堂の鐘を耳にして作曲したという草川信の「夕焼小焼」の碑が建ち、山国の夕暮れの静かな美しさを童心に還って口ずさむことができる。この花岡平一帯は四季折々の彩り、そして、鶯や郭公等の声が聴かれる。

わが月は松の木立をはなれなく　半茶

善光寺に参詣のあとはぜひこの地を吟行したり、足を伸ばして戸隠や「鬼女紅葉」の鬼無里方面を訪ねてみてはいかがですか。

▽交通＝長野駅前より戸隠行バスで一五分、花岡平下車。長野駅よりタクシーで一〇分。

平成12年8月5日号（須田哲雄）

句碑が並び建つ歌が丘

八ヶ岳西麓の「穂屋祭」

今年の立秋は八月七日。秋の草花はそれぞれ己の「襲の色目」を誇っている。ある図鑑に「目立たない野の花」という項があり、中にすすき（以下芒と書く）があることを最近知った。

芒が目立たないのは装いの上からのことか。それとも「花」としての構造上のことか。いずれにしても、芒の四季にわたる多くの季語から、ある種のインパクトを受けている俳人は多いのではないかと思う。

八ヶ岳西麓の八月末。上社御射山祭（穂屋祭）の折、芒に村中がかかわる集落がある、御射山神戸（みさやまごうど）区という。御射山神社（諏訪大社の摂社で境外社）の地元区で、古来この祭りに奉賛、役員は裃姿で神事に加わる。

芒を添えた献灯の大提灯が街道に連なる光景は圧巻。のぼり旗の竿頭にも、放生川の瀬にも、林間の弓庭の的場にも、というように芒が立つ。これらは、ある演目の能の舞台の、一束の芒の飾り方を思わせる。

穂屋祭の献灯（御射山神戸区）

一方「穂屋」と「穂守り」には大量の芒を用いて庶民的な演出となる。

「穂屋」は芒の仮屋の意。区では膳部小屋と呼び、祭り三日の料理や直会の場としている。区民寄進の芒で取り囲んだだけの部屋だが、だれもがその香と涼をほめる。明かりは大ろうそく。牛の顔が芒を押し分けて入り、宿直の神官が仰天したという話がある。

「穂守り」は穂芒二本を二寸程の護符でくるんだ奥ゆかしいお守り。二歳児の息災を祈って授けられる。穂守りをしっかり握ったまま、熟睡のうちに祈とうを受ける幼子の情景……。穂守りが足りぬと言って、鎌を手に野を走る神官の情景……。愛らしさもおかしみも、どちらも心に染みる。

芒を神の依り代とする祭りはここだけではないだろう。だが穂屋祭の神は、諏訪大社を発って当地まで、ほぼ八ヶ岳全長に当たる距離を御輿で渡御して来る。御射山神戸区民の肩に担がれて、一日がかりで……。その後半の山コースはほぼ芒野である。

▽交通＝ＪＲ富士見駅から神戸経由四キロメートル／中央道南諏訪ＩＣすぐ。（注：御射山祭は諏訪大社下社にもある）

▽問合せ＝御射山神戸区役所
電話〇二六六―六二―二〇五九

平成20年8月5日号（小林わたる）

牡丹と楓「信濃清水寺」

「信濃清水寺(せいすいじ)」は、古くから北信濃の三大霊場(善光寺・戸隠神社・清水寺)の一つに数えられる名刹である。

総門・鐘楼・本堂・庫裡を備え、仁王門から観音堂(奥の院)に至る参道の両側には、経蔵・三重塔・大日堂・釈迦堂・薬師堂・及び八将社があり、珍しく堂塔を備えた寺院であった。

開創は一二〇〇年前の天平一四年、足利時代に建立された七堂伽藍などは実に壮観であったとされ、鎮護国家の霊場としてその名は全国に知れ渡っていた。

しかし大正五年の保科村の大火災により、一山伽藍・仏像のことごとくを消失。現在の奥の院観音堂・鐘楼・山門は再建されたものである。辛うじて焼け残った木造の千手観音菩薩像(国重要文化財指定)は、藤原時代中期のものとされている。

この他にも木造薬師如来像をはじめ菩薩・如来像が六体祀られている。

杉木立と紅葉が続く奥の院への参道から境内を望む

清水寺はまた「牡丹の寺」として親しまれてきた。戦前三〇〇〇株を有した牡丹も、戦時中の食糧増産の憂き目に遭って衰退。一時は見る影もなく、紆余曲折を経て現在はようやく四〇〇株までに復活したという。

牡丹もさることながら、近年はイロハモミジ、ミネカエデ、ヤマモミジなど一〇〇本以上のカエデ科の木々が晩秋の参道を赤く染め上げ、一寺院としては京都に勝るも劣らぬほどの人気を呼んでいる。

寂光の夕べとなりぬ白牡丹　　玲子

▽交通＝JR長野駅より長野電鉄バス。保科温泉行。清水寺大門下車(約四〇分)。

▽問合せ＝清水寺

電話〇二六―二八二―四〇三三

平成25年2月5日号(玉井玲子)

負の遺産　松代の地下壕

昨年（二〇一六）のＮＨＫの大河ドラマ「真田丸」で有名になった真田幸村の兄、真田信之が上田から移封されたここ松代は、落ち着きのある一〇万石の城下町である。

松代城はかつては海津城と呼ばれ、川中島合戦で武田側の拠点として築城された。

松代は明治期には製糸業が盛んな活気ある町で、文武学校や真田邸が、今も変わらぬ姿で残されている。

太平洋戦争末期に、軍部が本土決戦最後の拠点として、極秘裡に皇居・大本営・政府機関・日本放送協会等を松代に移すという悲壮かつ大規模な計画を立て、実行に移した。

一九四四年一一月から終戦までの九カ月間、近隣の山々の地下に防空壕を掘削したのである。現在残されている壕の総延長は五八五三メートルあり、碁盤の目のように張り巡らされている。現在はその五〇〇メートルが公開されている。

捕虜を強制的に働かせたという記録もあるらしく、まさに太平洋戦争の愚かしい遺産と言えよう。しかし、このことを知る長野県人も少ないという。

現在は一時のような反戦運動や反日スローガンは影を潜め、落着いた雰囲気で歴史の一端を垣間見ることが出来る。削岩機のドリルが折れたまま岩に食い込んでいる場所がある。見学者はここを、展示物のように通り過ぎる。二〇年ほど前までは、その折れたドリルを見て涙を流す人が何人もいた。「この作業員は、どんな処遇を受けたのだろう……」と。

削岩機折れしドリルの霧しづく　碧水

▽交通＝《路線バス》ＪＲ長野駅善光寺口（のりば3）から「松代高校行き」約三〇分、【松代八十二銀行前下車】徒歩約二〇分
▽問合せ＝長野市観光振興課　電話〇二六―二二四―五四〇二
▽駐車場の問合せ＝象山記念館　電話〇二六―二七八―二九一五
▽入壕料＝無料

平成29年4月5日号（東福寺碧水）

今は日本最大の地震観測所になった松代の地下壕

数多い鵜飼の句碑

岐阜は長良川と金華山が美しい。都会から来た人は、この街の水は美味しいと言う。またこの川で採れた鮎は殊に香り高い。

芭蕉が、この川で見た鵜飼いのさまを「おもしろうてやがて悲しき鵜舟かな」と詠み、鵜飼を見た後は魚類を口にしなかったという。鵜の哀れ、殺生する人間の業を思ったのであろう。

この鵜飼は一三〇〇年近い歴史を持ち、鵜匠は風折烏帽子に腰簑をつけ、一二羽の鵜をくくった手綱を巧に操り、人と鵜が一体となって漁をする。鵜篝が焚かれながら、六艘の舟がいっせいに下ってくる総がらみは、古典絵巻の美しさである。

この鵜飼を見た俳人は芭蕉以後数えきれない。

ここで、長良川周辺に句碑となっている句を紹介しよう。

芭蕉の「おもしろうて」の句碑は、長良橋南詰の湊町にある。近くに北原白秋が鵜匠山下幹司を讃えた詩碑もある。芭蕉が岐阜を訪れた際に詠まれた作品は、この橋の周辺に数多く句碑となっている。

闇中に山ぞ聳つ鵜川哉　河東碧梧桐

鵜飼の川面には、織田信長ゆかりの岐阜城のある金華山の山影が映って、幽玄の世界を創り出す。金華山を真南に見る山下鵜匠邸には

鵜篝の早瀬を過ぐる大炎上　山口誓子

早瀬ゆく鵜綱のもつれもつるるまま　橋本多佳子

の師弟句碑が立つ。二人が鵜匠の姿で鵜舟に同舟した時の句である。

その他、芭蕉・誓子の何基かの句碑と出会うことができる。

ロープウェイで金華山上の岐阜城に登り、岐阜市の真中を蛇行する長良川を見下ろし、夜は鵜飼を鑑賞して、さらに翌日は長良川沿いの多くの句碑を見るのが面白い。

▽交通＝ＪＲ東海道本線岐阜駅下車。名古屋より一八分。

▽問合せ＝岐阜市商工観光部観光コンベンション課

電話〇五八―二六五―三九八四

平成12年10月5日号（小瀬千恵子）

岐阜・長良川の鵜飼

神秘の多治見大聖堂

ヨーロッパ風の白壁に赤い屋根、そのてっぺんの尖った塔に十字架、空の青い日は特に美しい。

ステンドグラスから木洩れ日のように差しこむ柔らかな光に包まれる大聖堂は、神秘的である。

日曜日の朝九時半。聖堂の前に立つとミサの鐘がひびく。ミサは荘厳な気に満ちている。二階には重厚な音を奏でるパイプオルガン、その横の方には聖歌隊。祭壇を向く何列かの木椅子はほぼ満席で信徒でない者も参加が許される。

清明や教会の鐘風に乗り　岬　雪夫

日本の男子三大修道院の一つである多治見神言修道院は、一九三〇年ドイツの宣教師モール神父によって設立された。現在は九人の神父と南山大学の神学生が、修道生活を送っている。

大聖堂はいつも開いていて、誰でも自由に見学することができる。聖堂の両側に掲げられたイエスキリストの生涯の壁画、寄せ木細工の副祭壇は、特に有名で美しい。

この修道院で永遠の愛を誓う結婚式を挙げるカップルは多い。夜はライトアップされ、その姿は多治見のシンボル。

聖堂を出ると葡萄畑が広がっている。葡萄が甘く実るまでの世話は大へんである。暑い中、黙々と奉仕作業する人々をよく見かける。赤と白の修道院ワインは地下室で醸造され販売される。

イヴのもの一枚落ちて葡萄園　鷹羽　狩行

葡萄園の途切れた辺りから奥へ入ると墓地がある。遠く祖国を離れて宣教に尽力、日本の土となられた方々が永遠の眠りについておられる。

花々・新緑・紅葉など四季の句材は豊かである。
▽交通＝ＪＲ中央線多治見駅からタクシー五分、徒歩一〇分ほど。

平成16年12月5日号（大矢和歌子）

日本の男子三大修道院の一つ多治見神言修道院

「奥の細道」結びの地

大垣市船町は、芭蕉の紀行文『奥の細道』の結びの地である。かつては水門川の湊町で、本流の揖斐川を通って伊勢・桑名までの水運があった。芭蕉は大垣でみちのくの旅の疲れを癒した後、ここから伊勢参りに旅立ったとされている。

現在、ここには『奥の細道』の最後の句〈蛤のふたみにわかれ行秋ぞ〉の句碑及び芭蕉と谷木因との別れの姿を再現した像が建ち、対岸には木造の「住吉燈台」が残されている。

昭和三〇年頃まで、ぽんぽん船が桑名からの物資を運んでいた。また夏には桑名への海水浴ルートでもあった。現在も当時利用されていた船が、係留保存されている。

近くの大垣城は、関ヶ原の戦いの時、西軍の総大将石田三成の本陣であった。

江戸の初期から徳川家譜代の戸田家が治めるようになり、不破の関の見張りの役を果たしていた。

大垣には木因をはじめ俳句の関係者も多く、芭蕉も生涯に四度ほど訪れていると伝えられている。

芭蕉（手前）と俳友谷木因の銅像

この船町の「結びの地」へは、JR大垣駅近くの愛宕神社から水門川沿いに、約二キロメートルにわたって、『奥の細道』から選ばれた芭蕉の代表的な二〇句の句碑が建立されている。

電車で大垣へ来られたなら、「結びの地」まで約三〇分ほど、この「ミニ奥の細道・芭蕉句碑巡り」をゆっくりお楽しみ頂きたい。

現在大垣では、四月の花の頃に「舟下り芭蕉祭」、一〇月には「蛤塚(こうちょうき)忌全国俳句大会」、一一月には「東西全国俳句相撲」が開催されている。

また一〇月の「十万石祭」では、芭蕉や木因をはじめ大垣の俳人たちの仮装行列が行われる。

▽交通＝JR東海道線大垣駅下車、名阪近鉄バス船町港跡（約七分）下車。
▽問合せ＝大垣市観光協会
電話〇五八四―七七―一五三五
奥の細道結びの地記念館
電話〇五八四―八四―八四三〇

平成21年7月5日号（今津大天）

白川郷　合掌集落

かつて大野林火が、〈飛驒涼し北指して川流れをり〉と詠んだ川は、高山市を貫流する「宮川」であるが、飛驒にはもう一本「庄川」という大河が日本海に向けて流れている。

庄川は日本三霊山の一つ「白山」の麓を抉るように流れ、この流域に平成七年一二月、世界遺産に登録された合掌造り集落の白川郷と五箇山がある。

日本有数の秘境とまで言われてきた大自然と、ユニークな合掌造りの家並の調和が、訪れる人を魅了する。

かのブルーノ・タウトは、高山市外庄川に建つ遠山家の合掌家屋を調べ、「その構造が合理的かつ論理的である（『日本美の再発見』＝岩波新書）」と述べ讃えた。文政一〇年建築の遠山家は今も当時のままの姿で残され、民俗館（国重文）として一般公開されている。

奥飛驒は雪国でもある。冬ともなれば積雪は二メートル以上で、この荷重に耐えるべく遠山家の屋根の勾配は六〇度、間口一一間半、奥行き六間半、高さ一四・五メートル、さらに梁は九メートル以上にも及ぶ。しかも釘や鎹を一切使わない独特の工法である。白川村の人口は現在約一七〇〇人で、合掌家屋の多くは萩地区に建つ。

最近は飛驒地方も高速道路が抜け、交通環境も整いつつあるが、従来の道を利用すれば庄川桜・御母衣のロックヒルダム（堰堤の高さ一一〇メートル）など、見所も多い。

また「飛驒涼し」の林火句碑の建つ飛驒市古川町から天生峠を経れば白川郷へ通じる。この山路（冬季通行止）が「右も左も山ばかり」の『高野聖』（泉鏡花）の舞台である。

▽交通＝ＪＲ高山駅前の高山濃飛バスセンターから白川郷へバス約二時間。

▽問合せ＝遠山家民俗館

電話〇五七六九―五―二〇六二

平成25年9月5日号（宮川典夫）

世界遺産に登録の白川郷合掌造り集落

木乃伊と蛍の里

美濃の名刹として知られる谷汲山華厳寺から約八キロメートルほど西に、伝教大師の創建と伝えられる両界山横蔵寺がある。平安、鎌倉時代に栄えた寺で国指定重要文化財の仏像二二体を有し、「美濃の正倉院」とも称される文化の香り高い寺である。

　現在残る本堂・三重塔・仁王門は、慶長年間に再建された県指定重要文化財であるが、記録に拠れば鎌倉時代には三八の僧坊を持つ大寺院であったという。舎利殿には二〇〇年ほど前に入定されたという、横蔵出身の妙心上人の木乃伊が安置されている。日本で一番新しい木乃伊仏として今では一般に木乃伊寺と呼ばれている。

名刹「横蔵寺」の風格ある山門

　一方、紅葉の美しい寺としても名高く、秋ともなれば多くの行楽客が訪れる。寺領には東海自然歩道が通り、四季それぞれ変化に富んだ趣がある。

　横蔵寺の境内を流れる清流が飛鳥川。この川を八〇〇メートルほど下った辺りが、知る人ぞ知る蛍の名所である。川の片側は山、反対側は鹿垣に守られた水田で、川沿いの遊歩道は広く歩きやすい。

　蛍の最盛期は例年六月中旬頃。無数の蛍が川面を舞い、堰を下るその様子は圧巻である。夜更けともなれば少しずつ山に登り始め、イルミネーションさながらに山を飾る。BGMは瀬音と河鹿、因みに星も美しい里である。

　この飛鳥川には大きな案内板もなく、駐車場もあまり整備されていない。訪れる人もさほどではない。しかしそのせいか、良質な環境が保たれてきた。世俗にまみれない本当の闇が残されている。蛍を見るには最高の場所といえよう。

　横蔵寺の境内でも蛍は飛ぶという。しかし漆黒の闇の中、それを確かめに行く勇気が、筆者にはない。

▽交通＝養老鉄道揖斐駅下車、コミュニティバス約四〇分

▽問合せ＝谷汲観光協会
電話〇五八五―五五―二〇二〇

平成29年10月5日号（七種萩子）

脚光浴びる富士霊園

静岡県の名所の一つで、自然と調和している広大な富士霊園を紹介したい。吟行地としても格好なところ。季節の、四季折々の草木に親しめるはず。霊峰富士山も歓迎してくれるであろう。

同園には日本の文学者約五四〇余の文学碑がある。現在活躍中の小説家や故人のもの、もちろん著名な俳人たちの碑も多い。とくに、緑蔭の中の中央通りから突当りを左に折れた富士の見える場所はすばらしい。筆舌につくしがたいとはこのこと。

桜は、今は季節をはずれたが、日本百景のトップクラスの樹齢の並木、県下有数の桜の名所となっている。つつじやさつきの景観もおすすめする。秋は紅葉、冬はつばきが、年に二、三回降る雪の中にほのかな明りを灯す。

周辺には富士植物園があり、時間があれば立ち寄ることも可能だ。有名な富士スピードウェイ、また最近開園の「子供の国」も近くである。車なら富士五湖、箱根も三〇分位。最近は、東京はもちろんのこと、大阪方面からも日帰りで来園し、観光地として脚光を浴びている。同園内には大食堂、大会議場を有し、句会場としても使用できる。人数にかかわりない吟行、子ども連れでの家庭サービスもできる絶好地と言ってよい。

▽交通＝小田急線新宿駅から駿河小山駅下車、バスで二〇分。ＪＲ利用なら御殿場線駿河小山駅下車、バスで二〇分。マイカー利用は、東名高速大井松田から四〇分。中央高速河口ＩＣから須走ＩＣ経由一〇分。

平成11年8月5日号（浜田蛙城）

桜の名所でもある富士霊園

四季を楽しめる佐鳴湖

浜松市の西方に佐鳴湖がある。浜名湖とは川で結ばれているが、浜名湖よりの水勢が強く、水捌けの悪い湖である。そのため、佐鳴湖の水質汚染度はわが国でワーストワンである。

私が高校生であった四〇年前はヘドロの湖で湖水も黄色であった。長年の浚渫作業で青色に湖水は戻ったが、それでも、水質は向上しない。

が、この佐鳴湖は市民に愛されてきた湖で、水を浄化する努力が現在も様々なされている。

この佐鳴湖が何故に市民から愛されるかと言えば、私の想像でしかないが、文教地区に隣接しているからだと思う。静岡大学工学部を始め、高校も四校。夏はボート遊びや納涼、冬は湖一周のマラソン大会と、輝かしい青春の一頁にこの湖が関わりを持つからに他ならない。

現在はさほどでもないが、昔はデートコースのひとつであった。社会人成り立ての頃に、この湖にボートを浮かべ、デートしたこともある。私同様、青春の思い出に浸る時、恋人の背後の情景にこの湖が瞼に映しだされる方が沢山あろう。

現在佐鳴湖の湖辺は総合公園として整備され、施設も大分整ってきた。

春は桜でお花見、夏はボート、冬は寒鮒釣りや飛来の鴨を眺めて楽しむ場となっている。

また、年間を通じて、健康増進のために、ジョギングをする人も多く見かけられる。実業団のランナーや高校生ランナーが厳しい訓練を受ける場にもなっている。

地元中学や近隣の高校には部活動として漕艇部もあり、この湖を練習の場として使用している。

湖の近くには蜆塚遺跡や浜松市博物館もある。

悲しい出来事としては、徳川家康の正室築山御前が惨殺された場所がこの地であることである。浜松市医療センター駐車場の片隅に「太刀洗の池」が記念として残る。

平成16年11月5日号（古橋成光）

春は桜、夏はボート、冬は寒鮒釣りの佐鳴湖

吊橋の残る防人の里

東海道からわずか四キロメートルほど北に、公害にも侵されず山村風景を保ち続けている集落がある。

『万葉集』に一首選ばれた丈部足麻呂（はせつかべのたりまろ）という防人がこの地の出身という考証のある処（静岡市清水区立花）である。

ＪＲ興津駅前から三〇分置きに出る但沼行きのバスに乗り、終点に近い小島町の「立花入口」で降りる。右折すると深山の趣を見せる興津川。鮎釣りのメッカでもあるが、ここの立花橋は昭和一三年に架けられるまでは吊橋だったという。

橋を渡ると、昔は橋と称した五〇戸ほどの立花地区。道なりに進むと、山坂辺りに丈部足麻呂の歌碑が建っている。

橋のみをりの里に父を置きて道のながては行きがてぬかも

扶養していた父を置き去り、遠く九州へ防人として旅立つ辛さを詠んだもの。「みをり」というのは、立花橋より上流が曲折しているのを三折りといったものであろう。

地元の旧い校歌にも「みをりの里」と歌われて古の防人を偲んでいる。

この里には今も吊橋が残っており、子供の通学や地元の人の近道として利用されている。

車の通れる橋が架けられてからは蜜柑の栽培で潤い、新築の家も目につく。しかし後継者不足はどこも同じ。大学を出た若者たちは、「父を置き去りにして東京」なのだそうだ。

田畑は荒れがちで、周辺は青嶺ばかり。佇めば鶯や時鳥の声が間近に聞こえる。俳人にとってはまさに天国だが……。

帰りは吊橋を渡ってバス停へ出たい。

なおこの集落には店舗なども見当たらないから、トイレは上の道の少林寺をお借りするしかない。

歌碑の後ろから尾根へ登ると、広重の東海道五十三次で有名な薩埵（さった）峠が近い。山に慣れていない人は無理をせず、バスで戻って「新浦安橋」のバス停から峠まで、タクシーを呼んで連れて行って貰う方が賢明だろう。それも富士が冠雪して、美しい姿を見せる時期を選びたい。東海道の旧跡は由比側に多いので、倉沢辺りからの徒歩をお勧めする。

▽交通＝ＪＲ興津駅よりタクシー約一〇分。

▽問合せ＝日の丸タクシー

電話〇五四三―六六―一一七七

平成21年8月5日号（小野宏文）

「みをりの里」の吊橋

（写真提供：静岡市環境局環境創造課）

修善寺温泉「独鈷(とっこ)の湯」

伊豆の修善寺温泉は歴史と文学の里として知られ、古くから文人墨客に愛されてきた。大同二年(八〇七)、諸国巡歴中の弘法大師によって開基した修善寺の門前町で、桂川の渓谷に沿って発展してきた町である。

修善寺は室町時代に曹洞宗となり、近代まで専門僧堂として多くの禅僧を輩出。本尊は大日如来像で、国の重要文化財に指定されている。

門前の桂川の中ほどに「独鈷の湯」がある。病める父親の身体を、冷たい桂川の水で洗う孝行息子を見た大師が心を打たれ、持っていた独鈷(仏具)で川中の岩を穿ち、霊泉を湧出させたという。

吟行コースとしては、独鈷温泉・竹林の小径・赤蛙公園・指月殿・範頼の墓など鎌倉幕府につながる歴史上の舞台をはじめ、自然公園の梅林・菖蒲園・石楠花の森など四季の風情を楽しむことができる。単独では小さな観光スポットだが、これだけまとまるとかなり見応えがあると思われる。

桂川のほとりに湧く「独鈷の湯」

明治二五年、範頼の墓を訪ねた正岡子規は〈鶺鴒やこの笠たたくことなかれ〉の句を残している。

梅林に向かう途中の修善寺墓地には日本画壇の巨匠川端龍子の墓と筆塚があり、傍らには川端茅舎の墓と句碑がある。

梅林は樹齢一〇〇年を超える老木もあり、約二〇種、三〇〇〇本の紅白梅が植えられている。またこの梅林から眺める霊峰富士の姿は格別である。

ここにある茶屋「双皎山荘」の庭園には高浜虚子の句碑があり、少し離れて尾崎紅葉、市川左団次、中村吉右衛門などの句碑が点在する。また腰掛待合前に「交友碑」、山荘垣外には岡本綺堂の『修善寺物語』の詞碑が建っている。

梅林に続くもみじ林の約一〇〇〇本の楓は、一〇月中旬から紅葉し、見事な景観を作る。もみじ林の尾根には、夏目漱石の巨大な漢詩の碑が建つ。

▽交通＝伊豆箱根鉄道修善寺駅から東海バス修善寺温泉行き五分。車の場合は国道一三六号または修善寺道路四一四号を修善寺ＩＣで降りる。

▽問合せ＝伊豆市観光協会修善寺支部

電話〇五五八―七二―二五〇一

平成22年2月5日号 (伊東修愚)

風と闘う中田島砂丘

浜松の中心市街地の東側を流れる馬込川は遠州灘に注ぎ、江戸時代には浜松二万石の境をなす川であった。その河口西側に広がるのが、日本三大砂丘の一つ中田島砂丘である。

砂丘入口の石段を登ると、遥か前方に防風防砂の保安林が左右に展開する。右側の保安林には林道があり、五月三～五日の三日間に開催される「凧揚げ会場」へ行くことが出来る。

砂丘へ足を踏み出すと、僅か一〇〇歩足らずのところに白い檻が設けられている。アカウミガメの孵化場である。

浜に産み落された卵を集め、この檻の中で安全に孵化させるのだ。孵化場から一〇〇歩ほど進むと、保安林の一角に竹竿や杭棒が何本も置かれている。これは「堆砂垣（たいさがき）」と呼ばれ、重要な垣根作りの材料で、前方の砂丘の上にこの垣が幾重にも張り巡らせている。

遠州の空っ風で飛ばされた砂をこの垣で留め、砂の上に砂を堆積させて行く。砂で垣が埋もれれば、また垣を追加して、さらに高く築くのだ。

ここから三〇〇歩。砂丘の麓に辿りつく。見上げれば幾筋もの尾根が連なり或いは交差して、大いなる起伏を見渡せる。四重もの尾根を登り下りして、砂丘の横断に四〇〇歩ほど費やす。砂渚まではさらに二五〇歩、まだまだ砂との格闘が続く。

遠州灘は流れが速い上に、突如大波が襲って大量の砂を持ち去ることがある。その対策として、消波ブロックでいくつかの島を作り防護に努めている。

▽交通＝ＪＲ浜松駅から遠鉄バス一五分。観光客用の大駐車場あり。
▽問合せ＝浜松市観光交流課
電話〇五三―四五七―二二九五

平成26年8月5日号（古橋成光）

堆砂垣（たいさがき）を連ねて砂丘の保全に

蘇った清流　源兵衛川

三島市内を流れる全長一・五キロメートルの清流、源兵衛川は富士山の伏流水を水源とし、「水の都・三島」を象徴する湧水河川である。夏は子どもたちの水遊びの場となり、夜は沢山の蛍が飛び交う。

さまざまな樹木が生い茂る川辺には遊歩道が整備され、川の浅瀬の所々に飛び石が配されて人々の憩いの場となっている。水量が多いときには、飛び石の上にまで水がきて歩行が難しいほどである。

戦国時代に、伊豆の守護代寺尾源兵衛が農業用水として開削したのでその名をとって「源兵衛川」となったという。昨年「世界水遺産」への登録が決定したほか、二年前には「世界灌漑施設遺産」にも登録された素晴らしい清流である。住宅地を流れ下り、最下流の温水池に達する。

かつては都市化や工業化の影響で水辺環境が極度に悪化し、汚れた川となってしまったが、ふるさとの美しい川を取り戻そうと多くの市民が立ち上り見事に再生した。ミシマバイカモが自生し、源氏蛍が舞い、翡翠が飛来する河川として、他に類を見ない豊かな生態系をもっている。

源兵衛川の他にも源頼朝が源氏再興を祈願した三島大社や、小松宮彰仁親王が明治二三年に別邸として造営された楽寿園、三島にゆかりの文学者たちの文章や詩が刻まれた「水辺の文学碑」等がある。

市内の目抜き通りにはフラワーポットが点々と置かれ、一年中花が絶えない。さらに箱根へ登る街道沿いに全長四〇〇メートル日本一長い大吊橋「三島スカイウォーク」が三年前に掛けられ多くの人が訪れている。晴れた日には富士山と駿河湾を一望できる。

▽交通＝東海道新幹線三島駅下車徒歩一〇分。

▽問合せ＝三島市観光協会
電話〇五五—九七一—五〇〇〇

平成30年8月5日号（山岸文明）

豊かなせせらぎに沿って整備された遊歩道

四季の豊かな西明寺

平安時代、三河の国司大江定基が、愛妾と死別して世の無常を感じ、仏門を志して草庵を結んだ。六光寺と名づけ、天台宗の寺としたのが当山の始まりであるといわれている。

その後、幾変遷を経て、永禄七年（一五六四）徳川勢と今川勢がこの地において合戦に及んだとき、寺の和尚が粥を炊き、徳川の陣営に送り兵をねぎらい、勝利をおさめた家康が寺の名を西明寺と改めたと伝えられている。

本堂の前庭に、日本医学の恩人、ベルツ博士ならびに家族の碑がある。

ベルツは、明治九年（一八七六）二七歳の時、東京医学校教師としてドイツから迎えられ以後二九年間、わが国の医学教育のためにつくした。夫人は御油町の旧家戸田氏の出で、花といい内助の功が大きかった。

明治三八年、ベルツは花夫人とともにドイツに帰り、大正二年（一九一三）、六四歳で他界した。

その後、花は単身日本に帰り東京に住んだが、ありし日のベルツへの思慕とその冥福を祈るため、昭和五年（一九三〇）、先祖の菩提寺である西明寺に供養塔を建てた。花は昭和一二年、七四歳で病没。

傍に第二次世界大戦で戦死した三人の孫や家族の寝墓がある。碑面にドイツ文字でベルツとあるため、これがベルツの墓と呼ばれるようになったものと思われる。

この墓と並んで、ベルツを偲んだ、秋櫻子の句碑

「菊にほふ国に大医の名をとどむ」

がある。

また、参道入口の旧姫街道添いに、芭蕉句碑「かけろふの我が肩に立つ帋子哉」があるが、住宅が建ち混んでいて探し難い。

本堂裏には大宝山を背景にした廻遊式の大庭園がある。岩々に囲まれた池は峰の緑を映して静かな趣をたたえ、四季折々の景に富む。庭園を登りつめると、鴻村の句碑がある。

「月にむささび飛ばばすだまも連れ跳ばむ」

日本医学の恩人・ベルツ博士の供養塔も

▽交通＝名鉄本線国府（こう）駅東口下車徒歩一〇分。または、東名高速音羽・蒲郡ICより国道一号線を豊橋方面に向って約一〇分。東海カントリークラブ入口が目標。

▽問合せ＝大宝山西明禪寺
電話〇五三三―八七―二二五一

平成11年3月5日号（塚腰杜尚）

蒲郡のシンボル竹島

蒲郡は三河湾国定公園の中心地であり、「東海道にすぐれたる海の眺めは蒲郡」と鉄道唱歌に歌われている。平安時代、藤原俊成卿が三河守在任中、くすの群生する未開地であった竹谷、蒲形（がまがた）の庄を開拓して成り立った地といわれている。

海に浮かぶように見える竹島

その蒲郡のシンボルである竹島は、総面積約五八〇〇坪、島の周囲六二〇メートルほど。四季を通じて緑に囲まれ、海に浮かんでいるように見える。

竹島海岸の遥拝所先より架けられている四〇〇メートルほどの「たけしま橋」を渡ると、八百富神社への急磴となる。全島は暖帯林特有の照葉広葉樹に覆われて昼なお暗く、灯籠に灯が入れられている。聞こえてくるものは鳶の笛と、島を洗う波の音である。

八百富神社は、俊成卿が琵琶湖の竹生島より勧請されたもので、祭神は市杵島姫命である。「三河雀」の書には、江の島、竹生島と共に日本七弁天の一つに挙げられている。

悠然とした竹島やその周辺の素朴な景を愛した俳人は多く、郷土の俳人岡田耿陽は、

漂へるもののかたちや夜光蟲

と、叙情豊かに詠っている。

竹島よりの帰りにぜひ立ち寄りたい所は、遥拝所に隣接している「海辺の文学館」である。かつて竹島海岸にあった料亭「常磐館」は、多くの文人に愛されたが廃業。後の人々の常磐館への郷愁が記念館となって建てられたものである。館内には、虚子の〈春の波小さき石に一寸躍り〉の額が掲っており、また、奥の部屋の床の間には〈夜に着きし海辺ぞ凍てし鶴のこゑ〉〈爛々たる星座凍鶴竝び立つ〉のほか三句書かれた掛軸が、海光に映えている。

その前に座って耳を澄ませば、悠久の時を奏でるかのように潮騒が聞こえてくる。

▽交通＝ＪＲ蒲郡駅からバスで三分、下車して徒歩で一五分。東名高速では音羽蒲郡ＩＣから車で一五分。

平成16年2月5日号（島津余史衣）

三河の山にかぎ万灯

西尾市に三川あり。西を流れる矢作川、東を流れる矢作古川、広田川である。その広田川沿いに西尾市の丘陵地帯が広がる。その一角に曹洞宗の大寺長円寺がある。

開基は板倉勝重（初代京都所司代）で、始め岡崎市中島の永安寺の寺僧をしていた。父好重は善明堤の戦いで戦死、弟定重これまた遠州高遠において戦死したので家系の絶えるを恐れた家康の命により還俗板倉家を継ぐ。慶長八年永安寺を長円寺と改める。

現在地への移住は二代目周防守重宗の時代で仏堂伽藍を新たにし万灯山と号する。西に薬師山、南に万灯山、北に焼山の三山に囲まれた閑静な広い境内があり山桜もみじなどがみごとである。寺宝として勝重坐像、探幽作の「勝重肖像画」『正法眼蔵随聞記』（長円寺本）を蔵する。

毎年行われる「かぎ万灯」は「大文字焼き」と並ぶ壮大な行事。かぎの字形に並べられた百八つの薪の山に火をつけ、その火のつきの善し悪しでその年の吉凶を占う。この火は遠く知多半島からも見え、漁師たちはその時船足を止め遠く三河の山の灯に合掌したという。

百八つの薪山に火を放つかぎ万灯

長円寺を離れ広田川沿いに約四キロメートル下ると華蔵寺がある。華蔵寺は「忠臣蔵」で有名な吉良上野介義央（よしひさ）の菩提寺でなだらかな丘の麓にある臨済宗妙心寺派の禅寺である。吉良氏代々の墓所で遠州流の枯山水、池大雅作といわれる襖絵を蔵している。

当地方では吉良様は名君。〝吉良の殿様よいお方、赤いお馬の見廻りも浪士に討たれたそれからは仕様がないではないかいな〟と歌にうたわれるように江戸から帰った義央は赤馬にまたがって領地のようすを見て廻り領民の生活に心を配ったといわれている。

境内に〈ゆく春やにくまれながら三百年　鬼城〉の句碑の他何基かの句碑がある。また毎年義央の忌日には三河各地の俳人が集まり義央忌を修している。

▽問合せ＝長円寺
電話〇五六三―五二―一〇〇二
華蔵寺
電話〇五六三―三五―〇九三五

平成18年8月5日号（牧野暁行）

家康誕生の岡崎城

岡崎城は三河守護代大草城主、西郷頼嗣が一四五二年に築城した。やがて城は、松平氏に譲られた。徳川家康はこの城内で呱々の声をあげた。八歳で今川氏の人質となったが一九歳の時今川義元は桶狭間で殺され、一二年ぶりに岡崎城へ戻った。城内には産湯の井戸や胞衣塚が残っている。

浜松に居城を移し、次の城主田中吉政が大規模な城下町造りを行い、総曲輪の町となった。江戸時代になって城は権威のシンボルという役割も加わり、平山城となった。

二十七曲により東海道を取り込み、侍屋敷を城近くに配し、町屋「商人町、職人町」を設けた。

城を防衛するのに西は矢作川、南は乙川の地の利を生かし、東と北に堀を巡らした。川を利用して三十石舟も行き交い、宿場町として栄えた。現在は春は桜、次いで躑躅、藤など天然記念物が咲き競い市民の憩いの場となっている。

八月には江戸時代からの大花火大会に街は熱くなる。城内には芭蕉句碑、能楽堂、家康館がある。城より八丁の所に、かつてＮＨＫ朝ドラ「純情きらり」の舞台になった八丁味噌の郷があり、見学出来る。

東海道沿いに浄瑠璃姫の供養碑がひっそりと建っている。浄瑠璃姫は矢作の長者の娘である。源義経が奥州へ向かう折この長者の家に宿を取り、姫と愛し合うようになった。平泉へ旅立つとき義経は姫に形見として、名笛「薄墨」を授けて矢作の里を去った。姫は悲しみのあまり乙川に身を投じ、短い人生を終えた。

矢作の誓願寺には「薄墨」の笛が納められており、いつでも見学出来る。市内には重要文化財の寺社が多く、見学にことかかない。また遺跡や古戦場も多く、市の観光課や観光協会が文化百選と銘うって、東西南北様々なコースを企画し観光に備えている。季節ごとにいろいろなコースを散策する楽しみがある。

▽交通＝名鉄東岡崎駅より徒歩一五分。
▽問合せ＝岡崎市観光協会
電話〇五六四―二三―六二一六／六二一七

平成20年6月5日号（岩崎喜美子）

1452年（享徳元年）に築かれた岡崎城

神話が息づく白鳥公園

お元日、家族揃って参拝する熱田神宮。家内安全を祈願して、私の新しい年が始まる。

熱田神宮は、祭神に草薙の剣、相殿に天照大神を奉る県内屈指の神社で、地元では「熱田さん」と呼ばれ親しまれている。周辺には多くの史蹟や古墳があり、私の好きな散策スポットとなっている。

◇旧東海道「宮宿と七里の渡し」跡

東海道五十三次の第四十一番目に当る熱田宿である。熱田神宮の門前町に位置したことから宮宿と呼ばれているが、戦災で焼失。今は昔の面影はないが、復興事業でその一部の常夜灯、時の鐘の鐘楼が七里の湊あたりの海辺に復元され、「宮の渡し公園」として憩いの場になっている。

当時、松尾芭蕉が門人の林桐葉に招かれ、句会や舟遊びを楽しんだと伝えられている。

その折の句が〈この海に草鞋捨てん笠時雨〉〈海くれて鴨のこゑほのかに白し〉である。

◇白鳥古墳と白鳥山法持寺

日本武尊が白鳥になり舞い降りたと伝えられる白鳥古墳。そこに隣接する白鳥山法持寺境内に芭蕉句碑があり、〈何とはなしに何やらゆかしすみれ草〉の句が刻まれている。

◇堀川プロムナードと白鳥公園

平成元年、世界デザイン博覧会の際に整備された散策路。都会の中の水辺のオアシスとなっている。庭園は数寄屋造りの建物と中部地方の地形をモチーフに、築山を御嶽山、川を木曾川に、池を伊勢湾に見立てた池泉回遊式日本庭園。花見・茶会・句会等多くの人が訪れている。

▽交通＝地下鉄名城線神宮西
▽問合せ＝白鳥庭園事務所
電話〇五二―六八一―八九二八

平成25年4月5日号（小川洋子）

世界デザイン博の際に整備された都会のオアシス「白鳥公園」

御油宿から藤川宿へ

東海道五十三次のうち、三十五番目から三十七番目の御油宿から藤川宿まで一〇キロメートル余の道程は、随所に往時の面影が残る私の好きな吟行地である。

御油宿は東海道と姫街道の追分地点として賑わい、多くの飯盛女が働いていたという。

東林寺には辛さに耐えかねて身投げした、五人の女たちの墓がある。町並を抜けて赤坂宿まで続く六〇〇メートル程の松並木は『東海道中膝栗毛』の中で、弥次喜多が狐に化かされた話でも知られている。

途中に茶店もあるので、ちょっと一服出来るのが嬉しい。

松並木を抜けると赤坂宿。御油・赤坂間は二キロメートル足らずと、東海道の宿場の中で最も短い。関川神社にある芭蕉句碑〈夏の月御油より出でて赤坂や〉は、その距離を詠んだものだという。また芭蕉も泊まったと伝えられる旅籠・大橋屋も現存し営業していたが、平成二七年三月を以て惜しまれながら閉鎖した。

旧東海道の面影を残す御油の松並木

赤坂宿からさらに西方に位置するのが藤川宿。多くの遺跡が残されているが、近年「むらさき麦の里」として知られるようになった。紺屋麦とも呼ばれる美しい麦で、一時途絶えていたものを、平成六年に地元の人たちの努力によって復活した。

十王堂脇には〈ここも三河むらさき麦のかきつばた〉と詠んだ芭蕉句碑がある。

数年前には道の駅も出来、訪れる人も多くなった。麦畑を渡る風を感じながら、むらさき麦を練り込んだきしめんに舌鼓を打つことも楽しみの一つだ。

▽交通＝名鉄本線御油駅及び藤川駅下車。
▽問合せ＝御油の松並木資料館
電話〇五三三―八七―七二一四
岡崎市東部地域交流センター
電話〇五六四―六六―三〇六六

平成29年6月5日号（下里美恵子）

圧巻！瓢湖の白鳥

新潟市から南東へバスで四五分、白鳥の町水原の瓢湖に着く。JRでは羽越線水原駅下車、駅前バス停から村杉行きに乗り約七分、瓢湖前で下車。目前に湖周一二三〇メートルの広々とした湖面が見える。

瓢湖は新発田藩溝口氏が、寛永二年に大旱魃の対策として灌漑用水の溜池としてつくられたもので、ここでは昭和二五年以来シベリア地方から白鳥の飛来したのを、近くに住む吉川重三郎翁（故人）が、苦心の末餌付に成功。以後年ごとに飛来数が増え続け今では毎年数千羽以上が飛来し観光客の目を楽しませている。現在は役場の職員が一日三回、餌付けを行っているが、足許に飛び寄ってくる白鳥たちの様子は圧巻である。

いまでは、白鳥のほかにも小鴨・真鴨・ホシハジロ・白雁・小鷺などおよそ七〇種類の渡り鳥も飛来、珍鳥も発見され水鳥の宝庫ともなっている。

ただ白鳥の習性で昼は餌を求めて近くの田圃や河に飛びたつため、白鳥より鴨の群が多く、一歩足を伸ばして田圃に散らばる優雅な白鳥の姿を見ることもお薦めする。

また湖畔には

八雲わけ大白鳥の行方かな　　沢木欣一

や地元俳人の句碑も建っている。

冬に限らず、飯豊連峰、五頭連峰の山なみを背景とした瓢湖の四季には素晴らしいものがあり、春には雪山の白と湖面のコントラストが絶景。夏は二一五種、五万株におよぶ渓蓀が咲き競う「あやめ園」が見事で、毎年六月中旬から月末に掛け「あやめ祭」が催される。ほか、日本海側は福島潟とともに北限といわれる鬼蓮の赤紫色と薄桃色の花も見られる。

瓢湖から白鳥通りの屋並を本町商店街に向かって二〇分ほど歩くと町の中央の小高い丘に史跡天長山公園・越後府跡がある。豪農市島家六代徳次郎が天保飢饉の際、窮民の救済事業として五年の歳月をかけて築いたもので、慶応四年三月戊辰戦争の際会津軍の本営が置かれ、明治二年には越後府をおき水原県と改称、その後県都が新潟に移るまで新政府行政の拠点とされた県庁発祥の地で、今では当時市島家の別邸として建てられた継志園の一部と、庭園跡や記念碑が昔日の面影を残している。

▽問合せ＝阿賀野市商工観光課
電話〇二五〇―六二―四一四一

平成10年5月5日号（関口青稲）

佐渡一の宮度津神社

南佐渡の西南端小木港に近く、佐渡海峡へそそぐ二級河川に羽茂川がある。その河口から約四キロメートルほど遡ると、展開する田園地帯が徐々に狭まり、左右に山々が立ちはだかる。その正面の杉の森に、羽茂平野を守護するように鎮座するのが、佐渡一の宮度津（わたつ）神社で、旧国幣小社。祭神は須佐之男命の嫡子、五十猛（いたける）命。記紀によれば日本全土に樹木の種子を蒔き育てたといわれる神。

境内に建っている山口誓子の句碑〈蜩が鳴けり神代の鈴振つて〉の通り老杉に囲まれた閑静なお宮。例祭は四月二三日で馬三頭が疾駆する鏑流馬が行われる。起源は脇宮の八幡宮へ、四〇〇年ほど前羽茂地頭である源氏系の本間氏が奉納し始めたものと伝えられる。

もう一つの句碑に尾崎紅葉の〈鮎突くや矢を射る水の隙間より〉がある。その通り川が小さいので投網を打ちかぶせ籍で突く漁法。水が綺麗なので良質な鮎が育ち、ここの鮎の石焼きは珍味と賞賛され古来有名。

川に沿い、左岸に並んで聳えるのが妹山と背山で総称して妹背山と呼ぶ。桜と紅葉、若葉と山藤の花などが見事。昔から夜になるとこの二つの山が俄然一つに融け合って見える、と言われる。

真の闇では見える筈がないから、薄明りのある夜を指して言うのだろう。

いかにも神境にふさわしく幽玄でロマンに満ちたいい話である。

なお境内には「佐渡植物園」があり、島内の全ての自生植物を植栽しており最近は、その中の菖蒲園が拡張され花期にはとても美しい。その傍には温泉「クアテルメ佐渡」もあって、のんびり浸れるいい湯である。

最後に、この一帯は佐渡の観光ルートに入っていないことを付記したい。だから閑静さが保てるのだ。

平成15年7月5日号（羽柴雪彦）

佐渡・唐津神社の神馬

整然と並ぶ高田寺町

「越後高田に過ぎたるものは、犬・寺・道心・時の鐘」と、城下の繁栄を囃された高田城（上越市）は、慶長一九年（一六一四）に徳川家康の六男松平忠輝の居城として築かれた。忠輝は慶長一五年福島城（上越市直江津地区）主となってまもなく、高田菩提ヶ原に新城を築いた。その東側を関川が、西側を矢代川が流れ、菩提ヶ原の北方で両河川が合流していた。

平城として地の利を生かした築城であった。高田城は石垣の構築も天守閣も造らなかった。大阪冬の陣の直前で工事を急いだためだという。唯一、天守閣に代わって、本丸西南隅の三層の櫓が高田城のシンボルで、現在は復元した三層櫓がある。

忠輝は築城に際して、青田川、儀明川に堀の役割を持たせるように改修し、また、寺の境内、建物を防御施設に利用するため、寺院を集中させた。それが「高田の寺町」である。今でも六三ヵ所が表寺町、裏寺町の二つの通りに二列に整然と配置されている景観は、大変珍しい寺院群として全国的に例を見ないという。それぞれ由緒ある寺院が多く、親鸞ゆかりの歓喜踊躍山浄興寺総本山。「高田大きなものは善導寺の仁王さん」と唄われた善導寺。東本願寺高田別院。赤門の許された常敬寺。高田姫（家光の姉）の御廟のある天崇寺。挙げればきりのない程、歴史に深く関わる寺院が多い。

町の中心にある浄興寺

深い緑の静寂な空気、美しい紅葉と澄みきった大空、松や杉木立に降り積もる雪、爛漫と咲き誇る桜並木、四季を通じて、「高田寺町」のたたずまいは、古都に想いを通わすものがある。

因みに元禄二年七月、芭蕉が曾良を伴って高田に訪れ、細川春庵宅の句会で、春庵の見事な薬草園の花に寄せて詠んだ

〈薬欄にいづれの花をくさ枕〉の句碑は、この寺町の西南すぐ上の金谷山に残っている。

▽交通＝JR信越線高田駅下車。高田城跡二キロメートル。寺町へ徒歩五分。

平成16年4月5日号（池杉雅俊）

裏佐渡の文学碑林

佐渡の最北端に鷲崎という古くからの漁港がある。その集落を見下す所に歌碑の丘がある。

「鷲山荘文学碑林」である。傍らに同名の山荘があり、この地の出身で東京在住の人の所有になる。

歌碑の他、句碑も少しあり、全部で五〇基余り。平成五年から一〇年にかけて完成したもので、かつて佐渡を訪れたことのある著名な詩歌人の直筆の佐渡詠を集めたものである。眼下に拡がる真青な日本海に向かって、それらの個性的な碑が立ち並ぶ様は感動的である。

青々と黒木の御所の草がくれゆふだちすぐる音のしづけさ　釋迢空

金北山夕がすむまで見てあれば世阿弥老いゆきし佐渡は邃しも　馬場あき子

あきらけく島山あけて空に鳴く聲こそはすれ朱鷺わたるらし　宮　柊二

陵守に従ひ行けば夏の露　高濱虚子

鷲山荘から車ですぐの海岸に賽の河原がある。昔からの民間信仰の地である。車を降りて、地の果てを実感しながら、海沿いの道を暫く辿ると、ふいに目の前に沢山の小さなお地蔵様が現れる。賽の河原に見立てられた天然の大きな洞窟の内外には、一面に無数の小石が積まれている。そこかしこに、人形や風車が供えられている光景が哀れを誘う。洞窟には、常に滴りの音が絶えず、それは早世した子供達の哀しみの声とも、父母の嘆きの声とも聴くことができる。この集落が願（ねがい）という珍しい名前を持つことにも、また心惹かれるものがある。

願の先の海へ大きく突き出した岬が、「大野亀」という名勝地である。ここは飛島萱草の群生地として有名で、その美しさは他に類を見ない。巨大な一枚岩の上は広大な草原になっており、そこから咲きこぼれる萱草の花の黄色と、吸い込まれるような潮の紺青の対比は絶妙である。五月下旬から六月中旬が見頃となる。

萱草の花が咲き乱れる「大野亀」

▽交通＝鷲山荘・両津港からバス五三分。賽の河原・さらにバス一二分。大野亀・さらにバス二分。

▽問合せ＝佐渡観光協会
電話〇二五九—二七—五〇〇〇

平成21年1月5日号（渡辺千代子）

越後の雪晒し・堂押し

抜けるような深雪晴の雪上に広げた布晒しは、越後の春の風物詩である。鈴木牧之著『北越雪譜』の一文に「雪中に糸となし、雪中に織り、雪水に濯ぎ、雪上に晒す。雪ありて縮あり、雪こそ縮の親と言ふべし」とある。

雪晒しが越後で始められたのは、凡そ八〇〇年ほど前、小千谷縮は国の重要文化財でもあり、平成二一年にはユネスコ無形文化財に登録された。

雪晒しは太陽熱で雪が溶け、水分が布目を通して蒸発する際にオゾンが発生する。その作用が布を白くするといわれている。

一夏着られた衣は、冬近くなると生れ故郷に送り返される。そして汚れや疲れを雪に晒し、再び若返って帰って行く。これを「縮の里帰り」という。

藍染めの糸干す越の深雪晴　石原八束

引き寄する布重たしや雪晒　渡辺文雄

雪晒八海山にこゑかけて　土屋瞳子

雪と炎の奇祭・堂押しの裸祭

畦らしきものふくらめり雪晒　阿部静雄

当地にはまた「蒲佐の堂押し」と称して旧正三日に行われる裸押し合いの奇祭がある。

七間四面の地元の毘沙門堂内で、裸の男女が押し合うのである。

牧之の原文に近い形で紹介すると「さて押しに来たりし男女まづ衣服を脱了、婦人は浴衣に細帯まれには裸もあり、男は皆裸なり。婦人の中には、湯文字ばかりなるもあれど、闇処（くらきところ）に噪雑（わやくや）して一人もみだりがましき事はせず。これ各々の毘沙門天の神罰を怖るゆゑなり」……と。今は裸で押すのは男だけである。

水垢離の荒男ぞ駈けて堂押へ　勝又水仙

堂押しを戻りて宿の鰍酒　井口光雄

▽問合せ＝南魚沼市役所商工観光課
電話〇二五―七七三―六六六五

平成26年5月5日号（阿部静雄）

千の風の散歩道

新潟市が生んだ芥川賞作家、新井満氏が友人の奥様のご逝去を悼み、訳詞・作曲した「千の風になって」が大ヒットした。地元新潟ではさまざまなプロジェクトを組み、その一つにこの歌の心と新井満氏のふるさとを世界に発信しようという有志たちの団体「千の風・市民の会」と新潟市が協働して、「千の風になって」のモニュメントを建立。費用は市民からの寄付金で賄い、建設用地は信濃川下流の埋立地で、申し分のない場所を借り受けた。向かいには佐渡汽船の発着場、右手はコンベンションホール「朱鷺メッセ」、左は信濃川河口で、すぐそこに海が見えるという美しい景観に恵まれた所である。隣接地は通称「みなとぴあ」といい新潟市歴史博物館（旧税関庁舎も含む）第四銀行の古い建物などが見られ、ここも楽しみの一つである。

雪国の長い冬が去ると気持ちのよい春風が頬を撫でる。一昨年のモニュメント完成除幕式には四〇〇人もの人たちが集い、「千の風になって」を大合唱した。昨年秋の一周年記念では、市民から「千の風散歩道」を公募し、モニュメント周辺の散歩道のコースも決定した。昔ながらの風情を残した下町を散策するのも趣があり、散歩道には名物の団子屋やお菓子を売る店、老舗料理店などがあり楽しみも倍増する。

今年の秋には新井満氏を招き、「千の風散歩道を歩こう」というモニュメント完成二周年記念行事を企画している。

また今年は二回目となる「千の風俳句大会」も開催した。これも市民の会の恒例行事になりつつある。

新潟市の観光スポット「千の風になって」のモニュメント

天高し大河と海と千の風
新潟市　正野絢子

▽交通＝ＪＲ新潟駅から車で一〇分。
▽問合せ＝千の風市民の会
電話〇二五〇―四七―三〇二五

平成26年9月5日号（谷井野武士）

豊かな文化「山古志村」

越後は南北に長く延び、上越・中越・下越に三分される。山あり海あり、美田ありとそれぞれ自然美に富んでいる。中でも豪雪地として知られる長岡市山古志は、かつては「二十村郷」と呼ばれ、小さな村が点在していた。平成一六年一〇月、突如大地震に見舞われ、その被災の凄まじさに広く名を知られることになった。

山古志伝承の牛の角突き

山古志の魅力の一つに棚田がある。棚田からは独自の闘牛文化「牛の角突き」が生まれた。足腰が強く寒さに強い牛は、農耕や物資運搬に大きな役割を果たした。一〇〇〇年前からともいわれる「牛の角突き」は飼い主との密接な関係の中で、人々の娯楽として発展した。

滝沢馬琴の『南総里見八犬伝』にも山古志の牛の角突きの様が登場する。一トン近い牛が押し合い戦う姿は勇壮だ。大相撲さながら牛の名を染め抜いた幟が風にはためく。橅の木に繋がれ、出番を待つ牛や勢子にも興と風情を感じる。震災後角突きを観戦された両陛下の歌碑も建つ。

昭和初期、住民がつるはしだけで一六年をかけて手掘りしたトンネル「中山隧道」の八七七メートルは、日本一の長さといわれる。雪の峠越えで助けられなかった命もこの隧道で助かるようになった。

また棚田池には錦鯉が泳ぐ。陽光に反射する色とりどりの鱗の輝きは何とも美しい。山古志は一〇〇種類以上もの品種を誇る屈指の鯉の生産地でもある。秋には海外からも多くの愛好家が訪れる。

深い雪が解け始める頃、力強く芽吹く橅の緑は私たちに生きる喜びと勇気を与えてくれる。厳しい四季の移ろいの山古志には、豊かな里山の暮らしや文化が息づいている。

▽交通＝ＪＲ長岡駅より車で三〇分
▽問合せ＝やまこし復興会館おらたる
電話〇二五八―四一―一二〇三

平成30年11月5日号（平賀寛子）

●特別コラム

絶品「北限」の新茶

　季語を月別に分類した虚子の歳時記『花鳥諷詠』は便利である。当然のことながら「新茶」は五月の項にあり「其年初めて市場に出た茶を新茶または走り茶といふ。三重県・宇治・静岡は茶の産地として名高い。東京付近では狭山町が有名である」と解説している。

　ところで新茶は古茶に比べて甘みがあって美味しいといわれる。なぜか。大後美保さんの『季語辞典（東京堂出版）』によるとお茶の葉に含まれているカテキンとタンニンの具合で渋みや甘みが出る。カテキンが多い時は渋みが弱く快い甘みが残るし、タンニンが多いと渋く感じる。茶の若葉はカテキンが多いので新茶は甘くて美味しく、葉が成長するとタンニンに変わるので渋さが勝ってくる――という。

　こんなことを書いたのは新潟県に北限の茶といわれる産地があるからだ。県でも北の村上市である。宇治や静岡と比べるわけにいかないかも知れないが、甘みの快さは優れているといわれる。村上より北の秋田や岩手にも茶の木はあるが、茶店が栽培から茶摘、販売まで一貫してやっているのは村上であり、それが「北限の茶」とされたようだ。そして茶摘は八十八夜といわれるように春の季語だが、村上は雪国ということもあって五月になってからである。

　北限の茶の走りは元和六年、旧村上藩の大年寄り徳光屋覚左衛門が伊勢参りの際に宇治から種を持ち帰ったと伝えられている。そして藩主の奨励もあって年々栽培が増え、明治以降最盛期は四〇〇ヘクタールにも及んだという。しかし製造の機械化と都市化の波に押されて年々減少、今は一五軒の茶店で二〇ヘクタールということである。若い頃一記者として村上にいた私は茶摘娘の姿にほれぼれとしたものだが、その娘達の中には今も健在で、一番茶を摘むのを楽しみにしている人もいると聞く。

　雪国という寒さと日照の少なさがもたらす新茶のまろやかさと甘みは格別だ。五月に入ると私は「北限の新茶」が今日か明日かと老舗が出している新潟市のデパートを覗く。虚子に「生きて居るしるしに新茶おくるとか」という句があるが私は知友に送る新茶に「このまろやかさが北限の茶です」と一筆する。

平成17年5月5日号（板津　堯）

Ⅳ 北陸

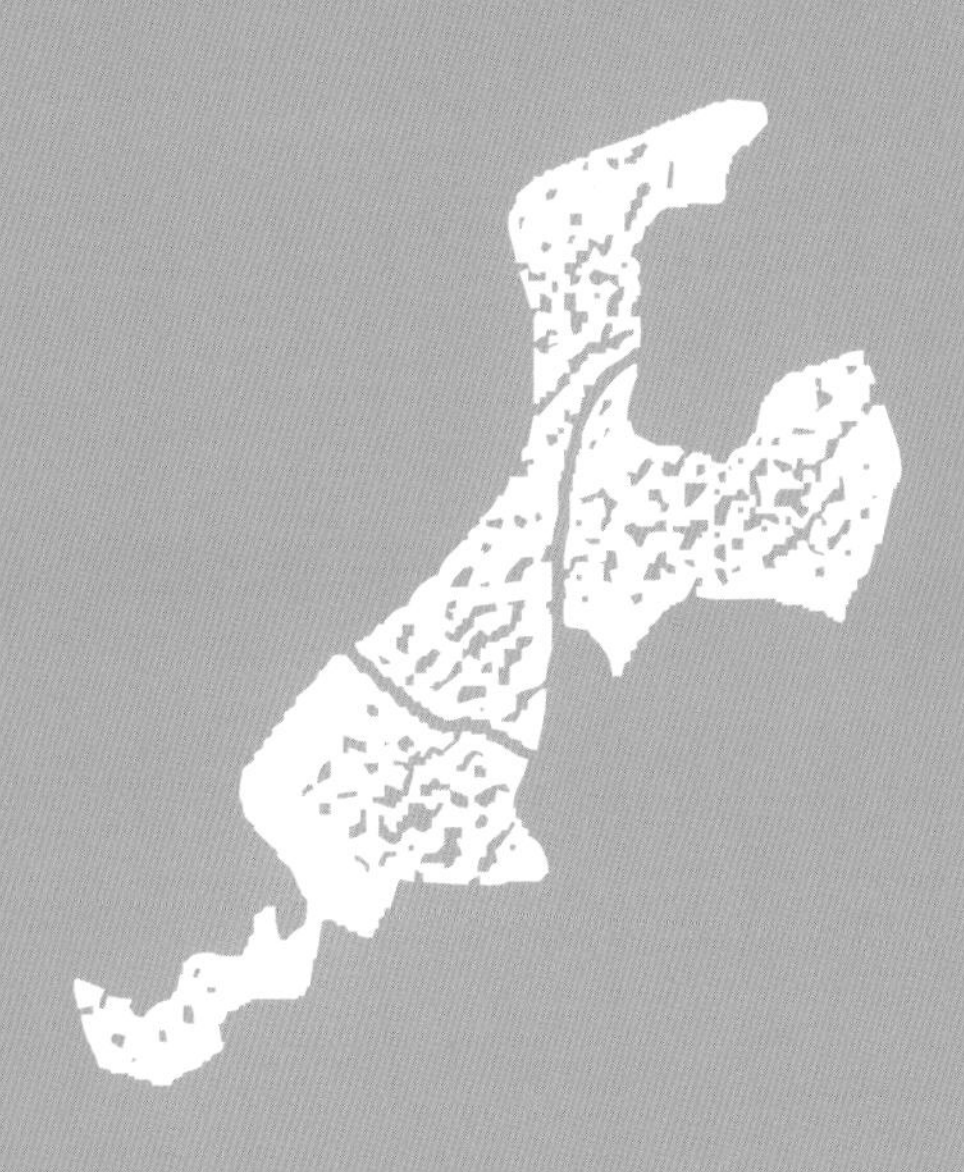

万葉以来の藤の名所

「奥の細道」越中路のくだりで、芭蕉は「担籠(たご)の藤波は、春ならずとも初秋のあはれ訪ふべきものをと人に尋ぬれば、これより五里磯伝ひして向かうの山陰に入り、蜑の苫葺(とまぶ)きかすかなれば蘆の一夜の宿貸すものあるまじ、といひおどされて加賀の国に入る」と書いている。富山県人としてこの一節が不満でならなかったが、近頃は、芭蕉が訪ねんとして果たせなかった名所も一興であると思うようになった。担籠は、現在の田子(たこ)の地。

万葉以来の歌枕「担籠」の藤波神社は、時空を超えた幽邃の中にある。明治時代の森田柿園の「越中志徴」では、次のように紹介されている。「越中多枯は萬葉集に多く聞えたる藤波の名所也。謡にも又聞得たり。今日爰(ここ)に来て見るに、片岸の岡山にして小村田野青し。……古藤あり。檜の木に纏(まと)ひて半ば上がる藤根、蟠(わだかま)りて臼の大さ成べし。爰に千古の一物猶あり。是家持卿の舊(き)遊(ゆう)の地……其むかしは海水爰にひたして、波濤岸を打つと覚えたり。今は十餘町海退き、布勢の海も側により、田畑に狭めらて、此あたり皆澤國(たくこく)の美田と變ず」また「かの卿（大伴家持）を祭れる社湖邊にありて、御蔭明神と稱す。多湖浦は今湖を去る事半里餘にして、陸地の一邑となれり。此間の湖水は埋れて田となりし……ただ名におふ藤は大なる古樹今も繁茂せり」と。

時空を超えた田子浦・藤波神社

今、丘の社に上れば、低い山々の間を縫うように走る平地が見える。その平地に水を湛えれば、そこはかつての布勢(ふせ)の水海(みずうみ)となる。ヤブコウジ―スダジイ、ヤブツバキ群集の社叢の奥に建つ大伴家持卿歌碑には、水海を遊覧してこの地に舟を寄せて詠んだ「藤波の影なす海の底清み沈著(しづ)く石をも珠とぞ我が見る」が刻まれている。ここが、都より来た僧に藤の精が現れて舞う謡曲「藤」の舞台となったのも、歴史を踏まえてのことである。

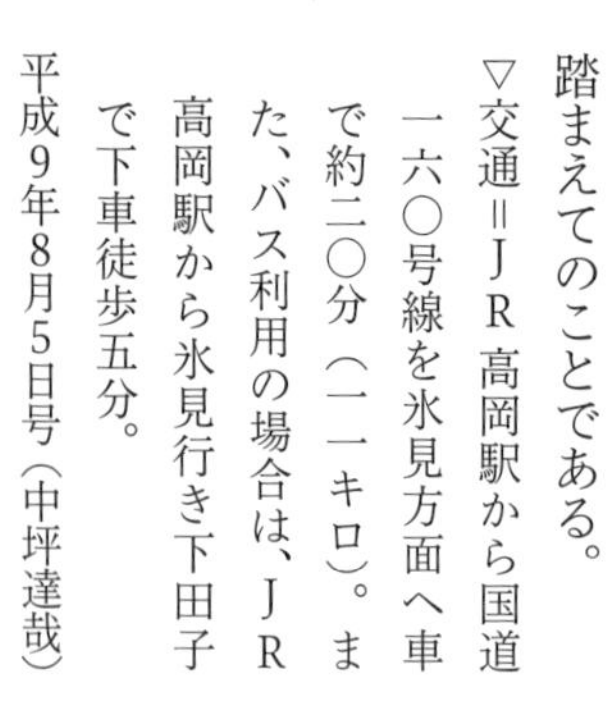

▽交通＝JR高岡駅から国道一六〇号線を氷見方面へ車で約二〇分（一一キロ）。また、バス利用の場合は、JR高岡駅から氷見行き下田子で下車徒歩五分。

平成9年8月5日号（中坪達哉）

先人偲ぶ黒部の川音

黒部川が初めて文献上に現れるのは、鎌倉中期『源平盛衰記』と言われている。但しこの時は、「四十八が瀬」として登場する。「黒部」と言う言葉が見られるのは、室町前期の『義経記』からと言われているが、確かではない。

ところで、芭蕉が「奥の細道」で越中に入り、黒部川を渡ったのは元禄二年七月一三日である。

「黒部四十八が瀬とかや、数知らぬ川を渡りて那古といふ浦に出づ。」

なお、「数知らぬ川」について、従来から次の三通りの説がある。

（一）「黒部四十八が瀬」とか言う「数知らぬ川」を渡って、と解して、「数知らぬ川」とは、「黒部四十八が瀬」そのものをさすとする説。この説では、「とかや」の後に、読点あるいは句点を打たない。

（二）「数しらぬ川」に「黒部四十八が瀬」および「那古」までにあるすべての川、布施川、片貝川、早月川、常願寺川、神通川などを含めているとする説。

（三）「黒部四十八が瀬」以外の諸川すべてをさすとする説。当時、黒部川は上流愛本あたりを扇のかなめとして、その広さ一里ないし一里半にも及ぶ川幅を広げ、数多くの瀬となって流れていた。

（一）は愛本あたりまで一本で流れてきた黒部川が、平野に入って幾本もの分流（浜街道近くでは、分流というより一本一本の独立した河川といってもよい。）となっている状態を書いたとみる立場である。

（二）（三）は、「数知らぬ川」に「黒部四十八が瀬」を含めるか、含めないかである。三説それぞれに主張があって捨てがたい魅力があるのである。

今、遥かなアルプス連峰を仰ぎ黒部の川音に包まれていると、「川」に寄せる先人の思いが、漣のように募ってくる。

参考文献　式部弥十武
『越中路と芭蕉』新湊市民文庫九
（平成三年）

平成14年4月5日号（石田阿畏子）

芭蕉が徒渉した黒部川

文化交流の「東西橋」

富山市街より東へ車で三〇分程に位置する「水橋町」は、売薬業の盛んな町としても知られる。

この町の中央を蛇行して流れる白岩川には「東西橋」が架かり、町の東西の文化交流の架け橋ともなっている。河畔より春は桜並木、夏の花火大会や火流し、秋は紅葉の立山連峰、冬は鷗の群れる漁港など四季折々の景観が余情を深めている。

古来より、川の周辺には文明が発達すると言われてきたが、白岩川も以前は川幅が二五〇メートルもの大河であり交通の要衝であった。清少納言の「枕草子」には「みづはしの渡り」の記述がすでにあり、明治二年に「東西橋」が完工するまでには、川をめぐるいろいろな苦労があったらしい。多くの人々が行き来したこの川に纏わる人物を取り上げて、歴史の断片に触れてみたい。

（一）一一八七年、源義経一行が奥州下向の折、白岩川にさしかかったところ、長雨の増水により渡ることができなかった。その時、一人の老海士が現れて義経を背負い白岩川を渡らせた。この史実がこの地を「海士ヶ瀬の渡し」とも呼ぶ所以であり、水橋神社境内にはこれを物語る「海士ヶ瀬渡渉大絵馬」が奉られている

（二）一六八九年七月一三日、市振を発った芭蕉は越中に入り、隣町滑川に一泊した。その翌朝は水橋を通過、白岩川を舟で渡り高岡方面へ向かったとされる。さらに『奥の細道』に記載はないが、北陸途中吟とされる句〈あかあかと日は難面も秋の風〉が、水橋で詠まれたとの蕉門高弟の説から、水橋神社にはこの句碑が建てられている。

立山連峰の四季を白岩川の水面に映す詩情豊かなこの水橋町は、文学の造詣も深く、俳句文学館創設に尽力された「河」創刊主宰角川源義と「季節」創刊主宰金尾梅の門の、二人の俳人を輩出した。

父祖の地や蜻蛉は赤き身をたるゝ　源　義

をやみなき雪を剣岳の夕あかり　梅の門

「東西橋」の双方に建つこのふたつの句碑は、いまも町の人々や俳句を志す者の心の支えとなっている。

平成17年10月5日号（野中多佳子）

白岩川にかかる「東西橋」

倶利伽羅古戦場

標高三〇〇メートル前後の丘陵で、古くから加賀、越中、能登の交通の要衝である倶利伽羅峠は、富山・石川両県の県境に位置する。

和同五年（七一二）、ここ砺波山に関が設けられ、国守として赴任していた大伴家持は万葉集に残している。

焼太刀を砺波の関に明日よりは守部遣り副へ君を留めむ　　大伴家持

中世にあっては万葉の歌枕を訪ね、文人墨客が、近世では大名行列と往来しきりであった。

なかでも源平倶利伽羅の合戦で木曽義仲と戦った平家の総大将、平維盛が陣を敷いた猿ケ馬場は県定公園の中心地。

ここに平家軍の本陣の碑が立ち、その前に軍議を開いたとされる一枚岩の軍議石を配し充分に往時を偲ばせる。

「義仲の寝覚めの山か月かなし」と、奥の細道の道中に立ち寄った芭蕉の句碑が立ち、少し離れて合戦の段を記した平家物語、源平盛衰記の文学碑が並ぶ。また、合戦における霊を弔う五輪の源平供養塔がそれらを見下ろし、吹き渡る峠の風は古を今に伝えてくれる。

平維盛と戦った木曽義仲の銅像

平家の七万余騎の大軍に夜襲をかけた義仲は、五〇〇頭の牛の角に燃え盛る松明をつけ、山上から追い落したとする「火牛の計」の奇襲戦法が功をなし、平家の大軍は不意を突かれ険しく狭い谷底へ追い落され惨敗した。その松明をつけた牛を模した二頭の像が、桜どきの落花を浴び、今の平和を象徴している。

また小矢部市埴生、倶利伽羅峠の麓にある護国八幡宮には、戦勝祈願をした義仲の願文が奉納されていて、社務所前に高さ一〇メートルの巨大な義仲の騎馬像が立つ。社殿は国の重文で、後ろに各務支考の句碑がある。

さらに源平ラインを下り、石坂口から七〇〇メートルほど進み右折すると女武将の巴と葵の塚が林中に立つ。訪ね歩けば越中史のロマンは尽きない。

▽交通＝JR石動駅より車で一五分。
▽問合せ＝小矢部市観光協会
電話〇七六六―六七―一七六〇

平成22年5月5日号（川井城子）

八尾の華麗な曳山祭

「風の盆」で知られる富山市八尾町は、古くから養蚕で栄えた町である。生糸も昭和三〇年代まで取っていた。

よく歌われているおわらの歌詞の中に「唄の街だよ八尾の町は　唄で糸取る　おわら桑も摘む」があることからも、養蚕が盛んだったことがわかる。

蚕養宮である若宮八幡社の御手洗の水が、一般的な龍ではなく、蚕の口から出ていることも興味深い。

八尾町には二七〇年余り前から行われている伝統行事「春季祭礼曳山祭」がある。

五月三日、絢爛豪華な六台の曳山を、法被姿の町の男衆が曳き廻す。彫刻・彫金・漆芸や彩色などで曳山全体がきらびやかに飾られ、二階建ての曳山の一階の御簾の中では、曳山囃子が演奏される。

六台が勢揃いする様は圧巻。養蚕で繁栄した町の証であり、町民の誇りとなっている。

夜には提灯山となって、闇に鮮やかに浮かび上がる。

井田川沿いの坂の町八尾は、高く積み上げられた石垣の上に奥行きの長い家が続き、独特の町並みを見せる。

二月には曳山展示館で曳山囃子が披露される。一五年前からは、石垣とその上の家々をライトアップする「冬浪漫」も行われ、好評のようである。またこの期間中には、ステージでおわら踊りも見ることができる。

さらに八尾町を一望できる城ヶ山に足を延ばせば、高浜虚子の句碑の中で、全国で最も古いと言われる〈提灯に落花の風の見ゆるかな〉に辿り着く。これは大正一二年に「二百十日会」という地元の俳句愛好会により建立されたものである。

また「辛夷」創刊主宰の前田普羅は、句会や吟行に度々八尾を訪れている。大正一四年の「風の盆」に訪れて詠んだ〈牛嶽の雲吐きやまぬ月夜哉〉の句碑が、浄圓寺の庭にひっそりと建っている。

▽交通＝ＪＲ富山駅から電車で三〇分。バスで約五〇分。

▽問合せ＝八尾観光協会

電話〇七六―四五四―五一三八

平成26年12月5日号（吉野恭子）

きらびやかに飾られた曳山

（写真提供：（公社）とやま観光推進協会）

四季折々に美しい風景

富山県西部のほぼ中央に広がる砺波平野は国内最大の散居村として知られている。

およそ二二〇平方キロメートルに、五〇～一〇〇メートルの間隔で約七〇〇〇戸が点在しており、砺波ICから車で三〇分の展望台からは四季折々の散居風景を一望することが出来る。

砺波野の雨脚おそき田植かな　　中坪達哉

散居村にはカイニョと呼ばれる屋敷林で囲まれた家が多い。樹種はスギが中心で、家屋を風雪から守り日差しを遮る役割を果たしている。またアズマダチと呼ばれる家屋が数多くみられるのも特徴的だ。黒瓦葺きの大きな切妻屋根、妻入り（正面玄関）の民家形式で、その大胆な造形美は迫力がある。

春、砺波野はカラフルなチューリップが咲き揃う。チューリップ栽培は庄川扇状地の地質に合い、水田の裏作として発展してきた。

富山県は、砺波地方を中心にチューリップの球根出荷量日本一を誇っている。

チュウリップ見て朝霞なほ深し　　秋櫻子

「となみチューリップフェア」は砺波チューリップ公園を主会場に開催される黄金週間の一大イベントだ。園内には七〇〇品種、三〇〇万本のチューリップが咲き、毎年多くの観光客で賑わう。

虚子門の四天王と呼ばれた前田普羅は、昭和二〇年富山市で空襲に遭い、散居村の一画、旧津沢町（小矢部市津沢）に疎開していた。

雪の夜や家をあふるる童声　　普羅

普羅は昭和二四年、東京に移るまで砺波地方の俳人たちに大きな影響を与えた。

▽交通＝北陸自動車道砺波ＩＣより車で五分。

▽問合せ＝となみ散居村ミュージアム
電話〇七六三―三四―七一八〇

平成30年12月5日号（大谷こうき）

夕日に染まる砺波平野の散居村

仏御前ゆかりの原町

白拍子仏御前にまつわるエピソードは哀れでもの悲しいが、後の脚色ともいわれる。ここでは生まれ育った原町を紹介してみたい。原町は小松市からおよそ八キロ。山間の静かな村である。村の由来によると、昔百済の国から来た白狐が僧に姿を変え、唱名念仏を唱えるという伝えがあり、その為この里は弥陀ヶ原とよばれていた。六五代花山法王が近くの那谷寺に参詣された際、その由来に感動され、この地に五重塔を建立。そこで塔ヶ原ともいわれた。この五重塔は現存しないが、今でも塔の建っていた付近の田圃を塔田と呼んでいる。

仏御前は永暦元年（一一六〇）塔守であった白河平太夫の娘として生れた。一四歳の春、叔父平内に招かれて京にのぼり、白拍子となり、天性の美貌のうえに歌や踊にも優れていたので、清盛の寵愛を一身に受けるようになった。だが自分を取りなしてくれた妓王が尼となったのを見て世の無常を感じ、自らも黒髪を切って尼となり、原へ帰る決心をする。途中白山の麓木滑の里へ来た時産気づき、清盛の子を出産する。その時凭れた石は仏御前のお産石として祠に祀られている。生れた男の子は五日後に死亡、我が子の供養のため、しばしこの地に留まった。原へ帰った仏は村の入口に庵を結び、仏道に精進するが、治承四年秋、二一歳の若さで波乱に満ちた生涯を閉じた。

仏御前の庵跡

仏の埋葬の地は阿陵山の麓で今は供養塔が立っている。庵跡は県道添いにあり、仏の墓と発掘された石仏、庵の表示が並んで立ち、往時を偲ばせる。また妓王へ贈った仏御前の坐像は仏の死後原町へ返され、千才庵に安置されている。

原町をあとに車で二〇分程走ると手取峡谷に着く。白山を源にする手取川の上流であり、八キロメートルに及ぶ清流で、豪快な綿ヶ滝などがあって楽しめる。とくに加賀一向一揆の最後の砦であった鳥越城跡（国指定史跡）へ登り、歴史をたどるのもよい。山頂の本陣跡は見晴しよく、吉野谷には御仏(おぶ)供(く)杉など見どころが多い。

▽交通＝小松駅前より原町バス四〇分
▽問合せ＝千才庵
電話〇七六一—四七—一二四一

平成10年11月5日号（田村愛子）

勇壮な神事・竹割祭

石川県無形民俗文化財に御願神事と言うのがあり、竹割祭として知られている奇祭。およそ一三〇〇年前、天武天皇の勅願で国家安泰と治水を願って始まったと言われ、毎年二月一〇日、加賀市大聖寺の菅生石部神社で行われる。

祝詞のあと大かがり火が焚かれて三十人余の若衆が喚声を揚げて駆けめぐり、約五〇〇本の青竹を次々と石畳や階段、拝殿の床などで叩き割る。竹が割れて飛び散り、頬や肩、足などを傷つけ、白衣を血で染める若者もいる勇壮な祭りである。引き続き、大蛇に見立てた長さ二五メートル余の荒縄を境内や拝殿に引きずり廻したあと、近くの天神橋の上から雪解けの大聖寺川へ投げ込む。割られた青竹は見物客が災難よけの箸を作るのに持ち帰る。祭りは正午までには終わるが、周辺に見所が多い。

ＪＲ大聖寺駅から徒歩七分位で全昌寺。旧大聖寺城主山口玄蕃の菩提寺で、元禄二年に山中で別れた曾良と芭蕉が相次いで宿泊した。当時の部屋が茶室として復元され、展示の杉風作の芭蕉木像は一見に値する。また境内には芭蕉塚や曾良の句碑、慶応三年作と言われる五百羅漢もある。

近くには大聖寺藩前田家の菩提寺実性院や日本百名山と著書で知られる深田久弥の墓、少し離れて久弥の「山の文化館」もある。美術愛好家には九谷焼美術館の見学をおすすめする。加賀の匠、職人の手仕事を鑑賞し、その後隣接する古九谷の杜公園でゆっくり時間を過ごされるのもよい。

片野の鴨池はここから車で一〇分。秋から冬にかけて北方より数万羽の鴨や雁が飛来し、元禄年間より伝わる珍しい坂網猟が行われる。朝夕餌を求めて飛びたつ鴨を狙い、竹に張った三角網を空中へ投上げて捕る猟法で、朝は朝坂、夕は夕坂、月夜は月構えと呼ばれて風流。私が訪れた時は坂網猟へ出掛けるところで、夕闇に男たちの吐く白息が印象深かった。

平成15年4月5日号（田村愛子）

石川県の無形民俗文化財「御願神事」の奇祭

絶景・河口の夕日

霊峰白山を源とし、日本海へ注ぐ手取川。その河口の町、美川は、江戸時代から明治時代にかけて、北前船の寄港地として栄えたが、度々の洪水で河口港は浅くなり、急速に衰退した。河口から見る日本海の夕景色はすばらしいの一語につきる。真赤に燃えて沈む夕日。茜色の空に流れる雲。そして金色に輝く日本海。しばし時のたつのを忘れさせてくれる。

明治五年、石川県庁が金沢から美川に移されたが、翌年再び金沢へ戻された歴史がある。県庁跡地には碑のほかに「石川ルーツ交流館」が建てられて美川の歴史や文化を紹介している。

近くの藤塚神社では、毎年五月の第三土・日曜日に春の例大祭として「おかえり祭り」が行われる。北前船の時代から美川の町に伝わる祭で、初日は十数台の台車(だいぐるま)が神輿を先導するが、ラッパが吹き鳴らされて豪華である。夜お旅所に勢揃いした台車にあかあかと灯が点り、高らかに吹き鳴らすラッパの音が夜空を揺すって壮観である。

二日目、神輿の帰り道にあたる〝おかえり筋〟の家々では多くの客を招き、馳走を振舞うが、その返礼として「御酒(ごんしゅ)」の唄が歌われる。

かつては北前船の寄港地として栄えた

藤塚神社の隣にある浄願寺の境内には美川の俳人若椎が芭蕉の五〇回忌を記念して建てた「芭蕉塚」がある。

北町にある徳証寺には、鈴木大拙の「自由と平和の鐘」と英文で刻まれた梵鐘があり有名である。

美川大橋をはさんで、右岸には『地上』で一躍文壇の寵児となった島田清次郎の生家跡がある。

左岸には、江戸中期の俳人野沢凡兆の〈ながながと川一筋や雪の原〉の句碑がある。四阿で川風に吹かれつつ白山を仰ぎ、至福の一ときを過ごすのもよい。

呉竹文庫は、北前船主熊田屋の分家三代目の熊田源太郎が建立し、多くの蔵書と美術品、古文書が展示されている。

特産として美川仏壇と美川刺繍が有名である。

平成18年10月5日号（田村愛子）

金沢の奥座敷「湯涌温泉」

「湯涌温泉」は金沢の街を流れる浅野川の上流、医王山麓にある標高四〇〇メートルの温泉郷。

冬は雪が深く、区間の道路は除雪が行われる。大きくはないが、九軒の旅館があり、しっとりとした湯治場の趣をとどめる。

温泉は養老年間（七一七〜七二四）の発見と伝えられ、藩政時代には加賀藩歴代藩主の湯治場であった。「金沢の奥座敷」と呼ばれる所以である。

温泉町の奥に、自然に包まれた玉泉湖がある。五〇〇メートルの周囲には遊歩道があり、四季の彩りが楽しめる。

傍らに茅葺きの氷室小屋が残されている。当時の加賀藩が氷室に寒中の雪を詰め、夏に将軍家へ献上したことに因み、現在も六月の三〇日に氷室開きが行われている。

湯涌温泉の総湯脇から石段を上った裏山に薬師堂がある。境内には旧の氷室小屋と並ぶように、竹久夢二の歌碑が建立され、「湯涌なる山ふところの小春日に眼閉ぢ死なむときみのいふなり」が刻まれている。

石段を下ると、白い円筒形の夢二館が見えてくる。館内には夢二の年譜を始め肉筆の作品・遺品はもちろん、夢二を巡る三人の女性の資料、金沢の文壇の資料などが常時展示されている。さらにその都度入れ替わる企画展も開催。大正浪漫を堪能できるようになっている。

また温泉町の一画に江戸時代の武家屋敷、商家、農家などを移築した江戸村がある。建物の中には、生活用具や民俗文化財などが展示されていて、江戸時代の加賀藩における人々の暮らしと文化を知ることができる。

湯涌温泉は癒しの里のみならず、四季を通じての吟行地としてもお勧めしたい。

▽交通＝JR金沢駅から車で三〇分。バスで五〇分。

▽問合せ＝湯涌温泉観光協会
電話〇七六―二三五―一〇四〇

平成23年12月5日号（三谷道子）

現在も使用されている茅葺きの氷室小屋

金沢城下を一望の「卯辰山」

卯辰山は北陸新幹線の開通に沸く金沢市内にあって、浅野川に沿うように丘陵が続いている。

標高は一四一メートル。奥の深い森林自然の公園で、金沢城から見て東側〈卯辰〉で卯辰山という。東茶屋街を抜けて、徒歩で登ることも出来る。見晴台からは白山山系をバックに、金沢市の街並みと遥か日本海が一望できる。パノラマの夜景も見逃せない。

卯辰山の歴史を繙くと、冷夏で米の価格が高騰した安政五年、困窮した庶民二〇〇〇人が卯辰山に登り、城に向かって「米よこせ！」と叫んだ〈泣き一揆〉があった。首謀者七人が死罪となり、その霊を慰めた七稲地蔵が山道の登り口に残る。

明治二年、キリスト教弾圧のために浦上キリシタン五一六人が金沢に送られ、卯辰山の牢舎に幽閉。その「長崎キリシタン殉教の碑」が卯辰山の谷深くひっそりと建っている。

石川県の伝統工芸はその芸術性と技術で全国的に広く知られている。金沢も加賀前田家の庇護の下、陶芸・漆芸・加賀友禅・金箔などが盛んである。

卯辰山の中腹に「金沢卯辰山工芸工房」があり、伝統工芸の伝承と工芸作家の養成を行っている。工芸品も展示され、見学することができる。

また〈ははこひし夕山桜峰の松　泉鏡花〉の句碑や、徳田秋声文学碑など郷土の作家の記念碑・彫像などが数多く散在する。

広い面積と自然に恵まれた卯辰山はパットゴルフ場やキャンプ場もあり、四季を通して市民の憩いの場となっている。

▽交通＝ＪＲ金沢駅から北陸鉄道バス卯辰山行き約二〇分。
▽問合せ＝金沢市観光交流課
電話〇七六―二二〇―二一九四

平成27年5月5日号（小谷延子）

前方の台地が金沢城のある中の岡

苔むす平泉寺境内

福井県の勝山市は、ＪＲ福井より山の方へ三〇キロメートルほど入ったところにあります。丁度一〇〇年前、日本一が一挙に三つも生まれました。大仏と、五重の塔と、お城です。

それぞれ高さが日本一で当時マスコミが賑々しく取り上げたので、知っておられる方も少なくないと思います。

今回紹介しますのはそこから更に山へ入った所ですが、突如一三〇〇年昔に遡ります。

養老元年（七一七）に泰澄大師がこの地に来られ不思議な林泉を見つけられ、ここを開山の基点に選ばれたのです。その林泉は後に平泉と言われる様になり、現在の平泉寺の語源となっています。

その後、白山信仰の修験場として繁栄し、戦国時代の末期に、一向一揆により全山を焼き払われるまで、最盛期には、実に四八社三十六堂六千坊がひしめくように建っていたそうです。

その栄華を極めた頃の僧兵たちの遺物が、いまも残っています。

それは参道の石畳です。

一キロメートルも離れた川原から手送りして運んだと言われ現在日本の道の百選の中に入っています。

白山神社には伝説も多く、福井県唯一の景勝地である「東尋坊」の名称はこの白山平泉寺の僧兵の名前から来ています。悪名高く、酒を呑まされて、崖より海へ突き落されたと言われています。

参道の入口からは、菩提林と呼ばれる、千年杉の並木が、昼なお暗きまでに生い茂っていて幽玄の境をなしています。

もとの大拝殿の跡は苔が敷きつめられ見事な景観を呈して平泉寺一の名物となっています。

有名俳人も訪れています。

苔厚く霧また厚き杉木立　水原秋櫻子

苔の上の雪解は遅し平泉寺　米沢吾亦紅

神社の鳥居には、「白山三所大権現」の額が、また拝殿の中には数多くの絵馬が奉納されており、「中宮平泉寺」の扁額は神仏習合のなごりをとどめています。

境内には芭蕉の句碑もありますが、芭蕉はここまでは来ていません。

うらやまし浮世の北の山桜　芭蕉

現在当時の遺跡が発掘されつつあり、やがて往時の栄華を偲ぶことができるでしょう。

▽交通＝ＪＲ福井駅よりえちぜん鉄道五〇分。勝山駅下車、バスで二〇分

平成9年10月5日号（笠松久子）

発掘続く一乗谷遺跡

NHK大河ドラマ「武蔵」と勝負を争うことになる佐々木小次郎は越前国（福井県）の生まれと伝える。そして小次郎が秘剣燕返しを編みだした場所といわれているのが一乗滝だ。

小次郎が巌流島で敗死したのが一六一二年（慶長一七）、それより約四〇年前の一五七三年（元正一）、この地を根拠として百年余にわたって栄え文化の花を咲かせた戦国大名の朝倉氏が織田信長に滅ぼされた。

それから約四〇〇年、その跡は冷たい土の下に埋もれていたが、昭和四二年から今日まで三五年間継続している「特別史跡一乗谷朝倉氏遺跡の発掘調査」によって、一乗谷文化の様相が次第に明確になりつつある。

一乗滝の佐々木小次郎の銅像

水堀と土塁からなる上城戸と下城戸、それに四五トンもの巨石を用いた城戸口。両城戸間一・七キロメートルの谷間を道路で区画した戦国城下町、そこに立ち並ぶ武家屋敷・寺社や町屋の各群。室町幕府を支えた管領邸にも劣らない一六棟余の建物群からなる五代義景館。日本一の主石を誇った諏訪館庭園。信長の越前侵攻に備えて日本最多の畝状竪堀を築いた堅固で巨大な山城、一乗谷城。

一六〇万点余に及ぶ多彩な出土遺物の一部は資料館で、また町並も立体復元されて目のあたりに見ることができる。昭和四五年三月、山口誓子はこの地を訪れた。

雪の庭曲水の路辿るべし　誓子

放哉に倣ひて「咳をしても雪崩」　誓子

史書は永禄一一年（一五六八）三月、義景の母が二位の尼に任じられたのを祝して一乗谷南陽寺で糸桜観桜の催しが行われた時に足利義昭が詠んだ和歌を記載している。

禅刹で有名な永平寺と山ひとつ隔てた地なので逍遥をお勧めしたい。

平成15年6月5日号（岩永草渓）

戦乱の場・金ヶ崎城址

敦賀市の東北に位置する金ヶ崎城址は海を見下ろす天筒山の上にあり、南北朝時代と室町時代末期の二度にわたり、戦乱の場となっている。

建武の政権が成立して間もなく、公家を重んじた後醍醐天皇と、幕府を開いて武家政治を断行する足利尊氏との対立が深まり、新田義貞は天皇の皇子、尊良・恒良両親王を迎え、山の上に金ヶ崎城を築いた。城は足利の大軍に囲まれたため、義貞は援軍を求めるべく越前へ走り、義貞の長男義顕と気比神宮の大宮司気比氏治ら三百余騎は、力をふりしぼって戦ったが討死の止むなきに至った。

尊良親王は二七歳にて自害、恒良親王は一たんは難を避けられたが捕えられ、翌年京都で毒殺されるという悲しい歴史を綴っている。

一方、室町時代の末期に金ヶ崎城は朝倉景紀の居城であったが、その頃勢力を拡大して来た織田信長は三万の軍勢で城を攻めた。信長の家臣である柴田勝家、丹羽長秀、それに徳川家康の軍勢を合わせると、その数は一〇万を越えた。

元亀元年四月二四日から二日間で城は落城という結果になった。

さて再び歴史をさかのぼると、延元の戦で新田義貞らは福井へ援軍を求めに行くとき、陣鐘を海へ沈めたとされている。

のちに国主が海士（あま）に命じて海の底を探させたところ、陣鐘は逆さになっており、竜頭（りゅうず）が海の底の泥に埋まって引き上げることが出来なかった。

元禄二年敦賀を訪れた芭蕉は次のように詠んでいる。

月いづこ鐘は沈るうみのそこ

この句は『奥の細道』には収められていないが、芭蕉没後六八年目の宝暦一一年に、敦賀の俳人白崎琴路らによって金ヶ崎の麓の金前寺に句碑が建立された。

高さは九〇センチメートル、黒い凹凸のある自然石に句が彫られ、鐘塚として敦賀に残る最古の句碑でもある。

毎年一一月二三日に碑の文字へ一人一人が交替で墨を入れる「墨直し」の行事が、敦賀俳句作家協会によって行われている。

平成19年2月5日号（石田野武男）

金ヶ崎古戦場碑

朝倉氏の夢の跡

一乗谷朝倉氏遺跡は国の特別史跡に、朝倉氏庭園は国の特別名勝に指定されている。

世に戦国史跡は数多いが、その大半は後世手が加わって、姿や規模が当時のままとは限らない。しかし、朝倉氏遺跡はそれが全くなく、戦国時代の手法と様式がそのまま維持されて、学術的にも貴重な存在となっている。

それは朝倉義景が織田信長に敗れ、一乗谷は焼き打ちされて灰燼に帰し、土に埋もれてしまったからである。

その後、柴田勝家も結城秀康も北ノ庄に拠り、一乗谷に城を構えなかった。

この遺跡は昭和四二年以来発掘調査が続けられ、その文化的価値は全国中世遺跡調査のトップに位置付けられている。とりわけ朝倉館跡・湯殿跡・諏訪館跡・南陽寺跡とそれらの庭園は、遺跡の中心として今も四〇〇年の昔を物語っている。また二三〇〇余点もの発掘物も重要文化財に指定されるなど、燻銀の輝きを放っている。

この館跡・庭園を逍遥していると、朝倉氏の栄耀栄華を極めた風雅な宴が偲ばれるが、反射的に『朝倉始末記』の義景にまつわる不運で、残酷な女性問題が頭を過るのである。

館跡亡びのままに猫じやらし　清二

女たちの怨霊が館跡に立ちこめているともいわれ、寂寞とした無常観が義景という戦国武将の面影を語りかけてくるようである。

▽交通＝JR福井駅からバスで朝倉氏遺跡資料館前または城戸内下車。約二五分。

▽問合せ＝一乗谷朝倉氏遺跡管理事務所
電話〇七七六―四一―二一七三

平成23年10月5日号（土肥清二）

400年前の姿をとどめている諏訪館跡庭園

難攻不落の国吉城

国吉城は敦賀から若狭国に入る丹後街道の要衝にある。弘治二年若狭守護武田氏の家臣粟屋越中守勝久が築城した山城である。

若狭地方の城館の中でも、国吉城が特にその名声を高めているのは、永禄二年、この城に押し寄せた越前朝倉氏の軍勢を数年にわたって撃退し続け、壮絶な籠城戦を展開したことによる。

城内には近隣の地侍のほか農民も入り、約八〇〇人が籠城。本丸を目指して登って来る朝倉勢に向かって弓矢や鉄砲、城内に積み上げた大石や古木を投げ落して防戦したと「国吉城籠城記」の諸本が伝えている。

元亀元年四月、朝倉攻めのために京都を進発した織田信長が木下藤吉郎（豊臣秀吉）や徳川家康を伴って国吉城に入城。越前攻めに向かった。そして撤退に当たっては、金ヶ崎退き口の中継基地となった。再度の信長軍の越前侵攻では、刀根坂の戦いに参加。その後城主は代わったが、一度も敵に城を奪われることは無かった。

佐柿奉行所座敷および若狭国吉城歴史資料館

美浜町佐柿は国吉城の城下町として起源するが、天正一一年、豊臣政権下新城主の木村常陸守定光により宿場町としての町割り整備。

使役の免除で町屋が一〇〇戸以上並び、各宗派の寺院も集められた。

その後、小浜藩主酒井忠勝により町奉行所が設置され、宿場町として繁栄。今もその面影が残っている。美浜町では発掘調査を行い、城跡を整備。若狭国国吉城歴史資料館を開館した。

▽交通＝ＪＲ美浜駅よりバス佐柿口下車徒歩五分。

▽問合せ＝若狭国吉城歴史資料館
電話〇七七〇―三二―〇〇五〇

平成28年3月5日号（山本麓潮）

●特別コラム

唐船漂着にまつわる奇祭

古来、若狭(福井県)は大陸からの渡来人が多く、敦賀や小浜の港から人材が京の都等に上って行ったのであるが、海上交通の未発達ゆえの漂着も多かったようである。手杵祭はその漂着にまつわる奇祭である。

現在、小浜市東部に矢代と言う浦があるが、元は稲富浦と言った。源平の頃、源頼政が宮中で鵺を退治し、その箭羽が若狭稲富浦の産であることの功によって、帝より稲富浦を賜り、その稲富浦が矢代と改称されたと言う。祭りの由来となったのは、この時代をさらに遡った天平年間のこと。

矢代浦に一隻の唐船が漂着した。その船には唐の姫と八人の侍女が乗っており、浦人たちは一旦は助けて歓待したが、船中の財宝に目が眩み、三月三日の餅搗きの夜、杵で姫たちを打ち殺し宝物を奪ってしまった。それからというものは、浦に疫病が流行し災害が絶えなかった。たまりかねた浦人たちは、鎮魂のため、流れ着いた船材で堂を建て姫の持っていた観音像を祀った。

さらに懺悔のため、毎年三月三日(現在四月三日)姫たちを殺すに至った次第を再現し霊を慰めた。祭りは羊歯の葉を被り、顔に墨を塗った三人の男が、手杵に縄の弦をかけて矢を放ち、その後を古い錦の宝袋を戴く八人の娘たちが従う。男たちは「てんしょ船のつきたるぞ、唐船のつきたるぞ、福徳や」と歌って、観音堂のまわりを廻るものである。

▽問合せ=小浜市観光交流課
電話〇七七〇―五三―一一一一

平成19年4月5日号(山田佳郷)

V 近畿

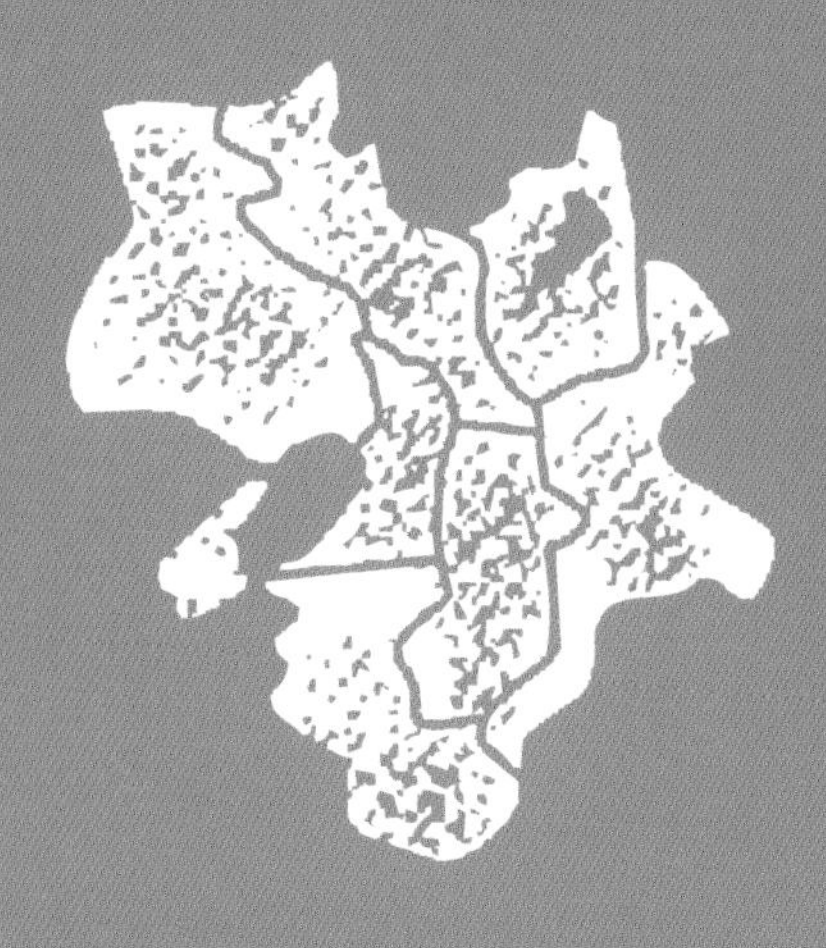

気品ただよう無動寺

南伊賀の黒田庄（くろだのしょう）は平安末期東大寺随一の寺領として関係古文書が群を抜いて多く、荘園史研究には避けて通れない地である。

黒田悪党の所業も悪党の典型を示しているし、下って天正の乱では織田軍団に放火殺りくの限りを尽くされたが、なお不死身に蘇った地である。中世史専攻の学生がよく荘園の〝現地探訪〟に訪れるが、なぜか俳人にはまだ全くといえるほど知られていない。

近鉄名張駅を出て一〇分も歩けば宇陀川が名張川へ湾曲しつつ合流する、桜の美しい黒田大橋に出る。秋ならば、渡って五分ばかり、右前方に傾斜した野面を埋めつくす曼珠沙華に出あう。三脚を据えるカメラマンもいるだろう。その斜面のそばを北へ上る。民家や畑の低い石垣、広葉樹林、とりどりの草花、谷などを見ながら坂を二曲りすると、いいしれぬ歴史のにおいに包まれる。

黒田庄中心部にある無動寺山門――奥に垣間見えるのは本堂の屋根

山門が現れる。古い石垣が見える。本堂と閻魔堂と僧坊が、そびえ立つ多羅葉の巨木が見える。

荘園経営の政庁が置かれていたとも推定される無動寺である。黒田庄の本庄のそのまた中心部に位置し、織田信雄にすべてを焼き払われたのち幾度にもわたって再建されてきた古寺である。裏山に隠して兵火を逃れたと伝えられる本尊の白不動は国の重要文化財に指定されている。この寺の醸し出す情景を一口でいえば「深い気品」であろう。

寺域は山裾の谷間にある。春は桜。夏は萬緑。秋は紅葉。冬は霜。境内のどこからでも濃密な歴史に彩られた黒田庄の今様の姿が一望できる。道であれ、小流れであれ、林であれ、野原であれ、小さな畑の風情であれ、俳ならざるはない。

寺域を出よう。東に向かえば白鳳天平文化の粋を集めた昌福寺跡・夏見廃寺が近い。南には眼下の川向こうにお水取りの松明を調進する一ノ井の極楽寺がある。

赤目四十八滝、青蓮寺湖、香落渓も視野の範囲だし、芭蕉の遺跡をちりばめる北伊賀や室生寺、長谷寺も苦にならぬ距離である。

▽交通＝近鉄名張駅下車徒歩一五分
▽問合せ＝名張市役所生涯学習課文化係
電話〇五九五―六三―二一一一　内線　三三三五

平成10年1月5日号（井上鷹洋）

日本武尊の陵めぐり

三重に足は勾り、杖を衝き、遂に白鳥として薨じた悲劇の英雄日本武尊の陵を訪ねてみよう。

一、加佐登神社

宣長、篤胤らが能褒野墓と考えた地である。本殿北にあり、県下最大の円墳である。春はつつじ（県下一とも）、秋は紅葉と四季それぞれに美しい。すぐ前に調整池や花園もあり、荒神山（浪曲吉良仁吉）も近い。静かに句想を練るによいところだ。

加佐登神社の本殿

蟬が降るように鳴いている。参道はひんやりと涼しく、おはぐろとんぼが羽を休めている。本殿の右の「大和は国のまほろば……」の国思い歌を見つつ歩む。鳥の声、犬の遠吠えなどがのどかに聞こえる。藤袴・萩・芒・青い団栗などが初秋を感じさせる。墳丘は東西七八メートル、南北六〇メートル、高さ一三メートルで県指定の史跡となっている。

二、能褒野神社

南へ下ると能褒野神社である。近くを安楽川が大きく流れ、早くも田では稲刈が始まっている。曼珠沙華で畦が真っ赤となる日も近い。

石段を上がると右が神社。左が御陵への参道である。小さな蓮池を見つつすぐ御陵に着く。森厳とした雰囲気である。

陵は王塚とも呼ばれ、主墳を中心に大小一六の陪塚からなる前方後円墳である。現在は宮内庁の管轄となっている。

三、長瀬神社

鈴鹿連山を背に見渡す限りの茶畑に囲まれて建つ。空気もうまい。折から夕暮れ時なので、切り払った両側の参道からは鉦叩・蟋蟀・螻蛄の合唱が聞こえる。実にいい声だ。

本殿を右に、山鳩の声を聞きつつ細道をたどる。一〇〇メートルほど進むと車塚だ。そこには建部綾足の書になるあの「波師祁也師……」の片歌碑がある。

ここは、武備塚ともいわれ、亀山藩が一八世紀に武尊の墓と指定した地である。野登山からは武尊の故郷大和の日代宮もさほど遠くない。法師蟬の声を耳に一日の旅を終える。

▽交通＝いずれも名阪鈴鹿ＩＣより、加佐登神社は東へ六キロメートル、熊褒野神社は南へ六キロメートル、長瀬神社は西へ一キロメートル。

平成13年10月5日号（石井いさお）

歴史の宝庫・伊賀寺町

三重のやや北部の伊賀は藤堂高虎公を藩主に約四〇〇年の歴史がある。

歴史が凝縮している寺町筋を訪ねる。

全国の有名な寺町は武将により作られている。

金沢は前田、鳥取は池田、米沢は上杉、伊賀は藤堂である。

伊賀の寺町は七寺あり南北六〇〇メートルの美しい白壁が続いている。

高虎は町の東の防衛としてここに寺を集めた。

上行寺　藤堂家の菩提寺で、歴代一〇代までの藩主とその妻子の供養塔が約五〇基と高虎の両親の御霊屋が祀られている。

妙昌寺　鬼子母尊神が祀られている。人間の子を盗り食べていた鬼子母神が改心して子供の守り神となったので鬼の字のノ（牙）が無くなり鬼子母尊神と書かれている。

万福寺　伊賀越かぎやの辻の仇討、河合又五郎の墓とその時の着用具足がある。芭蕉の弟子の墓もある。

念佛寺　高虎の前の伊賀の領主筒井定次が、大和からこの寺を移した。

大超寺　明治二四年来日中のロシアのニコライ皇太子を大津市内で襲撃した津田三蔵の墓、芭蕉の弟子の墓がある。

善福院　ゆきぬけ寺と呼ばれ寺町の中でこの寺だけ裏の通りへ抜けられる細道がある。敵に備えての秘密の抜け道と言われている。

妙典寺　高虎が伊予の国から移した寺。

この寺町近くの餅屋に三つ穴のあいた石碑が立っている。

これは高虎の戦旗を表していて、その謂れは高虎浪人時代に金も無いのに茶店で白餅を二〇個余りも食べてしまった。茶店の主は、その食べっぷりに免じて許してくれたので恩義に感じこの白餅の事を生涯忘れまいと紺地に白丸三つ「白餅と城持ちの願いもこめて」を戦旗としたという。

寺町筋は電柱無し、白壁に緑の大樹が美しく、伊賀の町なかも歴史の宝庫である。

▽交通＝伊賀へは大阪から一時間半、名古屋から二時間弱。

平成17年7月5日号（大野利江）

伊賀の寺町には電柱がなく白壁が美しい

江姫たちと伊勢上野

来年のNHK大河ドラマ「江～姫たちの戦国～」の主人公「江」（三代将軍家光の生母）が、幼少期を過ごしたと言われている伊勢上野城（津市河芸町）。

伊勢上野の地が歴史上に姿を現したのは、永禄一一年（一五六八）織田信長が伊勢国に侵攻した頃からである。

江は天正元年（一五七三）小谷城で生まれた。しかし、その年に小谷城が落城。お市の方と三姉妹（茶々・初・江）は織田信長に引き取られ、清洲城に入ることになる。

天正二年（一五七四）信長の弟織田信包が伊勢上野城主であったことから、信長の計らいによってお市の方と三姉妹は伊勢上野城で暮らすようになった。江は七歳まで、この城で平和な日々を過ごしたのである。

天正八年（一五八〇）安濃津城（現津城）の築城を終えた信包は、お市の方と三姉妹を連れてこの城に移った。

安濃津城での江は、津海岸の舟遊びや髙田派本山専修寺詣で、また度々榊原の湯に遊ぶなど、九歳まで天真爛漫に過ごしたと言われている。

天正一〇年（一五八二）の夏、本能寺の変で信長が討たれ、豊臣秀吉が天下を取る。江は二年間暮らした安濃津城を後に、越前北ノ庄城に移る。

江は三度の結婚をなし戦乱時代を生き抜いた。

江が幼少期を過ごした伊勢上野は、江戸時代に入って様相が一変。伊勢湾に沿って南北に走る伊勢街道は、諸大名の伊勢神宮参拝の主要街道として通行が頻繁になった。本陣が出来、荷物や文書を運ぶ問屋が立ち並び、伊勢上野の宿場は連日連夜人で賑わったという。

伊勢上野城址は町の中心の小高い丘に位置している。本丸跡の展望台から伊勢湾の輝きを眺め、昔日を偲ぶのも一興。現在は本城山青少年公園として整備されている。

今も昔ながらの家並みが残る伊勢街道。城址本城山のだらだら坂を歩いて登る。四季折々、ここを訪れる俳人は多い。

▽交通＝近鉄豊津上野駅下車徒歩一五分。
▽問合せ＝津市観光協会
電話〇五九－二四六－九〇二〇

平成22年11月5日号（倉田しげる）

本城山青少年公園展望台
撮影／中條道子会員

伊賀の「御斎峠」

「伊賀の七口、上野の五坂、十二の峠を越えて入る」と言われる伊賀は隠国である。その峠の一つに「御斎峠（おとぎ）」がある。

この美しい響きの名の由来は、南北朝時代に夢窓疎石が峠で村人たちに摂待（斎（とぎ））を受けたことに因るという。

司馬遼太郎は『梟の城』の冒頭に「伊賀の天は西涯を山城国境・笠置の峰が支え、北涯を近江国境・御斎峠が支える。笠置に日が入れば、決まって御斎峠の上に雲が沸いた」と書いている。

峠は六三〇メートル。峠を越えると山は伊賀盆地に向かって落ち込み、伊賀の町が現れる。

この峠に多羅尾から伊賀へ風が吹き抜ける様を詠んだ山口誓子の〈切通し多羅尾寒風押し通る〉の句碑がある。

御斎峠から眺める伊賀盆地

また今から四二〇年程前、本能寺の変の時徳川家康は大坂・堺にいた。家来は少数であったが、忍者服部半蔵の働きにより、伊賀越えで三河への生還を目指した。この峠から人寄せの狼煙をあげ、伊賀甲賀の忍び三〇〇名を召集、家康は逃げ切ることが出来たと伝えられている。

さらにこの峠は高旗山とも呼ばれ、大坂堂島の米相場を旗振りで知らせた旗振り山でもあった。昼は幟を、夜は松明（火振り）で相場を読み取ったという。

今その近くにはゴルフ場やリゾートホテルがあり、日帰り湯も楽しめる。様々の歴史に思いを馳せながら、自然の接待（斎）を満喫して頂きたい。

▽交通＝JR関西線伊賀上野駅下車。タクシーで約二〇分。
▽問合せ＝伊賀上野観光協会
電話〇五九五—二六—七七八八

平成26年6月5日号（大野利江）

勇猛・豪壮な鯨船まつり

三重県の北勢地方で親しまれている四日市市富田地区鳥出神社の伝統的な鯨船行事を紹介したい。

この行事は平成九年に国の重要無形民俗文化財に指定され、平成二八年一二月には全国三三件の「山・鉾・屋台行事」の一つとしてユネスコ無形文化遺産に登録された。捕鯨を生業としていない四日市において、鯨を大漁や豊穣の象徴と見立てた民俗行事である。

歴史的には鳥出神社に御座船模型（四日市市指定有形民俗文化財）があり、これが奉納された頃（天明元年＝一七八一）からとの伝承がある。

毎年八月一四・一五日の二日間開催。一四日には豪華な彫刻や華麗な幕で飾られた鯨船の町練りが行われ、狭い路地で鯨突きを行う。

祭りの見所は一五日の本練りである。境内を逃げ回る張りぼての鯨を船が追いかけ、反撃を受けては鯨を追いつめる。この荒技を繰返し遂に鯨を銛で仕留め、祭りのクライマックスを迎える。

丸太のフレームに、竹で骨格を作った頑丈な鯨船はひっくり返る程に左右に傾き、激しい動きで荒海の中で鯨を追う様子を演じる。鯨を追い込み銛で仕留める主役は小学校高学年の少年が務める。船上で身を反らし銛を繰る勇壮な仕草は、実に華麗で観客から惜しみない拍手が送られる。

この鯨と鯨船の激しい演技に真夏の暑さも吹っ飛んでしまう。

鯨船には、北島組の神社丸、中島組の神徳丸、南島組の感應丸、古川町の権現丸の四艘があり、それぞれ意匠装飾を凝らした捕鯨山車である。是非一度ご覧頂きたい。

▽交通＝ＪＲ関西線富田駅下車徒歩一〇分。近鉄富田駅下車徒歩一五分。
▽問合せ＝富田地区市民センター
電話〇五九―三六五―一一四一

平成30年6月5日号（平野　透）

ストーリー性のある激しい鯨船演舞

近世の町並み柏原宿

霊峰伊吹を仰ぐ柏原宿の町並をご紹介する。中山道六十七次で美濃の関ヶ原は五十八宿目、第六十宿の近江柏原への途次には不破の関や寝物語の里の址が残っている。

秋風や藪も畑も不破の関　　芭蕉

江濃の境は溝川で隣国同士が壁越しに四方山話ができたので「寝物語の里」と呼ばれた。位置はJR柏原駅より東へ一キロメートル半、旧中山道沿いに石碑が建てられている。

ここ滋賀県米原市柏原は伊吹山塊と鈴鹿山脈霊仙山の裾が落ち合う東西交通の隘路に当り、国道や名神高速道、新幹線が並行し雪の難所でもあるが、木曽の妻籠とは対照的に近江平野の東玄関に当るので平坦である。

さて、中山道が廃れて一三〇年、近江の旧八宿の中で旧態を止め近世の風格を残す町並みは、柏原宿を措いて他にない。JR柏原駅を起点として消雪設備が整備され、自動車の通行量が少ないので徒歩の見学や吟行に打ってつけである。足場となる「柏原宿歴史館」は駅より西へ数百メートルの地点にあり、平成一〇年に近江歴史回廊の拠点施設として開設、歴史的資料の展示や文化講演、句会などの会場を提供している。

昔、造り酒屋・柏原銀行・旅籠屋・郷宿であった建物や民家の屋並みの間に、本陣・脇本陣・問屋や高札場などの跡が表示され、一体として往時を偲ぶことができる。特筆したいのは広重の木曽海道六十九次で描かれた「伊吹艾本舗・亀屋」が創業三五〇年の老舗として、今もなおもぐさを商っている。堂堂とした商家の構えと巨大な福助の像に感じ入る人が多い。

因みに当地は京極導誉が領主であった。

柏原宿の町並み

▽交通＝JR東海道本線柏原駅下車。名古屋、又は京都より米原経由で各七〇数分。名神高速道は関ヶ原、米原ICより国道二一号線経由各一〇分。

▽問合せ＝柏原宿歴史館
電話〇七四九―五七―八〇二〇

平成12年5月5日号（相良哀楽）

いぶし銀の町・日野

日野町。—戦国の雄、蒲生氏の城下町として興り、近世近江商人発祥地として栄えたこの町は、輝く歴史と豊かな自然とを併せ持つ町として、いぶし銀のように存在する。

近江鉄道バスを大窪で下車。本町通りを東へ進む。道路に面する旧い家々が鋸の歯状に建っていること、当て曲げの辻と言って辻々の見通しの利かぬことなど、城下町の名残や、近江商人の本宅としての町並みを探りながら歩く。

殊に、板塀に窓を仕切って祭見物だけに使われる桟敷窓の存在は、全国的にも例を見ないと言われ、日野商人の生活の一端を示している。

馬見岡綿向神社は、平素は静かなたたずまいであるが、五月三日の祭礼には、三基の神輿と十数基の曳山などで賑わい、祭囃子で神社の森がふくらむ。

道を戻って南へ入ると蒲生家菩提寺の信楽院（しんぎょういん）である。本堂は元文二年（一七三七）上棟。棟梁の高木但馬は京都の東寺五重塔の棟梁でもある。

本堂天井画の竜は、本町出身高田敬輔の作。

日野町の山車（写真提供：日野町観光協会）

ここから西へ進むと、若草清水や玉うけ山がある。若草清水は利休門下七哲の一人に数えられた蒲生氏郷が、茶の湯に愛用したと言われる名水。玉うけ山は、関ヶ原合戦や大坂の陣に活躍した日野鉄砲の試射場である。

再び西進、近江日野商人館へ。ここは日野商人の一人、山中兵右衛門氏が自宅を町へ寄贈されて資料館となったもの。展示の品々と共に障子一枚にも粋をこらした造作を見て頂きたい所である。

若草清水の裾の野川を野田川という。探梅、春水、踏青、蜷、蛍、草もみじ等と四季折々に当地俳人の愛してやまぬ散策地である。中でも下流の日田本誓寺の紅葉は訪れる人も少ない中での贅をつくす風景と言えよう。

青き踏む近江も湖の遠き野に　爽雨

▽交通＝ＪＲ近江八幡駅南口より近江バス北畑口行き約四〇分、大窪下車。

▽問合せ＝日野観光協会
電話〇七四八—五二—六五七七

平成14年7月5日号（若林建秋）

観光の中心、彦根城

牛蒡積と呼ばれる石垣の上に三層三階の天守がそびえる彦根城は、徳川幕府が西国の大名に命じ小谷、大津、安土、佐和山、長浜などの落城の資材をもって二〇年の歳月をかけ完成したという。

周囲四キロメートル、高さ五〇メートルの平山城は国宝に指定されている。明治初年取り毀される寸前、明治天皇の北陸行幸に同行した大隈重信の進言により破壊を免れたという幸運な城。時報鐘、天秤櫓、太鼓門櫓、西の丸三重櫓と共に観光の目玉として、春は花見に、秋は市をあげてのお城祭りに一般公開されている。

今年で五三回を迎える一一月三日の小江戸彦根の城祭りには、市民一〇〇〇人の時代祭行列中赤備え軍団につづき、直弼役に扮した俳優の伊吹吾郎さんが馬上凛々しく手を振り観光客や市民に応えてくれた。

一一代藩主の一四男として生れた井伊直弼は兄直亮の死によって彦根藩主三五万石、さらに幕府の大老へと昇進した。

一八六〇年正月

あふみの海
　磯うつ波のいく度か
御代にこころを
　くだきぬるかな

の額を菩提寺清涼寺に奉納した三ヵ月後、江戸城桜田門外において水戸藩士に襲われ四六歳の生涯を閉じた。

埋木舎と護国神社の森に囲まれ、見上げるように建つ歌碑は、冬を迎える「いろは松」の深い翠と相俟って歴史の重みを感じる。

東方佐和山山麓には、遠州井伊谷から移築された井伊家先祖の菩提寺清涼寺。五百羅漢で有名な天寧（てんねい）寺には直弼の供養塔があり、彼の参謀役であった長野主膳、村山たか女の碑もある。

望湖堂は磨針峠にあった茶屋で「御小休御本陣」として参勤交代や朝鮮通信使、幕末の皇女和宮様御降嫁の際も当所に立寄っておられる。本陣構えであった建物も平成三年不審火により焼失、当家の熱意により再建された。眼下に広がる湖は何事もなかったかのように美しい藍を今に伝えている。

▽問合せ＝彦根市観光案内所
電話〇七四九―二二―二九五四

平成17年12月5日号（井口弥江子）

秋の彦根城天守閣

業平伝承の在原集落

琵琶湖の北西、福井県境に近い山中に在原という集落がある。名の通り、在原業平が晩年を過ごしたとの伝承があり、里道から少し入ったところに業平の墓と伝える古い石塔がある。三月に訪ねた時は、少し前に降った雪が三〇センチメートル以上も残っていた。やわらかい雪を踏み沈め、足を取られながら、ようやく業平墓に辿り着く。まさかこんな山奥に業平が、とは思うが、里を流れる川の名も竜田川だというから、その気になって想像を巡らす方が楽しい。

ここはまた茅葺き民家の集落としても知る人ぞ知る所。景観保存とか村起こしとかいう仰々しい動きもなく、なりゆき任せ。無惨な廃屋もあるが、整備されすぎた所より、暮らしぶりがひしひしと伝わってくる。

水辺には点々と鹿の足跡。近頃は鹿が里に下りてきて何でも食べてしまう、と半ばあきらめ顔で畑の手入れに余念のない里人。杉の幹に巻かれたテープは熊剝ぎ防止用だ。冬場は萱を家の周りに巡らし、雪囲いを設える。自然の懐に抱かれながらの生活の厳しさを思う。

けれど、春先から秋にかけての風景は穏やかで優しげだ。雪解けとともに一気に訪れる里の春。片栗が花をつけ、桜が山を彩る。五月には藤や谷空木が咲き乱れ、梅雨時には竜田川に蛍が明滅する。真夏は青田風が心地よく、威銃の響く稔りの秋の風情も捨てがたい。

昼食は業平蕎麦。ぶつぶつと短く不揃いだが、素朴な味わいがある。主が暇な時には、猪撃ちや鹿狩りの話など聞かせてもらえるかもしれない。琵琶鱒、鮎、石斑魚・にごろ鮒の飯漬（いいづけ）（馴鮨）もある。鮎は崩れやすいので、漬けてから一週後が食べ頃という。七月は狙い目だ。

▽交通＝ＪＲ湖西線マキノ駅より湖国バス二五分。

▽問合せ＝マキノ町観光協会
電話〇七四〇―二八―一一八八
業平園
電話〇七四〇―二八―〇八一四

平成19年7月5日号（前田攝子）

優しい自然の姿を見せる在原集落

芭蕉の心のふるさと

芭蕉が初めて大津を訪れたのは、貞享二年（一六八五）であった。そして何か感じるところがあったのだろう。その後六回にわたり、大津に逗留している。

芭蕉は生涯に九八〇句を残しているが、その一割の八九句は大津で詠まれたものである。最後に

「さて骸（から）は木曾塚に送るべし　ここは東西の巷　さざ波よき渚なれば生前の契り深かりし所なり　懐かしき友の訪ねよらんも便わづらはしからじ」

との遺言を残している。そのことからも、芭蕉がいかに大津を第二の故郷と考えていたかがうかがい知れる。

大津には芭蕉が眠る義仲寺がある。さらにその翁の偉業を慕い、かかる俳道を継承する結社「正風」が膳所山の手の秋葉台に建つ芭蕉会館に拠って俳道精神を重ねている。

義仲寺が芭蕉のハード面を、「正風」はソフト面を担い、この二つが大津の地において蕉風を継承している。

また大津市膳所の山の手には「竜（たつ）ヶ丘俳人墓地」がある。蕉門十哲の一人内藤丈草が晩年に過ごした仏幻庵の跡地に、芭蕉をひたすら追慕した弟子たちによって芭蕉追悼の経塚が建立された。そしてその塚を中心に、丈草や各務支考を始め蕉門一七名の墓が立ち並んでいる。芭蕉の門人の墓が、車座のように一堂に会している所は他に例がない。

かつては義仲寺の寺領内で、国道一号線を通す際に土地が分断された小さな墓地であるが、当時の俳人たちの息が聞こえてくるようでもある。

▽交通＝ＪＲ琵琶湖線膳所駅より徒歩五分。京阪電鉄京阪膳所駅より徒歩五分。

▽問合せ＝大津駅観光案内所

電話〇七七―五二二―三八三〇

平成24年6月5日号（藤野鶴山）

各務支考や内藤丈草など蕉門 17 名の塚が並ぶ「竜が丘俳人墓地」

桟敷窓のある町並

琵琶湖の南東に広がる日野町は、中世末期に蒲生氏の城下町として、近世は日野商人の町として発展した。

細長い町を貫く本町通りに面した家の板塀には、日野祭を見物するための桟敷窓（切り窓）が設けられ、祭りともなると御簾や緋毛氈が飾られる。

日野祭は、町の東側の綿向山を御神体とする里宮、馬見岡綿向神社の春の例祭。八〇〇年以上の歴史を有する湖東地方随一の華やかさで、五月二日・三日に催される。

芝田楽と呼ぶ一文字笠と麻裃に威儀を正した若者が、神子と称する稚児を警護して御旅所へ進む。神輿や十数基の曳山の巡行を、親戚や友人を招いて例の桟敷窓から見物し、もてなすのである。

山車を曳く行列（写真提供：（公社）びわこビジターズビューロー）

日野を訪れた司馬遼太郎は『街道をゆく24』で、「大正時代に紛れこんだような家並だった。（中略）街路は閑寂ながら整然としていてしかも余計な看板などはなく、品のいい町だった」と記している。

そんな町並みに風情を添わせる桟敷窓。屋内から年に一度の祭りを見るだけでなく、近頃は座敷に飾ったものを通りから見て頂こうと、陶器や藍染、日野椀などを展示。地元の工芸作家を中心に、年二回（五月・一〇月）に「桟敷窓アート」が催されている。

また二月中旬から三月中旬まで「日野ひなまつり紀行」が行われ、約一五〇軒の商家や民家の格子戸・桟敷窓越しに享保雛などが飾られ、町が賑わう。

▽交通＝ＪＲ琵琶湖線近江八幡駅南口。近江バス北畑口行、西の宮下車。

▽問合せ＝日野観光協会
電話〇七四八―五二―六五七七

平成28年10月5日号（美鍵虹樹）

感動的な鞍馬の火祭

盆地の京都は、鴨川が流れ下っている南を除くと都の三辺が山で、京都駅から五〇キロメートルも北へ行くと、猪が出る、狐が走る田舎である。京に田舎ありの言葉通りが鞍馬である。

叡山電鉄叡山本線の始発駅、出町柳駅（京阪電車京都本線の終点、出町柳駅と連絡している）から、叡山線の終点鞍馬駅下車、道なりに木の芽煮などの土産物屋が並ぶ。少し行けば鞍馬寺の山門・仁王門が見える。

清少納言が、「近うて遠きもの」のひとつに、この鞍馬の参道を「鞍馬のつづらをりといふ道」と書いているほど昔から都びとに親しまれて来た鞍馬である。地図を見ただけでも九十九折の凄さは解るが、鞍馬寺へは、ケーブルがあるので簡単に登れる。

この鞍馬の氏神である由岐神社は、この仁王門から鞍馬寺の本堂への道の途中にある。拝殿は豊臣秀頼寄進の桃山時代の重文で、真ん中に通路のある珍しい割拝殿である。この由岐神社の例祭が一〇月二二日、（明治以前は九月九日）平安神宮の時代祭と同じ日に行われる。

「火祭」といえば、昔はこの鞍馬の由岐神社・八所明神例祭の火祭のみを指していた。

天慶三年（九四〇）御所内の祭神をこの地に遷座の折、葦の篝火を焚いたのが始まりとの伝承がある。天皇の病や、天下不穏の時、靫（ゆぎ）（矢入れ、ウツボ）を懸けて祈った事に因ると云われる。

因みに天慶三年とは、将門の誅された年であり、二〇〇〇年の今年からでは、一〇六〇年前になる。

この火祭の、小松明、大松明を掲げて更けるまでの村内練り歩きの壮観は感動的である。御神輿二基が女性を従え還幸して、祭が終る頃まで電鉄は運転をしている。

一度は是非見たい祭である。

平成12年3月5日号（金久美智子）

夜が更けるまで村内を練り歩く火祭

にぎわった「大原志」

丹波は正に山紫水明の「ふるさと」。山陰街道の京との往還、隣接の文化交流で強い影響を享けるその山中、京都府福知山市三和町大原に「天一位・大原神社」の立派な社殿が座し平成一四年五月三日に鎮座一一五〇年大祭を挙行。神事・練込・稚児の行列・神輿渡御など大勢の参詣で賑わった。祭神は伊邪那美命・天照日孁命・月読命の三神。五月三日の大祭参詣を《大原志・おばらざし》という。「ざし」は向かうことで「指」とも書く。《大原志》は古くは正保二年（一六四五）刊『毛吹草』、寛文三年（一六六三）刊『増山井』に《おばらざし・五月二八日》と四季之詞に挙り、以後各種の歳時記類に記載される。昭和四八年刊角川版『図説俳句大歳時記』でこの俳諧季語としての定着事情を知り強い感銘を覚えた。また、春祭の《春志》に社内の小石を申し請けて持ち帰り、蚕棚に置くと鼠害なしとて、この石を猫と称す。秋祭の《秋志》にこの石を返納の習わしがある。丹波での著名な養蚕、安産の神は貴重な先人よりの文化遺産なのである。

大原神社大祭での“もちまき”

今年は鎮座の祝大祭、気運最高に盛り上がり、句額奉納がスムーズに纏まり、奉納句を募集。一人一句・一三七句を大きな句額に仕立て絵馬殿に納めた。〈児を抱いて産屋出る日の五月晴・片山とよの・八二歳〉を朗詠献句。

社前の渓流畔に「天地根元造産屋」が建つ。国内に残るのも稀で、史家もいつの世から在るか分からぬと云う。約一坪半土間の茅葺産屋。一二把の藁に褥を敷き七日七夜籠り出産したの由。とよのさんは昭和一九年五月三日誕生児を抱き二ヶ夜籠った時の感懐を詠んだ。当時は出産後に誕生児と一時籠る仕来りだった。

声を大にして季語の改廃を叫ぶ方々に先人が拓いた古い季語を探し出し洗い直して詠み継ぐことを勧めたい。それが伝統文化であろう。

▽交通＝ＪＲ綾部駅下車、タクシー利用が良い（所要時間一〇分余）地元自治体運営のバスがあるが、便数少なく不便。

平成14年10月5日号（土田祈久男）

八月の洛中は盆一色

七月を祇園祭一色と言えば八月は盆一色と言えなくもない洛中です。相変わらず根の生えたような暑さの中、盂蘭盆の近付く七日ともなれば待ちかねてはるお精霊さんをお迎えに六波羅さんに行かんならん。迎鐘を撞いて迎火焚いて何やかや、大文字が消えゆくその時迄心尽くしの日々です。

盆踊もあり、やがて地蔵盆です。八月二二、二三日は洛中のどっこも地べたに色々広げ、神妙な顔で手合わせます。「どうぞお守り下さい」と。夏休みが終わってしまう子どもたちにありったけの知恵で楽しみを与えてやるのは昔、それか昔々子どもだった人たち。

同じその頃、掌形の色とりどりのお札の人さんがぞろぞろ、なら六地蔵巡りです。交通の要所の東海道、奈良街道、山陰周山、西国、鞍馬の六つの街道口に六角堂を作りお地蔵さんを分置させたのはかの後白河天皇。その勅命で清盛、更には西光法師が六地蔵巡りを始めたそうな。（六地蔵縁起）そもそものお地蔵さんを作らはったんは、その三〇〇年前の小野篁公だとか。

六道まいりの閻魔堂の実物大の像も百人一首の〈わたの原八十島かけて漕ぎ出でぬと人には告げよ海人の釣舟〉も同じ人。一ぺん死にかけて地獄で会った地蔵菩薩のご託宣で発心。蘇ってすぐ宇治は木幡山の桜の木で六体の地蔵さまを刻み六地蔵さん（現大善寺）に納めはった。偉いお人です。

地下鉄東西線もその六地蔵まで延びたし、京阪・JRからも近い。交通安全、悪霊を断つためにも白くふくよかなお地蔵さまにお参りすんのもよろし。日帰りのバスツアーもなかなかとか。小山郷六斎念仏が奉納される上善寺（地下鉄鞍馬口下車五分）の二二日の夜こそは一石三鳥の値うちもん。空也上人以来一〇〇〇年の念仏踊です。鉦・太鼓・笛などで何曲も踊り「獅子と土蜘蛛」が仮設舞台いっぱいに演じられる頃はお参りも最高潮です。

▽問合せ＝大善寺
電話〇七五―六一一―四九六六
上善寺
電話〇七五―二三一―一六一九

平成18年7月5日号（石動敬子）

念仏踊に登場する獅子
（写真：木曽耕一／写真提供：小山郷六斎念仏保存会）

歴史伝える宇治田原町

宇治田原町は東北部を滋賀県に接し、大峰山に準ずる修験道の根本霊場である鷲峰山の裾野に位置する。宇治川の天ヶ瀬ダムの上流にあたる。

煎茶の祖といわれる永谷宗円の出生地で、上質の緑茶の産地である。鷲峰山の登山口の一つに永谷翁の生家が保存され隣接の茶祖明神社に祀られる。近年は新茶も殆ど機械刈りだが、玉露は熟練者の手で摘まれ、谷に沿う焙炉場の灯が流れに映り、夜遅くまで作業が続く。

秋も深くなると刈田に柿屋が建ち、古老柿(ころがき)とよばれる干し柿作りがはじまる。柿屋は母屋を越すものもあり、小粒の鶴の子柿を剝き柿屋の棚に丁寧に並べ干す。山からの寒風と日差しが頼みの作業で正月前まで続く。

近江源氏の隠れ里と伝えられる高尾(こうの)の里に脈々と伝えられる〝御弓〟とよばれる元服の儀式が小正月に行われる。供を従え林の中を産土神まで進む列に、

刈田に建つ柿屋＝宇治田原町で

里人の誇りを感じ取る。集落は二〇戸足らずで、少子化もあり最近は該当する青年がいない年も多くなった。

九月一日には湯屋谷地区の奥処、鷲峰山から落ちる大滝で五穀豊穣や災難よけを祈願すると同時に、雨乞の儀式ともされ御神酒を飲ませた鰻三匹を地区の人々の手で滝壺に放つ「大滝大明神祭」が行われる。全長数一〇メートルに及び幾重にも折れ水量も姿も申し分ない。

郷之口の妙楽寺に蕪村真筆の句碑が立つ。〈見のこしの茸のかをりや宇治拾遺〉門人・奥田毛条に招かれ二、三日滞在した折の句である。蕪村は前述の高尾でも〈鮎落ちていよいよ高き尾上かな〉と詠んでいる。大津に抜ける街道沿いの禅定寺は平安時代の建立で、十一面観音はじめ重要文化財の仏像を所蔵。瘤取りの神と参詣の多い猿丸神社は大津市との境界。

近代化の波がじりじり迫るが、蛍が飛び交い猪や鹿の狩猟が行われる自然豊かな山里である。

▽交通＝ＪＲ京都線宇治駅・京阪電車宇治駅よりバス二〇分。近鉄電車新田辺駅よりバス二〇分。
▽問合せ＝宇治田原町産業観光課
電話〇七七四―八八―六六三八

平成19年8月5日号（浅井陽子）

愛宕神社の千日詣

京都市の北西、山城・丹波の境に標高九二四メートルの愛宕山がある。京都市内の最高峰である。

この山頂に祀られている神社が一三〇〇年前から続く愛宕神社（通称＝愛宕さん）。全国九〇〇社の総本山で、古くから火伏せ・防火に霊験のある神としてあがめられている。俗に「お伊勢は七度、熊野へ三度、愛宕山へは月詣り」といわれて信仰を集めてきたが、特に七月三一日から八月一日にかけて行われる「千日詣」は有名。この夜に参詣すると千日分の御利益があるとされる。

また明智光秀が本能寺の変を決意した連歌会で〈ときは今あめが下しる五月哉〉と詠んだ西坊威徳院も当境内にあった。

私の家から清滝の登山口までおよそ六キロメートル。途中「広沢池」を通る。水面に映った愛宕山を眺め、白鷺や青鷺の姿をみながら登山口に着く。

ここから山頂まで四キロメートル余り。約二時間の道程だ。入口の立札に「自分で登り、自分で下山するより手段なし」とある。靴紐を結び直し、心を引き締めて足を踏み出す。

一合目から黒門の見える所まで、ひたすら急階段を登る。表参道の登山コースは、照明が届いて安心だが、所々暗い箇所もある。ヘッドランプは用意した方が良い。

七合目から見下ろす京の夜景は、隅々まで銀色に輝いている。これは古都の景観を守ろうと派手なネオンなどを廃止したためで、極楽浄土もかくやと思わせるほど荘厳で幽玄な美しさだ。

「今晩は」「お詣りやす」。京都弁まじりの山の挨拶が交わされる。たどり着いた頂上は、真夏でも結構寒い。麓との気温差は、約一〇度。境内は人々であふれ、榾を焚いて暖をとっている。

それから本殿に詣で、阿多古護符「火廼要慎」を享ける。京都ではこれを火の用心の御札として台所に貼るのである。

山の夜明けは早い。朝日の当たる所で朝食をとり、帰路は月輪寺へのルートをたどる。そして清滝の瀬音を後に、家まで満足感に浸りつつ帰るのである。

▽交通＝ＪＲ京都駅から京都バス終点清滝下車。

▽問合せ＝愛宕神社
電話〇七五―八六一―〇六五八

平成22年7月5日号（栗原澄子）

広沢の池に倒影する愛宕山

天に飛翔する浮橋「天橋立」

日本三景のひとつ天橋立はその昔、天と地の神の逢引きのための梯子が倒れて出来たものという神話がある。

実際は日本海の潮流と、大江山を源流とする野田川に運ばれた土砂が、長い年月をかけて作った砂嘴である。

長さ約四キロメートル、松は約九〇〇〇本。内海を「阿蘇の海」と呼び、冬には鴨が陣を張る。外海を「与謝の海」と呼び、白砂の渚が府中の江尻まで続く。

春の海ひねもすのたりのたりかな　蕪村

天橋立の駅を降りると、日本三文殊のひとつ臨済宗の古刹知恩寺（延喜年開創）。智恵を授かりに来る人で、いつも賑わっている。山門黄金閣の楼上には釈迦如来像、十六羅漢像が安置されれ、境内には重文多宝塔を始め多くの文化財がある。特に堂内の「地獄絵図」が面白い。門前には有名な智恵の餅を売る店などが並ぶ。

外海と内海を繋いでいるのが大天橋。船が通る度に廻すのが廻船橋で、小天橋という。昔は久世の切戸といわれた難所であった。大正末期に橋が架かり、橋守が二人掛かりでハンドルを廻していた。今は電動である。

両側を海に囲まれた松並木のひとところに真水が湧き出し、名水磯清水といわれる。和泉式部の歌碑がある。

橋立明神の近くには地元の俳人たちが建てた芭蕉の句碑がある。

一声の江に横たふやほととぎす　芭蕉

明和四年に俳僧蝶夢を京より招き、追善句会をおこなっている。

昭和四三年一二月に天橋立を訪れた秋元不死男は、「甘露集」に次の三句を残している。

潜く鵜よ時雨の旅を海に置く
天橋の時雨を分ける戦ぎかな
天橋ただ一路時雨の白翳り

▽交通＝JR天橋立駅より徒歩約五分。
▽問合せ＝天橋立観光協会
電話〇七七二―二二―八〇三〇

平成27年1月5日号（白数康弘）

与謝野町大内峠よりの夜明け（天橋立が横一線に見えるのはここ大内峠だけ）

伏見稲荷の千本鳥居

全国に三万社ほどもある稲荷社の総本宮。商売繁盛や五穀豊穣など何でも叶えてくれるといわれ、お稲荷さんと呼ばれて広く親しまれている。

京は東山三十六峰の南端の稲荷山。お山全体が神域である。

外国人に「行ってよかった、日本の観光スポット」でここ二年間第一位となっている。

私は稲荷大社のすぐ近くに住んで七〇年。ほんと最近のお稲荷さんは、連日外国の方々で溢れ返っている。こんなに受けた理由はまず交通の便。JR京都駅より奈良線で二駅目、五分で着く。JR稲荷駅を降りると、すぐ真ん前に表参道の鳥居がある。そして時たま外国人に聞かれるのが、クローズの時間。そういえば昔から、二四時間出入り自由。閉門はなく、拝観料もなく、いつでも参詣できる。さらに駐車場も無料。

人気スポットの千本鳥居は、左右二つの道があり、一〇〇メートルほどの距離に八〇〇基の鳥居がびっしり。まるで異界に踏み込んだような幻想的な光景を醸している。稲荷山全体では、約一〇〇〇〇基の鳥居が建てられているとか。

高さ三〇〇メートルほどのお山巡りは、ウォーキングを兼ねて一時間ほどで廻れる。あちこちに社が点在。病気平癒の薬力社や眼力社、おせき社等々……それぞれ霊験あらたかな御利益があるそうな。

一三〇〇年の歴史の中では、清少納言も参詣して「山道が大変だった」と記していたり、豊臣秀吉も度々訪れ、京の神社で最大の楼門（高さ一五メートル）を奉納している。

最近もパワースポットとして新たな脚光を浴び、お狐様もびっくりの繁盛ぶりである。

奉納の鳥居が奥之院まで隙間なく並ぶ参道

▽交通＝JR奈良線稲荷駅下車すぐ。
▽問合せ＝伏見稲荷大社
電話〇七五―六四一―七三三一

平成28年1月5日号（川辺克美）

幼き日の蕪村を想う

蕪村の書簡に「春風馬堤曲　馬堤ハ毛馬塘也。則余が故園也」とある。

毛馬は、現在の大阪市都島区毛馬町一帯を指し、蕪村はここを生誕地とする。つづいて「余　幼童之時　春色清和の日ニハ必友どちと此堤上ニのぼりて遊び候」とみえる。

淀川もこの辺では、川幅がゆったりとして堤防もまたゆるやかな傾斜を見せている。幼童蕪村が、春草にまみれるように遊んだ頃とは異なるけれどたんぽぽや野バラの咲き乱れていたことは想像できる。『澱川両岸一覧』の図絵によれば六本ほどの楊柳がある。適当に憩う場所もあったのであろう。だから「水ニハ上下ノ船アリ　堤ニハ往来ノ客アリ」と眺めることが出来た。安永六年（一七七七）のこの書簡の頃は京伏見と浪花八軒屋をのぼりくだりする船で賑わった。落語などにも登場する三十石船である。

この蕪村の長詩をくちずさみつつ、想いめぐらしつつ現在の毛馬堤を歩くこと、こよなく楽しい吟行の場ではある。

基点は、〈春風や堤長うして家遠し　蕪村〉の高さ二メートルもある句碑である。春風馬堤曲の「やぶ入や浪花を出でて長柄川」の次の句である。川風を満面にうけるが如く建ち、狭い路地の毛馬の町を背らにする。西に隣接するのが毛馬の水門閘門で、大阪市内へ流れる水量の調節や、曳航船、砂利採取船などの通行の水位を調節している。対岸まで六六〇メートル。

この近代的設備と隣する蕪村の生誕地とはまさに対照的である。

蕪村にとって再び訪うことのなかった毛馬、しかしながら「春風馬堤曲」のように望郷のページェントを展げたこの地に、われわれのもつ郷愁とをだぶらせて逍遥すれば、句想悠然たるものがあろう。

蕪村生誕の地に建つ句碑

▽交通＝ＪＲ大阪駅前から、大阪シティバス長柄守口線で毛馬橋下車。大川沿いに北へ約八分。またはＪＲ環状線桜宮下車、大川沿いに北へ約二五分。

平成12年4月5日号（角　光雄）

「茶禅一味」の南宗寺

大阪市の南に隣接する堺市。その中心部は一六世紀に自由都市として外国貿易によって栄え、町衆文化が花開いた地である。町の周囲には堀をめぐらせ木戸を設けて外敵の侵入を防ぐ構造になっていた。今回紹介する南宗寺（なんしゅうじ）はこの堀に囲まれていた町の、南の角に位置していた臨済宗大徳寺派に属する寺である。

武野紹鷗、千利休等によって完成された茶道の「茶禅一味」の精神的基盤は、この寺の歴代の和尚に参禅することによって確立されたという。現在も、毎年二月下旬には千利休を偲ぶ茶会が盛大に催されている。

「龍興山」の扁額が掲げられた総門を入り、石畳の道を曲がると広大な寺域の眺めが一気に広がる。丈高い黒松の木が聳える寺域には、雑然とした市街からかけ離れた濃密な時間が流れる。堀の名残である土居川に続く流れに小さな石橋がかけられ、渡ると鐘楼、そして仏殿前の拝観入口へと導かれる。

南宗寺の枯山水庭園（写真提供：(公財)大阪観光局）

拝観の順路に沿って進めば紹鷗の墓碑、利休及び三千家一門の墓碑があり、古田織部好みの枯山水庭園に出る。京都・奈良の有名観光寺とは違って、訪れる人もめったにない寺である故、方丈の縁に腰掛けて庭園をゆったりと眺めつつ、はるか利休へと思いを馳せるひとときを楽しみたい。

方丈の隣には茶室「実相庵」その前に紹鷗遺愛の「六地蔵石灯籠」、利休遺愛の「向泉寺伝来袈裟形手水鉢」がひっそりと残されている。

時間に余裕があれば、堺東駅すぐの堺市役所二一階の展望ロビーに上がり、仁徳陵のボリュームと金剛山・葛城山の眺望を楽しんだり、堺駅すぐの与謝野晶子記念館に立ち寄ればさらに充実した一日となるだろう。

▽交通＝阪堺電軌御陵前駅から徒歩五分。または南海本線堺駅ないし南海高野線堺東駅からタクシー（徒歩なら三〇分）。

平成14年12月5日号（田中春生）

卯の花の名所・高槻市

平安時代から全国六玉川として多くの歌に親しまれた陸奥の野田・武蔵の調布・近江の野路・山城の井手・紀伊の高野と三島の玉川、その三島の玉川は大阪平野を貫く淀川の右岸高槻市にある。

水陸両面で東海道と山陽道を結ぶこの地は卯の花や月の名所として名高く、観月台の小鉢に映る月は弥陀三体を現すと言われていた。

芭蕉は、元禄年間に近くの能因塚や金竜寺を訪れ、玉川の里に足を留めて〈卯の花や暗き柳のおよびごし〉と詠んだと伝えられている。芭蕉一五〇回忌の天保一四年中秋に、近隣有志によって建立された句碑が残っており、筆は梅室とある。金沢の俳人桜井梅室はこの年七四歳で、この地の俳人との交友が推察される。

この句は『炭俵』に素龍の餞別辞として見え、元禄七年（一六九四）四月の作となっているがこれが三島の卯の花を詠んだものか定かではない。

昭和四三年に高槻市は卯の花を「市民の花」に指定した。以後緑地整備を重ね、観月台にこの句碑と小鉢を移し周辺に説明板や碑を設置。それまでは田圃や湿地帯が多く、今もバス通りを一歩入ると幼稚園や団地の周り一帯は田や蘆原があり野草の茂りには鶯や野鳥が飛び交っている。

昔の玉川とは地形が全く変わったとはいえ、淀川に注ぐ芥川と安威川という二川をつなぐ番田水路親水事業により、玉川橋からの河畔およそ一キロメートルの堤には卯の花は勿論桜や楓、槐（えにす）が枝を拡げ、その下を散策の人が絶えない。

流れは水流を二分する低いセメント壁を設けてあり、その壁の上に鷺や鶺鴒が羽を休めているのも風情がある。

崇徳院、俊成、定家、家隆、後鳥羽院など平安貴族の心を捉えた三島の玉川は、春は桜、初夏は卯の花、秋は紅葉に月にと現在も歌枕として格好の吟行地である。

▽交通＝JR高槻駅から玉川行き市バス終点下車すぐ。

平成18年5月5日号（安部和子）

現在の「三島の玉川水路」

ロマン秘める能勢郷

能勢妙見山は標高六六二メートル、大阪の北端にあり能勢電鉄妙見口駅からバス、ケーブル、リフトを乗り継いで山頂へ登るが、むかしの面影の残る町道に沿ってケーブルまで歩くのも趣きがある。ケーブル駅の少し先に、茶道の菊炭を焼く窪のあったことは今もなつかしい。

リフトの足下に咲く季節の花に目を遣りながら山頂に着くと、鳥居の前に一〇分程で出る。更に石畳の参道を少し登ると、豊能郡能勢町と川西市の分岐点と標示した山門へ出る。振り返ると一気に視野が展け、遠く淡路島が薄っすら浮んだように見える。

野間の大欅

山気漂う山門を一歩くぐると、其処は能勢町。鬱蒼と茂る老杉に囲まれた日蓮宗の霊場、能勢妙見堂の境内である。ここはもと真言宗大空寺跡で、一五八一年能勢頼次が戦乱に備え、為楽山城を築いたが、本能寺の変で明智光秀に援軍したため、秀吉に没収された。その後改名して岡山妙性寺にて復帰の機を窺い、関ヶ原、大坂夏の陣で家康に功を認められ、元の所領が与えられたという。

妙性寺で日蓮宗に改宗した頼次は、身延山の日乾上人を布教の為に招聘。領内の真言宗寺院をことごとく改宗させ、北辰妙見大菩薩を祀る能勢氏の仏堂として、妙見堂を開基した。

矢筈十字は能勢氏の定紋。天水桶、扉にもこの紋が刻まれている。本堂の囲りにはお百度を踏む人の姿が見受けられ、漁業、海運関係の参詣が見られるのは、北辰への深い関わりを思う。山麓の本滝寺、清滝坊は滝行でも知られる。妙見山西方の山裾にある清普寺は、父頼幸の冥福を祈り頼次が建立。一族の重厚な五輪塔、墓石が並び有形文化財となっている。

清普寺に近い野間の大欅は、国指定天然記念物。古くはこの木の発芽の良否に農作物の豊凶を占ったという。青葉の頃には青葉木菟が飛来して幼鳥を育て、夜になると「ホーホー」と鳴き、近隣の人が見守っている。

地黄城跡、歌垣山、お亥子餅など、能勢の郷は多くの史実とロマンを秘めた自然豊かな所である。

▽交通＝能勢電鉄妙見口より阪急循環バス奥田橋行乗車、ケーブル前下車。ケーブル・リフトを乗り継ぎ、妙見山頂。能勢妙見口駅より阪急循環バス奥田橋行本滝口下車　徒歩一〇分　野間大欅。

平成19年10月5日号（今井妙子）

わが国唯一の連歌所

大阪市東南部に位置する平野区（旧平野郷）。百済や駒川など、朝鮮半島に因む地名が点在するこの地は、百済系渡来氏族出身の征夷大将軍坂上田村麻呂の一族の荘園だった。坂上家の子孫から七名家が起こり、その筆頭の末吉家はルソン貿易で巨万の富を築いた。信長や秀吉に味方し、二重の濠と一三の木戸を持つ環濠自治都市として堺と並び称されるほど栄えた。

しかし大坂冬の陣の戦火によって町の大方が焼失。現在の町割りは家康の命令で、平野が復興された当時のものである。

太平洋戦争後、環濠の多くは埋め立てられたが、その名残が杭全（くまた）神社の東に濠として残る。夏越の祓の頃は、水面を覆い尽くすほど黄菖蒲や半夏生が咲き溢れる。

杭全神社は元来、渡来系氏族の祖廟だった可能性が高いが、長い年月を経て古い神は忘れられ、鎌倉時代に勧請した熊野権現素戔嗚尊とその母伊弉冉尊、その父伊弉諾尊を主祭神としている。

今回、御紹介する連歌所は、この杭全神社の境内にあり、わが国に現存する唯一の連歌所の遺構として貴重なものだ。

連歌の隆盛と相まって建造された室町時代の連歌所は、大坂冬の陣の際に破却され、宝永五年に現在の連歌所が再建された。白い幣を張りめぐらす式台付きの玄関、蟬の抜け殻がびっしりすがりついている蔀戸。歌仙を巻く座敷の床の間には、歌聖柿本人麻呂、鴨居にずらりと三十六歌仙の絵が並ぶ眺めは壮観だ。

今は町起しの一つとして法楽連歌が復活。インターネット連歌も張行（ちょうぎょう）されて人気だ。

この他の見所に、十三口地蔵、踊念仏の総本山大念仏寺、新羅の王子天之日矛の妻赤留比売命を祭る三十歩（さんじゅうぶ）神社など。

▽交通＝JR天王寺駅から大和路線二つ目平野駅下車、東南へ徒歩五分。地下鉄谷町線平野駅からは北東へ徒歩一五分。

▽問合せ＝杭全神社
電話〇六―六七九一―〇二〇八

平成21年2月5日号（浅田百合子）

抗全神社に復活した「法楽連歌」の会

通天閣　頑張ってまっせ

東京ではスカイツリーが脚光を浴びているが、ここ大阪はやっぱり通天閣（地上一〇〇メートル＋避雷針八メートル）だ。

平成二三年から照明もＬＥＤに変わった。暗くはないが、色が淡くなった。そして年々小さくなって行くように感じる。周辺に明るく大きなビルが増えるせいであろう。二年後には天王寺駅前に地上三〇〇メートルという日本一のノッポビルが出来、もやは通天閣は、高さだけを誇る役割を終えたのかも知れない。

通天閣の周辺一帯を新世界と呼ぶ。名前とは裏腹に、大阪の発展からエアポケットのように取り残されたエリアである。通天閣の社長ですら「汚い・暗い・怖いとのイメージが強かった」という。

今、その新世界が変わりつつある。休日ともなれば、カップル・家族連れ・今時の若いギャル・外国人観光客などで賑わい、串カツ屋の前には行列が出来る。近くの寿司屋の親父が「観光バスで来まんのやで。何がおもろうて来まんのやろな」と戸惑うほどである。

平成 24 年に100 周年を迎えた通天閣

通天閣は平成二四年七月三日に初代（今は二代目）から数えて一〇〇周年を迎えた。

チケット予約不要。

雲が邪魔で下界が見えないこともない。巨大商業施設はないが、売店がある。脚下ではギターを抱えた八〇歳過ぎのおっちゃんが、毎日ライブをやっている。

守り神として人気のビリケンさんも健在。足の裏を撫でると幸せになれるとのこと。平成二四年、足裏摩滅のため三代目に交替した。

遠目には小さく見えても、新世界のジャンジャン横丁から仰ぐ通天閣は威風堂々。今も浪速っ子のシンボルである。坂田三吉の意気地ここにあり。

▽交通＝地下鉄御堂筋線動物園前駅・堺筋線恵美須町駅徒歩数分。

▽問合せ＝通天閣観光（株）
電話〇六―六六四一―九五五五

平成24年10月5日号（堀真一路）

実業家と文人墨客の池田

池田市は大阪府の北辺部に位置し、市域は南北に細長い。市の中央部にある五月山公園は、春の桜・秋の紅葉などで親しまれている。

南北朝時代には摂津池田氏の居城池田城が築かれたが、戦国時代に廃城となり、今は城址公園になっている。

阪急電鉄の創業者＝小林一三の旧邸「雅俗山荘」を展示館としてスタートした「逸翁美術館」は、与謝蕪村・呉春・円山四条派の収蔵品で名高い。現在の逸翁美術館は新館で、「雅俗山荘」とは別の建物になっている。

一八年前、ＮＨＫの朝の連続テレビ小説「てるてる家族」に登場した安藤百福発明のチキンラーメンは、池田が発祥の地。その業績を記念して、一九九九年に「インスタントラーメン発明記念館」が開設された。

一六四四年（正保元年）から続くという愛宕神社の火祭「がんがら火」は、毎年八月二四日に開催。重さ一〇〇キログラム、長さ四メートルの大松明が二本一組で二基繰り出し、煌々と火を燃やしながら練り歩く迫力は、多くの見物客を魅了する。この松明から火を貰い、家の神仏の灯明にする風習は現在も受け継がれている。

〈愛宕火や池田伊丹の秋ひとつ〉は、江戸時代の俳人・休計の句。

戦時下、一時沈黙を守っていた日野草城が俳壇への復帰を果たして、昭和二四年池田市中之島町に居を構えた。同年、「青玄」はこの地で創刊されている。

書斎は東西から日光が存分に射し込むことから「日光草舎」と命名されたが、病魔に侵され、昭和三一年、五四歳で帰らぬ人となった。

▽交通＝阪急電車池田駅下車。
▽問合せ＝池田市観光協会
電話〇七二―七五〇―三三三三

平成28年12月5日号（小寺昌平）

愛宕神社の勇壮な火祭「がんがら火」（写真提供：池田市役所）

「しあわせの村」誕生

私の住む北区の高台は、かつて源義経が「鵯越の逆落」の奇襲へと駆けた辺りで、すぐ北隣の山間に、神戸市が二〇年掛けて、平成元年に広大な「しあわせの村」を開いた。

鵯越いま花葛の逆落し　鈴子

甲子園球場の五〇倍二〇五ヘクタールの林間には、赤屋根白壁の南欧風の建物が散在する。造成中に、ラジウム温泉が湧き、大浴場を備えた宿泊館（約五〇〇〇円）が四ヶ所在る。

村の周辺の自然歩道を三〇分〜一時間巡ると、明石海峡大橋や淡路、小豆島も見え、里山の小楢林、松、つつじなどに生息する野鳥は八〇種に及ぶ。九〇〇種の昆虫をはじめ、狐・狸・野兎・鼬・猪・土竜・貂等がひそむ。水辺では蛙・山椒魚・蠑螈にも出会う。コースを選べば、化石類がみられたり、北口寄りの徳川道には、約二万年前の塁層が露呈している。

広い村内は、無料の貸自転車と巡回バスで、青芝広場を眺めつつ移動する。

吟行には回遊式の「日本庭園」を奨めたい。桃山—江戸初期（一七世紀）様式の石橋・土橋・船着き場や池の石組みは、桂離宮に倣ったもの。藤棚の下から広がる池には、錦鯉や鴛鴦、軽鴨が遊び、水舞台の家族連れに鳩がなつく。築山の四阿には、作り滝が響き、向う岸の四阿からは、菖蒲や竹林が美しい調和を見せる。東洋美と言えば野点、風雅な茶室が借りられる。四季の花が絶えぬ苑は門構えも厠も、総檜造りの贅を尽くしてある。

薬草園、果樹園、農園並木で草笛を試すのも一興。〈草笛を習ふ唇荒るるまで　鈴子〉。又幕営村とオートキャンプ場の側に、木や石で工作し、陶芸を楽しみ、星を見る広場がある。洋弓、水泳、乗馬やゴルフ、庭球等の球技の他、種々の運動ができ、本館問合せ（〇七八—七四三—八〇〇〇）で句会用の室や食堂も様々あり利用できる。南口の老大学には、一期卒の私が「ぐろっけ文庫」を贈り多くの俳書を揃えた。

▽交通＝JR三宮駅と神戸駅からバスが運行。車では阪神高速北神戸線に村入口があり、一六〇〇台が駐車可。

平成12年6月5日号（品川鈴子）

しあわせの村

数多い歴史的文化財

神戸は明るくハイカラな港町だが、それは六甲山系の南側のこと。北側にまわれば同じ市内とは思えぬのどかな自然と歴史に出会える。

箕谷の奥、衝原（つくはら）を訪ねたのは合歓が谷いっぱいに花を咲かせている頃だった。神戸電鉄箕谷駅から一五分程バスにのると、終点の衝原バス停近くに、現存する日本最古の民家「箱木千年家」がひっそりと建っている。

ここ衝原は山田の里といわれ、そこを流れる山田川沿いには、古くは京から有馬を経て播州へ出る山陽道のバイパスが通じており、そのため早くから地方文化が栄え、歴史的な文化財も数多く残っている。この里を見下ろす丹生山にして、平清盛が比叡山になぞらえ月参したといわれ、麓の丹生宝庫には資料も現存する。また一ノ谷の合戦の際、義経のひよどり越えの道先案内で功をなした鷲尾家の屋敷跡も近い。

日本最古の民家「箱木千年家」

一方この千年家は室町初期のもので、チョウナ削りでスプーン状に床板や柱が仕上げられ、大きな藁屋根を支える簀の子の天井にも時代の工法が窺われる。別棟の離れは畳の入った江戸時代のもので書院からの衝原湖の眺めも美しい。有力な地侍であった当主は三木城落城後、衝原改め箱木の姓を名のったという。

この民家は呑吐ダム建設のために現在地に移築復元されたものだが、この下流のダム湖までがサイクリングロードとなっており、緑豊かな野鳥の観察場所としても親しまれている。

その川筋を遡ると山田の里の総鎮守、六条八幡神社がある。本殿へと太い道が青田を貫き、一〇月一〇日には流鏑馬が見られる。青田の風に吹かれ、直訴の碑を経て一キロメートルほど北東に歩くと聖徳太子創建の無動寺に出る。緑の中の古刹には重文の仏数体が安置され、傍の若王子神社と共に悠久の時をしのぶに十分な佇まいを見せている。楓も多く紅葉の頃にも一日を過ごしたい吟行地である。

▽交通＝神戸電鉄箕谷駅から、衝原行バス終点下車。

平成14年9月5日号（岩津厚子）

明石海岸・浜の散歩道

明石とその付近の景観と史跡は、明石城公園をはじめ近時めざましく整備がすすみ、再評価されて来た。しかし、表舞台ほどには派手に登場しないけれども、その郊外に続く自然の風景、遺跡遺構の数々とそれらが醸し出す情緒は、やはり私達の心を慰める。

そのひとつが明石市街の西に続く海岸地帯である。晴れわたる日など、海峡の対岸に迫る国生みの島、淡路の姿を眺め、門波の美しさに躍動を覚えながら散策する心地よさは何とも言えない。

山陽電鉄で明石駅から西へ、江井ヶ島で降りて南に向かう。そこには「浜の散歩道」が東西に走る。

西へ向かえば江井島港。素朴な漁港だが、すぐそばには僧行基が創建にかかわったという極楽寺と定善寺がある。江井島港も行基の築港と伝えられ、摂津、播磨の五泊のひとつで「魚住の泊」と呼ばれた。戦国の三木合戦の折、別所長治の兵糧補給地となったところ。

このあたりは車も人通りも少ないので吟行や散策によい。私が歩いたときも酒倉へ荷を運ぶ車とすれ違っただけである。

酒倉付近には、地酒の記念館や徳利の博物館など変わった展示館がある。

魚住漁港に程近く、住吉神社がある。重厚な楼門と初代明石藩主小笠原忠真建立の能舞台が人目を引く。また、樹齢一〇〇年を超える藤棚があり、五月上旬には人出で賑わう。社頭の松林から眺める播磨灘の眺望もよい。

近くには、牡丹の素晴らしさで知られる薬師院があり、やはり行基の開山と伝えられる。

住吉神社、薬師院へは、山陽電鉄の魚住駅で下車する途もあり、駅からは僅かの距離である。

そのほか、このあたりのルートとしては、江井ヶ島から東へ足を延ばせば、明石原人腰骨発見地、明石象化石発掘地などがあって、古代をしのぶよすがともなる。

散策の仕方には、色々なルートがあり、案内図なども作成されている。

▽問合せ＝明石観光案内所
電話〇七八―九一一―二六六〇

平成18年6月5日号（木村淳一郎）

住吉神社の能舞台

禅機みなぎる高源寺

丹波市は旧氷上郡六町が合併して平成一六年に発足した。この地域からは古来多くの俳人が出ている。江戸期には田捨女が、近現代になってからは、西山泊雲、野村泊月、細見綾子、片山桃史らが。

同市青垣町について紹介する。青垣町は、細見綾子の出身地であり、同町東芦田に生家がある。近くの高座神社に句碑があり、〈でで虫が桑で吹かるゝ秋の風〉の句が刻まれている。句碑除幕式には、沢木欣一主宰の「風」の連衆が、バス七台を連ねて来られ、町内各界の人々の参加をも得て盛大に行われた。

青垣町には北部西部南部の方角に五つの峠がある。〈峠見ゆ十一月のむなしさに　綾子〉の句の峠は、本人にお聴きすると遠阪峠だということであった。同峠は丹波の国と但馬の国との境にあり、頂上からは、南但馬一帯を見渡すことができる。各峠の麓には渓流魚の女王と言われるあまごの養殖場や、青垣いきものふれあいの里などの諸施設、自然散策コース等が整備されている。

青垣町一の観光名所は高源寺である。三丹（丹波・但馬・丹後）随一と称される紅葉の名所だ。

境内と山腹を覆う数百本の楓は、その名を天目楓といい、一三二五年（鎌倉時代）に、開祖遠谿禅師が修行した中国杭州の天目山より持ち帰ったものである。建立の翌年に後醍醐天皇より高源寺の寺号を頂き、後に後柏原天皇の代に勅願寺となった。水上勉は記している。「誰もが訪ねる大徳寺の石畳や、大原三千院の参道など美しいけれど、高源寺に比べると、やはり都の寺だ。足もとにもおよばぬ。ここには鬼気迫る禅機がみなぎり、身をおいただけで、肝を洗われる生気があるように思える。」

青垣町はスカイスポーツのメッカでもある。三つのフライト基地があり、中でも、岩屋山基地は世界的に有名である。山頂から飛び立つと、西日本一という絶好の上昇気流にのって大空へ舞い上がれる。休日には無数のパラグライダーが空を遊泳する景が見られる。

▽問合せ＝丹波市観光協会　あおがき観光案内所
電話〇七九五―八七―二二二二

平成19年6月5日号（足立幸信）

スカイスポーツのメッカ青垣町

安産祈願の名刹

聖徳太子の創建と伝えられる宝塚市の中山寺（なかやまでら）は、真言宗中山寺派の大本山で、本尊は十一面観音菩薩立像である。また、西国第二十四番札所でもある。地元では「中山さん」と親しみを込めて呼ばれている。

両側に仁王像が立つ中山寺山門

大きな草鞋が奉納された山門をくぐると、本堂までは一直線である。境内はいつ来ても掃き清められている。

初詣のときには参道は人々で一杯となり、除災招福・家内安全などの願い事が叶うよう新春祈禱が行われる。

また節分会では、観音様に扮した宝塚歌劇団の団員が出て、追儺式や豆まき式を行っている。二月の涅槃会では、大願塔にて上田公長筆の大涅槃図が公開される。猫や蚰蜒が描かれており興味深い。

三月ともなると、梅祭が行われ、境内の五〇種一〇〇〇本の梅が人々を楽しませている。

このように、お寺では年間を通じ、世代を超えて受け継がれゆく行事を創意工夫しているようである。

ところで、絵馬堂前からの眺望は抜群。西に六甲山、正面に金剛山、葛城山、東に生駒山、眼下に宝塚の街並みと大阪平野が俯瞰され、開放感に溢れる。

一方、寺院のすぐ山側は赤松、コナラ、コバノミツバツツジ、ウラジロなどの植生が豊かであり、厄神明王を祀る奥之院へは参拝の人が絶えない。

中山寺は何といっても安産祈願の寺として名高く、人々から深く信仰されている。腹帯を授かりに行く夫婦やお宮参りの家族の姿など、願いと感謝の心あたたまる情景が見られる。庶民にとっていのちのふるさととでもいうべき所である。

▽交通＝阪急宝塚線中山観音駅から徒歩約二分。
▽問合せ＝中山寺
電話〇七九七—八七—〇〇二四

平成24年5月5日号（松平吉生）

勇壮絢爛　播磨国の置山

播磨国総社射楯兵主神社の第二二回三ツ山大祭は、平成二五年三月三一日に始まった。

国道二号線の総社南から大きな石の鳥居を潜り参道を行くと、神門の前に高さ一八メートル・底部直径一〇メートルの置山が、東から二色山、参道を挟んで五色山、小袖山と三基並んでいる。

竹と木を用いて造られた巨大な骨組みに、二色山は白と青の絹布が交互に巻かれ、その上に仁田四郎の猪退治の造り物が飾られている。五色山には五色の絹布に源頼光の大江山の鬼退治が、小袖山には氏子や市民から寄進された小袖や着物が約一〇〇〇枚も張り付けられ、俵藤太の百足退治の飾り物が掲げられている。

当社は当時、平成の大修理が行われていた姫路城の中曲輪内にあるが、大祭には参拝客が引きも切らず参道を埋め、置山を目指す。

大祭は天慶二年の藤原純友の乱の際、平定祈願のため勅使藤原好時が下向し、天神地祇祭を執行したことに始まり、六〇年毎に一ッ山大祭（前回は昭和六二年斎行）が、以後二〇年毎に臨時祭として三ツ山大祭が行われてきた。

置山の頂きに設けた山上殿に八百万の神々を迎え、神門の門上殿に遷られた射楯・兵主の二神が祭の期間中をもてなす。播磨地方はもとより日本全国の平安と発展を願う祭で、兵庫県無形民俗文化財に指定されている。

次回の催行は令和一五年の予定。それまでに置山だけでもご覧になりたい方は、西参道に再建された総社御門の二階に展示されているので、新装なった姫路城共々ご見学いただきたい。

▽交通＝JR山陽本線姫路駅、山陽電鉄山陽姫路駅より徒歩一五分。
▽問合せ＝射楯兵主神社（いたてひょうずじんじゃ）
電話〇七九―二二四―一一一一

平成28年7月5日号（播厂義春）

カラフルな置山（直径約10メートル、高さ約18メートル）

伝統の牡丹焚俳句養

奈良には牡丹の名所が多い。大津皇子の墓のある二上山麓の石光寺、当麻寺、長谷寺と近鉄沿いにそれらの寺は点在する。その他にもいろいろあり四月下旬から五月中旬までの春牡丹も美しいが、今回は風情のある寒牡丹のある寺を訪ねてみよう。

近鉄南大阪線二上神社口下車徒歩一五分、天智天皇勅願所で中将姫伝説の寺、石光寺（せっこうじ）がある。天智天皇の時にこの地に光を放つ三大石があり、掘ると弥勒三尊の石像が現れた。

勅願により堂宇を建立し「石光寺」の名を賜り役小角が開山となり、弥勒如来を本尊としてまつったのがはじまりと縁起にある。蓮糸曼荼羅を織った中将姫がこの寺の井戸で蓮糸を洗い五色に染めたので染寺ともいう。

寒牡丹は一一月中旬から翌一月下旬までが見ごろである。寒に咲く牡丹の種類があるわけでなく、寒いときに蕾を持つように芽摘み、葉摘みの工夫をするのだが、いろいろと適性があるようだ。藁苞とか藁帽子といって三角形の一方だけあけた藁家に可憐な花を咲かせる。一月中旬ごろは雪が積もって雪の中で開いているのはなかなか風情があってよいものだ。

「築港」では各結社に呼びかけて毎年この寺で牡丹焚俳句養俳句大会をやっている。古くなって枯死した枝や剪定した枝を集めて焚火をする。午前一一時に法要が始まり染井住職の法話を聞き、参加者がそれぞれに牡丹榾をその焚火にくべていく。薄紫の炎がのぼり、あたりに芳香がただよう。たくさんの俳人が集まり、一般の人もまじって大きな焚火の輪が出来あがる。全部燃え尽きたら客殿で俳句大会が始まる。

毎年一月第三土曜に行っていたが、昨年からは寒牡丹の丁度見ごろの一二月第二土曜日に行っている。

ほのかなる芳香放ち牡丹焚　雄三

▽交通＝近鉄南大阪線二上神社口（近鉄あべの橋天王寺から約三〇分）下車、徒歩一五分。駅前に標示あり。

平成12年2月5日号（塩川雄三）

藁苞に包まれて咲く寒牡丹

信仰の道・伊勢街道

海と、自然の湖のない奈良県において、古代より海とつながる道は、異文化とつながる交通の要衝であった。中でも伊勢みちは、『日本書紀』に「日神」と記された天照大神を祀る伊勢神宮への道で、斎王が辿り、農業守護神の日神信仰の道である。近世になると紀州公参勤交代の道ともなり、お伊勢まいりは、農耕の人々の旅心を昂揚させた道であった。

榛原町諸木野(もろきの)は、その伊勢みちの奈良県から三重県側に抜ける難所の口である。初夏には時鳥がよく鳴き、秋には猪が荒らしに来ますよと村人がいう。石割峠（海抜六九五メートル）の手前の宿場であり、立派な民家が多い。明治の初めまで旅籠は七軒あったと伺う。民家のかたまる中に井戸屋形のある井戸がある。村人の共同井戸であり、旅人の憩いの場であった。今、諸木野にも水道が行きわたっているが、村では屋形を建て替え、際に蹲踞を据え、ハイカーたちが喉を潤せるように美しく守っている。集落の一番上の軒下には、人幅だけの道が抜けていて、伊勢本街道の標がある。更に登ると、山神が祀られ、囲む藪の樫や榊に小竹筒(ささえ)が供えられている。正月の間、藁盒子(わらごうし)が括られているのを見る。

鶯の巣かも知らずよ藁盒子　松瀬青々

伊勢みちの宿場としてだけでなく、危険の多い山仕事で暮らしてきた地霊への祈りを感じる場だ。

山神の上に並んで口蓋をした炭窯がある。使っていた窯であったと思うより、最近樽丸(たるまる)とりや炭焼や松煙作りの人たちの奉納の炭窯ではないかと思えてきた。愛宕神社は一たん民家のかたまりを下り、切り岸の対岸から諸木野を見下ろす高処にある。梅、桜の頃は諸木野が大和絵のように鳥瞰されるが、ここは村人の火難禁忌の祈りの聖地である。

諸木野は、今観光施設も飲食の店もない。しかし、地に生きる者の風水の無事、旅人の無事を祈念した村の姿を残しているところだ。

▽交通＝近鉄榛原駅→奈良交通バス八滝停・徒歩約三キロ→諸木野・関所跡・徒歩約二キロ→石割峠→血原橋（バス停）。

平成14年11月5日号（吉沢紀子）

諸木野の牛繋ぎの桜

平城宮跡から法華寺

近鉄西大寺駅を出てバス五分、又は徒歩二〇分で世界遺産の平城京跡に着く。芝生の青々とした大空間で、奈良時代八代の帝七四年の平城京の中心地である。

うらうらと照れる春日に雲雀あがり
情悲しも独りしおもへば
『万葉集』巻一九

大伴家持の哀傷歌は今日の我々にも通じるものがあるだろう。同じ世界遺産の東大寺や興福寺周辺の喧噪に比べ、この宮跡はいつも静かでまさに現代の別天地の感がある。美しい桜や青柳の並木通りを辿り、雲雀の歌に耳を傾け、遥か天平の世に想いをはせて句作に耽るのに絶好の場所である。今日も続けられている宮跡の発掘の見学をし、出土品に興味のある人は宮跡西北の資料館を尋ねるのも良い。

奈良一刀彫の親王雛

平城宮跡中心地の大極殿跡から東へ徒歩三〇分、バス五分程で法華寺に着く。

この御寺は一三〇〇年昔、光明皇后が日本総国分尼寺として創建された法華滅罪寺で、広々とした寺域はいつ来てもひっそりと、尼寺らしい静寂に満ちている。本尊の国宝十一面観音立像は仏像彫刻の中でも特に優美なお姿である。春三月二〇日～四月七日、秋一〇月二五日～一一月一〇日まで特別開扉される秘仏である。三月一日～一〇日までは「古代雛の展示」四月一日より一週間「雛会式」など尼寺らしい法要が営まれる。

古代雛は東山天皇、貞明皇后他皇室縁の方から寄進された、優雅で品格に溢れたお雛様である。国史跡名勝の浴室（からぶろ）や、名勝庭園のかきつばたも必見の価値がある。東庭園には椿梅桜など季節の花が咲き乱れ、多種を数える山野草など散策句作に絶好の庭園である。平成一七年一〇月この地に橋本多佳子句碑が「七曜」俳句会により建立された。

古雛をみなの道ぞいつくしき　多佳子

▽交通＝近鉄西大寺駅よりバス、法華寺下車すぐ（一時間に二便）
▽問合せ＝奈良市法華寺
電話〇七四二―三三―二二六一

平成18年4月5日号（川北憲央）

狼のいた山河・深吉野

花の美吉野に対し、東吉野村を深吉野と呼ぶ。原石鼎が兄の代診を一年数ヵ月勤めた字「小（おむら）」は、世に言う深吉野時代と称せられる秀吟の生まれた風土が今ものこる。

この「小」こそ八咫烏の先導を得て神武天皇が吉野に至ったことは記紀が示す通りで、厳瓮（いつへ）を沈めた夢の淵がある。橿原で即位される前、神と人間が最も親しかった聖地で、日本歴史の揺籃の地である。辺に丹生川上中社が鎮座し罔象女神（みずはのめ）を祀る。秋の大祭は例年一〇月一六日に近い日曜日に執り行われ、太鼓台八基が揉み合う勇姿は、在祭の伝統を今日によく伝えている。

村の東北に聳える高見山は伊勢と国境をなし、一二四九メートルで、冬は樹氷が美しく登山で賑う。

麓に「たかすみ温泉」があり「たかすみ文庫」が併設されている。山口誓子の遺墨を中心に諸家寄贈の遺墨書籍が展観されている。福田基氏の稀書は特に注目したい。またこの村は石鼎所縁のこともあり、俳句の里作りを宇多喜代子、茨木和生指導のもと、崩壊寸前の石鼎旧居の復元移築を成し、深吉野全国俳句大会を成功させた。併せて誓子、秋櫻子、信子、夜半、狩行など二六基の句碑と登志夫歌碑など三基が建立されている。

半世紀後に高く評価されるだろう。高見山麓には俳人の宿として定着している「天好園」があり、「たかすみ文庫」の隣りである。村を縦貫して高見峠を越える道は、紀州本街道であり、八代将軍吉宗公の往還の道で、また本居宣長の吉野詣の道であった。

明治維新の五年前天誅組はこの地で果て、日本狼の最後の雄が捕獲されたのは明治三八年であった。水あくまでも清く大自然と人の祈りの暮らしがある深吉野は記紀万葉の風土で、宇陀の高城、かぎろひの丘、伊那佐山、国栖奏、葛晒、紙漉等周辺に隣接して吟遊によい。

▽交通＝近鉄大阪線榛原下車、タクシーが便利。二〇名前後なら天好園の送迎マイクロバス。

電話〇七四六―四四―〇一一七

平成19年5月5日号（藤本安騎生）

丹生川上神社中社の大鳥居

「かぎろひの丘」の神秘

万葉のロマンただようここ大宇陀は、古代の皇族の狩猟の地でもあり、阿騎野として知られてきた。

旧町役場横の長山は「かぎろひの丘」として整備されているが、周辺には櫟林なども残され、古代の風景が今に伝わっている。

その丘で毎年旧暦一一月一七日に柿本人麻呂を偲び、「かぎろひを観る会」が催されている。当日は多くの万葉集ファンが集い、大焚火を囲んで「かぎろひ」を待つ。

丘には人麻呂の詠んだ万葉歌碑「東の野に炎の立つ見えてかへり見すれば月傾きぬ」が建っている。碑面は佐佐木信綱の書によるもので、裏は新村出の由緒書が刻まれている。

持統六年（六九二）一一月一七日に、軽皇子（のちの文武天皇）の供をして、当地を訪れたときの作と伝えられ、万葉集には長歌と反歌四首が残されている。

宇陀はまた盆地特有の気候。冬の寒さは格別である。

冬の荒寥たる阿騎野に野営した一行は、やがて夜明けを迎えた。東の空が微かに明らむ山際に、炎が立つのを覚え、西空を振り向くと昨夜皓々と照らしていた月が残っている。まさに大自然の雄大さに身を委ねて詠んだ、人麻呂渾身の作である。

「かぎろひ」を「朝焼」と解釈する人もいるが、一般的には朝の冷気がプリズムとなって光の屈折を生み、それが一層神秘的に輝く現象とされている。

「かぎろひを観る会」は昨年（二〇一一）で四一回を数えるが、実際に「かぎろひ」が見えたのはわずか数回とのこと。それだけに万葉のロマンへの憧れは一入といえよう。

▽交通＝近鉄大阪線榛原駅よりバス二〇分。
▽問合せ＝宇陀市商工観光課
電話〇七四五―八三―二四五七

平成24年4月5日号（宇陀草子）

「かぎろひの丘」から夜明けの高見山系を望む

能楽の原点　奈良

今年は大和猿楽から能楽を大成した世阿弥の生誕六五〇年に当たる。旧暦八月八日の世阿弥忌は、歳時記にも記載されている。

奈良県磯城郡田原本町にある世阿弥夫妻の菩提寺・補巌寺（曹洞宗）では、毎年新暦八月八日午前、能楽学会世阿弥忌セミナー関連行事として、世阿弥忌が修されている。

当寺所蔵の納帳に夫妻の法名（至翁・寿椿）と世阿弥の忌日が記されていることを香西精・表章両氏が発見。世阿弥没後六〇〇年の昭和三八年以来、能楽師や学者、地元の人々が集い、世阿弥の位牌を拝している。さらに能楽師が任意で謡を捧げ、忌日の根拠たる納帳を拝観するささやかな行事が行われてきた。

補巌寺には観世流の山本博之師の発願で、世阿弥を敬愛する人々によって、昭和五〇年に「世阿弥参学之地」の碑（世阿弥は二代住職竹窓智巌に学ぶ）が建立された。

建碑の年から一〇年目毎の世阿弥忌は、少し盛大に催すことになっている。二〇年目には近くの公民館において、残暑厳しい中庭に氷柱を立て、能楽師が仕舞を舞った。

なお補巌寺は、現在山門が面影を残すのみの民家。タクシーも同寺を知らぬ運転手が多いので要注意。

また世阿弥忌の前後七日または九日に、奈良県生駒市の宝山寺では、午後、金春家との縁で同寺が所蔵する世阿弥自筆の書簡・能の脚本、金春禅竹自筆伝書、武術伝書等の展観があり、誰でも拝観できる。

▽交通＝補巌寺へは近鉄橿原線八木駅より車で約二〇分。宝山寺へは近鉄奈良線生駒駅より生駒ケーブルに乗り換え宝山寺駅下車。坂道と石段を徒歩一五分。

▽問合せ＝能楽学会

電話〇三―三二六四―四九一〇（直通）

（開室日木曜一〇時～一六時）

平成25年11月5日号（繆片真王）

「世阿弥参学之地」（写真提供：田原本町）

はるかなる二上挽歌

「大和はくにのまほろば……」知れば知るほど謎めいてくる飛鳥は一四〇〇年ほど前に古代国家形成の舞台となったところ。当時の飛鳥人は、この美し国を守るために、壮絶な興亡を繰り返してきた。

二上山は「あめのふたかみ」と崇められてきた山で、標高五一七メートルの雄岳と標高四七四メートルの雌岳の二峰からなる。皇位継承をめぐる政争の中、謀反の疑いをかけられ、二四歳で無念の死を遂げた大津皇子の墓が山頂にある。

天武天皇の皇后・後の持統天皇は、才学と人望に恵まれた大津皇子を、わが子草壁皇子の地位を脅かすとして死にいたらしめたと伝わる（考古学的には立証されていない）。

大津皇子の姉・大来皇女は「うつそみの人にある我や明日よりは二上山を弟とわがみむ」（『万葉集』巻二）と詠み、嘆き悲しんだという。

しかし草壁皇子も即位することなく早逝。非業に死んだ大津皇子の怨霊が彼の命を縮めたと噂された。

冬没日鞍部にとどめて二上山
能村登四郎

かつて万葉の人々は二上山に沈む夕日を眺めて、その彼方に極楽浄土があると信じた。特に明日香の甘樫丘から見る夕日は、大和三山のシルエットと相俟って心が癒される。

「やまとしうるはし」は、まさに日本人の心のふるさとなのだ。

麓には、当麻曼荼羅（国宝）の当麻寺や寒牡丹で有名な石光寺など由緒ある寺が点在している。

▽交通＝近鉄南大阪線二上山駅から徒歩一時間三〇分（雄岳頂上まで）。

▽問合せ＝葛城市観光協会
電話〇七四五—四八—四六一一

平成29年11月5日号（上谷昌憲）

万葉人は二上山に沈む夕日の彼方に極楽浄土を信じた

幻想的な白崎の景観

和歌山県日高郡由良町は県の西端に位置し、紀伊水道に面して遠く四国を望む。その海岸線に白亜の小さな岬が突出している。白崎である。

『万葉集』に

白崎(しらさき)は幸(さき)く在り待て大船に真楫(まかぢ)繁貫(しじぬ)きまたかへり見む

と詠まれている。

大宝元年（七〇一）持統、文武の紀の湯行の折の作らしい。当時の都人が、航行の沖より白崎の神秘的な景観に感動して、「いつまでも変わらずに待っていてくれ」と呼びかけ、「大船に櫓を沢山つけてまたやってきて見たいものだ」と名残を惜しんだ。当時より一三〇〇年以上を経た今も、石灰岩の白崎は白く輝き幻想的である。交通不便のため、知る人ぞ知る、知られざる名所であった。終戦後、採石を止め放置されていたが、近年、その採石跡地を開発して白崎海洋公園へと変貌、岬全体が公園となり、巨大な石灰岩の白き壁に囲まれて、椰子の木が並び、ダイビングクラブハウス、イタリアンレストランなどの瀟洒な施設が建ち、芝生広場にはオートキャンプガーデンもある。なかでもダイビングクラブハウスには、スキューバダイビングの初心者でも安心して水中遊泳にチャレンジ出来る本格的ダイビングプールがある。またライセンス取得のためのレクチャールームも備え、今や京阪神からも若者が集まってくる。道も良くなった。春から夏にかけては、海猫が飛び交い、頭上に鳴き声が降ってくる。展望台に立てば群れをなして岬を巡る海猫が目の前を過ぎてゆく。

和歌山県・白崎の海岸

夏帽子白崎の白照り返す　超心鬼

近くの見所に、「普化尺八」の本寺「興国寺」がある。みそ、しょうゆの発祥の地としても知られる。現在臨済宗妙心寺派に属している。

▽交通＝ＪＲ紀勢本線紀伊由良駅から中紀バス約二〇分白崎下車。タクシーもある。松原ＩＣから約二時間。阪和自動車道広川ＩＣを出て国道四二号を南下、標識に注意して白崎海岸に出て右へ、白崎が見えてくる。

平成12年9月5日号（山口超心鬼）

「熊楠邸」一般に公開

雨にけふる神島を見て紀伊の国の生みし南方熊楠を思ふ　　昭和天皇

右の和歌でも知られる南方熊楠の、後半生を過ごした紀州田辺の邸宅がいよいよ一般公開されることになった。熊楠の事蹟については全集や『南方随筆』等の著述、それにその生涯を描いた『縛られた巨人』（神坂次郎・新潮社）などでよく知られているところであるが、今度公開される建物は大正五年から昭和一六年没するまで研究を続けていた建物。約四〇〇坪の敷地に母屋、書斎、書庫のほか、粘菌・菌・藻などを採集した庭園や水溜めなどが、ほとんど生前のままの姿で残されている。

熊楠はこの住居が気に入り「ずいぶん広い風景絶佳な家に住し、昨今四顧橙橘の花をもって庭園を満たし、香気鼻を撲ち」と知人に吹聴している。生前ここに原敬らの発声で南方植物研究所が設立され、熊楠没後もそのままの状態で後世に伝えようと申し合せがなされた。

その甲斐あって熊楠の名を冠した新種の粘菌発見の柿の木は現存。熊楠遺愛の亀の子孫も一匹だけだが、没後六十余年の今日まで庭内で元気な姿を見せている。

熊楠が後半生を過ごした邸宅（写真提供：南方熊楠顕彰館）

俳人で、生前の熊楠に親炙したのは河東碧梧桐である。碧梧桐は明治四四年と昭和五年の両度田辺に熊楠を訪ね、子規の獺祭書屋がそのまま眼前に見る思いがしたと訪問記を綴っている。

邸は平成一二年六月、熊楠長女文枝（九〇歳）の死去に伴い田辺市に遺贈され平成一七年一一月より復元・改修工事に着手し、平成一八年三月工事が完了した。現在は南方熊楠顕彰館によって管理・公開されている（有料）。また、隣接の白浜町には公益財団法人南方熊楠記念館が開館（木曜日休館）されている。

▽交通＝JR紀勢本線紀伊田辺下車。徒歩約一〇分。白浜へは同駅前からバス。

▽問合せ＝南方熊楠顕彰館
電話〇七三九―二六―九九〇九

平成14年8月5日号（中瀬喜陽）

復活二十五周年の流し雛

弥生時代、和歌山県粉河町を中心にして紀州邪馬台国が成立。女王（卑弥呼）が人民の災難をのがれるため、木片で「人がた」を作り、紀ノ川に流したのが、「紀ノ川流し雛」の起源である。

この行事は粉河寺を中心に連綿と続いていたが戦時の混乱により休止状態であった。

戦後、古代文化の伝承と災難、厄除け、を願う人々の為に、雛流しを復活させようと、粉河寺、粉河町文化協会、粉河町文化史友会、商工会、観光協会、老人クラブ、農業協同組合、教育委員会等各種団体が一丸となって努力し、昭和五六年三月三日に復活した。

今年は復活二五年の節目に当り、行事日程は左記の通りである。

三月三日、各人が工夫を凝らした、手作りの雛、桟俵、三種の神器、藁舟、プラカードを手に園児から高齢者まで、老若男女が西国三番札所粉河寺本堂前に参集。

午後一時、管長様より祈願、法会を頂く。

午後二時、役場等の新職員が扮した紀州邪馬台国の女王（卑弥呼）を先頭に紀ノ川まで約二キロメートルの粉河町メイン通りを大行列が進む。

道中、広報車からの「流し雛賛歌」や子供達の合唱が高々と流れ町内は雛流し一色に染まる。

紀ノ川に到着後、磧（かわら）にて祈願祭を行う。九頭神社の宮司様より流し雛の祝詞が奏上され、代表者が玉串を奉奠。

午後三時、クライマックスの雛流しが始まる。まず、女王（卑弥呼）が古代から伝承の桟俵を紀ノ川へ流す。その後、各人が持ち寄った雛を流し一級河川紀ノ川は雛の川と化し詩情を誘う。俳人、歌人、カメラマンを始め、テレビ、新聞社等の報道機関、県内外からの観光客で賑わう。

対岸には、紀州富士と称される、竜門山が聳え、早春の紀北の引き締まった雰囲気を満喫出来る。

紙雛を乗せた桟俵を紀ノ川に流す卑弥呼

▽交通＝JR和歌山線粉河駅下車、徒歩一〇分。

▽問合せ＝粉河ふるさとセンター
電話〇七三六―七三―三三一二

平成18年3月5日号（桑島啓司）

厳しい高野山への道

空海を慕って訪ねた母親の御霊をも祀っている慈尊院は、女人高野とも呼ばれる名刹である。その慈尊院から高野山までの山道がいわゆる高野山町石道（ちょういしみち）である。

慈尊院の山門を潜ると、右手奥に多宝塔、左手に弥勒堂があり、その前には乳房を模った絵馬がいくつも吊り下げられている。境内の正面の石段は丹生官省符神社に続く石段であるが、その石段の右手に立つ五輪の形をした石の卒塔婆が百八十町石であり、町石道はここから始まる。

本来この道は高野山への表参道であり、空海が開山の時に、道標として一町（約一〇九メートル）ごとに木製の卒塔婆を立てたのが始まりである。大師は母に会うためにこの道を月に九回往復したことが、この地「九度山」の地名の由来とも言われている。その後、鎌倉時代に石の町石に立て替えられて現在に至っている。

大門までの約二〇キロメートルの道のりは厳しいが、浄土への道と信じた当時の人々の信仰心に触れ、石の表情を楽しみながらの登山に心癒されること間違いなしである。

体力の自信のある方は一気に登れば六～七時間で大門に到着するが、そうでない方は、まず六本杉（百三十六町石）までの道に挑戦し、そこから右手に下って天野の里を訪ねるコースがお勧め。

天野は丹生都比売（にうつひめ）神社をはじめ西行や横笛の伝説が残る隠れ里で、吟行地として最適の場所だ。

町石道に戻り、尾根づたいの道を行くと丹生都比売神社を見下ろす二ツ鳥居（百二十町石）に到着。笠木峠（八十六町石）を経て矢立（六十町石）まで来ると、あと二時間の勝負。自動車道に沿いながら大門まで一気に登る。きつい道のりであるゆえにその達成感は大きく、大門から下界を見下ろした爽快さはまさに極楽浄土の気分である。

いずれにせよ、百八十町を一気に登り切るのはかなりの健脚を要するので、南海高野線をうまく利用して無理のないコースを選択してほしい。

▽交通＝南海高野線九度山駅下車。徒歩二〇分で慈尊院に到着。
▽問合せ＝慈尊院　電話〇七三六―五四―二二一四

平成19年9月5日号（手拝裕任）

高野山町石道の出発点

熊野古道から旧中筋家

紀ノ川に沿って走るJR和歌山線の小さな無人駅「布施屋(ほしや)」を降り、普段あまり人が通らない熊野古道を歩いてみた。

駅前の団地を縫って消えそうな道が続く。

曲り角毎に掛けられた案内板を頼りに一五分ほど歩くと、古い石垣に行き当たり、古道に間違いないと確信。ほっと安堵する。途端に古い門構えや土塀、蝶も登場し、それらしくなるから不思議だ。

ほどなく和佐地区田園地帯に出る。一入深い色の青田が広がり、田に肥料を撒く人や捕虫網を手に小川を覗く子供たちに出会う。それを見守る仁王立ちの麦藁帽子、野菜を売る姉さん被りの人など、青田をキャンパスにすべてが眩しく美しい。

和佐小学校から左手に高積山の風を受けながら二〇分ほど歩くと、水路を伴った長い土塀の屋敷に出る。表門に回ると「旧中筋家住宅」と真新しい案内板が立っている。嘉永五年築の大庄屋屋敷で、平成一二年から約一〇年間にわたって九億円かけて修復が行われたとのことである。

修復された「旧中筋家住宅」

広い土間から畳の間に上がり、先ず目に飛び込んできたのは、白地に紺の唐花立涌文様の襖紙。夏の葦簀障子との組合せで、絶妙の味を醸し出している。

各部屋毎に微妙に違う襖紙と引手、大正クラシックの瀟洒なシャンデリア、黒漆の床框(とこがまち)など、贅よりも粋の勝った造作である。

蔵、茶室など二二〇〇平方メートルの敷地を丹念に巡ると、優に半日は過ぎるであろう。

紀州藩の大穀倉地帯を一手に取り仕切った大庄屋の、一〇年に余る修復事業に納得させられた。

高積山を借景にした月見台の真下を、熊野三山への古道が続く。

旅人に掛けた労いの声が今も聞こえてくるようだ。

▽交通＝JR和歌山線布施屋駅から熊野古道　徒歩約五〇分。
▽問合せ＝旧中筋家住宅
電話〇七三―四六五―三〇四〇

平成24年9月5日号（阪口三重子）

勇壮な男の火祭り

世界遺産の「紀伊山地の霊場と参詣道」の一部である和歌山県新宮市の神倉神社の例祭「お燈(とう)祭」は、毎年二月六日の夜に開催される勇壮な火祭りとして知られている。

この神倉神社は、熊野三山（熊野本宮大社・熊野速玉大社・熊野那智大社）の一つである熊野速玉大社の摂社でもある。

お燈祭の歴史は古く、起源としては記録に残っている「熊野年代記」によると、飛鳥時代より一四〇〇年以上も引き継がれてきた。この祭りは熊野神の来臨を再現し、家々に神の火を戴くという神事で、新年における燈明の「火の更新」を意味する祭りとして、旧暦の正月六日に行われていた。「上(のぼ)り子(こ)」と呼ばれる参加者は、一週間前より精進潔斎として身を清め、白飯・豆腐・はんぺん・しらす・かまぼこ等白いもの以外食べてはならず、白いものだけを身に着ける。また女性には触れてはいけない仕来りになっている。さらに祭りの当日は、女性が山に上るのを禁止されている。

「上り子」は白装束に腰から腹にかけて荒縄を締め、祈願の言葉を書いた松明を手にして神倉神社の山上に集結。午後七時より祭典が執り行われ、約二〇〇〇人の男衆が御神火を移した松明をそれぞれに持つ。午後八時、山門が開くと同時に、一斉に神倉神社の五三八段の急峻な石段を一気に駆け下りる勇壮な男の火祭りである。

新宮節に「お燈まつりは男のまつり／山は火の滝／下り竜」と歌われている。下山後は各家庭に御神火を持ち帰り、神聖な火を家に灯し、熊野神の来臨を喜び、家庭の安泰を願う。国指定重要無形民俗文化財、和歌山県指定無形民俗文化財。

▽交通＝ＪＲ紀勢本線新宮駅。路線バスで裁判所前下車、または徒歩一五分。

▽問合せ＝新宮市商工観光課
電話〇七三五―二三―三三五七

平成28年11月5日号（鳥井保和）

約2000人の男衆が松明を手に急な石段を駆け下りる

Ⅵ 中国

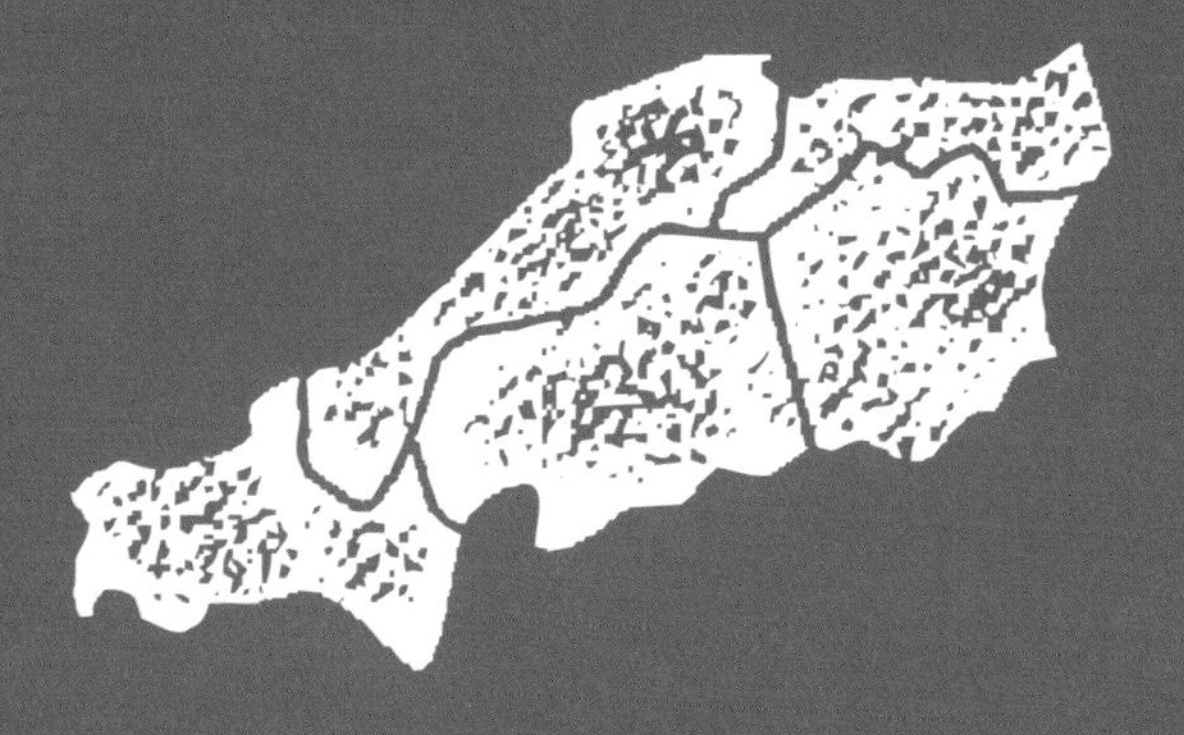

漁港と漫画の町作り

JR境線の終着駅「境港」に降り立つと、灯台を模した瀟洒な駅舎に続いてすぐ八〇〇メートルにわたって「水木しげるロード」が続いている。

　このロードを、西日本屈指の漁港で年間漁獲量日本一、二を争う境港市の新しい名所にしようと、平成五年七月境港市出身の漫画家水木しげる氏の傑作漫画『ゲゲゲの鬼太郎』に登場するおなじみの鬼太郎をはじめ目玉おやじやねずみ男等、水木氏の著書『日本妖怪大全』の中に描かれている日本の妖怪五〇〇種類の中から、ブロンズ像として立体的に表現しておもしろいものを選んで二三体でオープンしたもの。その後数を増やし、現在では八〇体の妖怪像が道路の両側にずらりと設置されているほか、ロードとの調和を考えたポケットパークや目玉の街灯、通ると反応して音楽が流れるサイン塔等が整備されている。またロードの両側には様々な鬼太郎グッズを売る店が軒を連ね、日曜や休日になると近隣から子供づれの観光客で賑わっている。

　通称「妖怪ロード」とか「鬼太郎ロード」とか言われており、平成九年同市で開催された「夢みなと博覧会」においてこの妖怪の町をPRして以来全国からの観光客が増加しつつある。

　一方駅から左へとるとすぐ境海峡に面する海岸通りへ出、東端の日本海へと岸壁が続いている。

　その中程に桜の名所台場公園がある。ここは幕末の文久年間、海防上の要衝として大砲八門を据え付けた大砲の跡である。公園の西隣に「海とくらしの史料館」があり、「海と人のくらし」をメインテーマに魚や蟹の剥製や漁具民具等が展示してある。

　鳥取県の西北端に位置するこの町は、昔からの漁港としての活気あるたたずまいと、漫画の主人公を取り入れ子供時代の郷愁を誘う近代的な街づくりがよく調和して、大人も子供も楽しく過ごせる町となっている。

平成30年水木しげるロードリニューアル後　© 水木プロ

▽交通＝JR境線境港駅下車すぐ。米子自動車道米子IC下車、国道四三一号線、境港まで車で二五分。米子空港から車で一〇分。

平成11年10月5日号（由木みのる）

洞門・奇岩の浦富海岸

鳥取砂丘から程近い浦富海岸は「日本の渚、百選」にも選ばれている名所。日本海の荒波と風雪によって浸食された断崖、洞門、奇岩などが点在。その変化に富んだ荒々しい景観とマリンブルーの海とのコントラストは、訪れる人たちの目を楽しませてくれる。

海岸沿いには自然歩道が整備され、その出発点となるのが松葉蟹の漁獲量を誇る網代である。現在は別の場所に漁港が新設されたので旧網代港は鄙びてしまったが、それでも一〇トン級の烏賊釣船が何隻も繋がれて、漁港の風情を保っている。浜では獲れたてのスルメイカを、おかみさんが馴れた手つきで捌きながら干している風景も見受けられる。

この海岸近くに、かつて林芙美子が姉のように慕っていた尾崎翠が住んでいたことがある。大岩小学校の代用教員時代で、近年発掘された紀行文「海と小さい家と」はその頃に書かれた。

網代展望台から見渡せる「千貫松島」は寛文年間に鳥取藩二代目藩主池田綱清公が、この島のあまりの美しさに「我が庭にこの岩つきの松を移すことの出来た者には銀千貫を与える」と語ったことによる。三角形の洞門の自然美と、その頂きに生えた松とのバランスは絶妙で、時代を超えて感動を誘う。

さらに先へ進むと白砂で覆われた「鴨ケ磯」が展けてくる。春には若布なども流れ着き、磯遊びには格好の場所。この浜近くで酒宴を催した島崎藤村は、その静謐な美しさに陶酔したと伝えられている。

終点の「城原海岸」は野生の菜の花の咲く「菜種五島」を据え、浦富海岸の中でも絶景地。ここで眺める夕陽の美しさは格別である。夏にはシュノーケルなどで海中散歩が楽しめる一方、砂丘地特有のハマゴウの花をはじめ、葛の花、蝶、海鳥など汐の香りと共に自然を満喫できる。

遊歩道はアップダウンに富むため、車か周遊ボンネットバス、遊覧船をおすすめしたい。

▽交通＝JR鳥取駅および鳥取空港より車で約三〇分。
▽問合せ＝岩美町観光協会
電話〇八五七―七二―三四八一

平成20年2月5日号（石山ヨシエ）

冬の「菜種五島」

ゲゲゲの「妖怪ロード」

JR山陰本線米子駅を始発駅として、北へ延びているのが境線である。列車にはキャラクターが大胆に描かれていて、大人も子供も楽しい気分にさせられる。

約五〇分で終点の境港駅に着くが、その間の駅にも様々な妖怪の名（例えば米子駅＝ねずみ男駅、境港駅＝鬼太郎駅など）がつけられ、それぞれの愛称でよばれている。

灯台を模した瀟洒な境港駅を出ると、すぐ駅前に「水木しげる先生執筆中」のブロンズ像が目に入る。これはJR境線の妖怪路線化を記念して建立されたもの。鬼太郎、目玉おやじ、ねずみ男が水木しげる氏の漫画執筆を興味深げに見つめている。

この像を皮切りに、本町通り八〇〇メートルにわたって妖怪のブロンズ像一三九体（平成二二年四月現在）が道路の両サイドにずらりと立ち並ぶ。地元ではこの道路を「水木しげるロード」、通称＝妖怪ロードと呼んでいる。

そもそもこの妖怪ロードが出来たのは平成五年のこと。山陰地方随一の漁港を持つ境港市のPRと町起こしのため、当地出身の人気漫画家＝水木しげる氏に協力を要請。代表作「ゲゲゲの鬼太郎」に登場する妖怪のブロンズ像設置が決定した。

制作に際しては、水木氏の著書『日本妖怪大全』に描かれている五〇〇種類のキャラクターの中から、立体的に表現して面白いものを氏ご自身に選んで貰った。

最初は鬼太郎、ねずみ男など二三体でオープンしたが、平成七年は七一体、平成八年は八〇体に増え「水木しげるロード全線完成記念式典」が執り行われた。その後もブロンズ像は増え続け、現在の数になっている。

当初はついでに立ち寄るレジャー・スポットであったが、最近は鳥取砂丘を抜いて、県内随一の観光名所となっている。

▽交通＝JR境線境港駅下車すぐ。米子自動車道米子IC下車、国道四三一号線、境港まで車で二五分、米子鬼太郎空港から車で一〇分。

平成22年10月5日号（由木みのる）

水木しげる先生執筆中のブロンズ像　©水木プロ

蕪城の愛した漁港

今や中国地方有数の観光スポットとして有名な「水木しげるロード」を抜けると、市民に親しまれている「台場公園」がある。

ここはかつての境台場跡。春の桜の頃には花見客が大勢訪れ、その一角に当地出身の木村蕪城句碑〈読初の出雲風土記に国を恋ふ〉が建立されている。

蕪城の愛した境港は鳥取県の西端、弓ヶ浜半島の先に位置する昔ながらの港町である。

境水道を挟んだ対岸が島根半島。以前は渡し舟で往来していたが、昭和四七年に境水道大橋が架かり、美保関・松江方面へは車で行けるようになった。

この島根半島が天然の防波堤の役を果たすという立地条件に恵まれ、古くから良港として発展してきた。

白砂青松の続く弓ヶ浜の海岸線は、南東に聳える伯耆大山を背景に、ダイナミックにして穏やかな景観を呈している。

恵まれた地形にあって昔から漁港で栄え、水揚量も全国の上位を占めていた。近年はやや低迷傾向にあり、昨年は六位であった。とはいえ市場に隣接する水産物直売センターでは、生黒鮪・松葉蟹・紅ずわい蟹・干物などが豊富に出揃い、観光客で賑わっている。

最近では港湾の輸出入貨物の実績が年々向上。さらに「日本海拠点港」にも選定され、目下専用岸壁を整備中である。

人口約三万六〇〇〇人の小さな市ではあるが、美しい自然、新鮮な海の幸にめぐまれ、何より人情味厚く温和な人々が暮らしている町である。

▽交通＝JR米子駅より電車で四〇分。米子鬼太郎空港より車で二〇分。
▽問合せ＝境港市観光案内所
電話〇八五九―四七―〇一二一

平成27年3月5日号（出木俊子）

境水道大橋　かつては渡し舟で往来していた

情緒豊かな雛送り

鳥取市用瀬（もちがせ）の千代川において、旧暦の三月三日に行われる流し雛の行事は江戸時代から続く伝統行事で鳥取県無形民俗文化財に指定されている。昭和初期、玩具作りに携わっていた田中達之助は「鳥取の紙ひなは全国のものと比べて　優美にして簡　味ひ深し」と評している。また宝暦・明和の頃より俳諧が盛んになったようで、寛政九年（一七九七）に建立された松尾芭蕉句碑をはじめとして平成に至るまで一〇数基の句碑が町内に点在している。

流し雛の当日、それぞれの民家では代々受け継がれてきた雛飾りが公開される。それを楽しみに家々を回る人もあり、その日は町全体が雛一色に染まるのである。一方で流し雛の制作実演も行われている。

午後、メイン行事の「幼子の雛流し」が始まると、早朝より待ち構えていたアマチュアカメラマンのレンズが一斉に向けられる。男女一対の紙雛を乗せた桟俵に桃の小枝や菜の花を添えて、晴着姿の幼子たちが無病息災を祈りながらそっと川に流すのである。清流に乗って早々と遠ざかるものもあれば、岩礁の狭間で留まっているものもあり、衆人の熱い視線が注がれる。

引き続き行われるのが古雛の御焚上げ。前もって持ち込まれた数多の雛が河川敷に積まれ、神事のあと火が入る。勢いよく燃え出したその嵩は炎と共にみるみる崩れ、厳粛な雰囲気に包まれる。

近くには「流しびなの館」があり、享保雛をはじめ各時代の雛人形や加茂人形、御所人形などが常設展示されている。流し雛と共に鑑賞すると感慨深いものがある。

▽交通＝JR用瀬駅より徒歩で約五分
▽問合せ＝流しびなの館
電話〇八五八―八七―三二二二

平成31年3月5日号（石山ヨシエ）

幼子の雛流し。鳥取県無形民俗文化財として指定

人麿終焉の地・鴨山

島根県大田市の中心より東南約一二キロメートルの山峡に邑智町湯抱がある。

平成三年、ここに「斎藤茂吉鴨山記念館」が開館した。「鴨山」探索に情熱を注いだ斎藤茂吉博士の偉業を顕彰すると共に、人麿終焉の地「湯抱の鴨山」を広く伝えるためである。玄関前に

夢のごとき「鴨山」
戀ひてわれは来ぬ
誰も見しらぬその
「鴨山」を　　茂吉

の歌碑があり、館内には鴨山関係の資料や博士の遺墨、遺品、著書、写真等が展示してある。

鴨山の磐根しまける
吾をかも知らにと妹が
待ちつゝあるらむ

この歌は人麿の辞世の歌と言われ、万葉集巻二に「柿本朝臣人麿石見国に在りて臨死らむとせし時自ら傷みて作れる歌一首」と前書がある。この歌によると、人麿は鴨山の磐根を枕にしてなくなったと解され、その鴨山は石見国にあるとされるのである。鴨山がどこにあるかについては古来から多くの説があり、歌人斎藤茂吉博士は二〇年もの間、幻の山を追い求めて石見国に前後七回足を運ばれた。昭和一二年、粕淵村役場の土地台帳により「鴨山」なる地名を発見、広島から赤名峠を越えて湯抱に着き、ここを人麿終焉の地として結論づけられた。

湯抱は鄙びた温泉町で一時は都会から足を運ぶ人も多かったが、現在は女良谷川沿いに三軒の旅館があり静かなたたずまいである。春の桜、秋の紅葉と四季折々の情緒があり、私が吟行したのは夏であったが女良谷川の清流に河鹿が鳴いて、茂吉博士もきっとこの河鹿の美声を聞かれたであろうと感無量であった。

女良谷川にかかる橋を渡って左へ暫く行くと「鴨山公園」という案内標識があり、そこから坂道を登って行くと鴨山を指呼の間に望む丘に

人麿がつひのいのちを
終はりたる　鴨山をし
も此処と定めむ　　茂吉

という博士自筆の歌碑が建立されている。

▽交通＝ＪＲ山陰線大田市駅から赤名方面行の定期バスで約四〇分、湯抱温泉口下車。

平成12年11月5日号（冨田郁子）

湯抱温泉の入り口付近

夏を告げる「涼殿祭」

涼殿祭（すずみどのまつり）は出雲地方に本格的な夏の訪れを告げる出雲大社の古伝祭の一つで、六月一日古式ゆかしく行われる。

祭神の大国主命が衣替えをして夏を過ごしたという故事にちなんだ神事で、麻地の白い齋服に衣替えした宮司をはじめ神職は、本殿での月始祭をしたのちに、約三〇〇メートル東にある「出雲の森」で無病息災を祈る祭事を行う。

この後、長さ二メートルもある大御幣を手にした千家宮司を先頭に神職が、参道に盛られた白砂の上に次々と敷かれる真菰を踏み締めながら境内の御手洗井（みたらしのい）へと向かう。

「真菰の神事」とも呼ばれ、宮司らが通り過ぎると大勢の信徒たちが縁起物として争って真菰を拾い持ち帰る。腹痛のときこれを煎じて飲めば治るといい、夏を無病息災に過ごせるとの信仰がある。

ところで、出雲大社の現在の社殿は国宝で、高さは八丈（約二四メートル）ある。中古にはその倍の一六丈、さらに古代には三二丈もあったという言い伝えがある。

昨年四月拝殿と本殿と間で、直径一メートル以上の丸木三本を束ね一本とした巨大な柱根が発見され、出雲国造家に伝わる「金輪御造営差図（かなわごぞうえいさしず）」の三本組の柱と同じ構造であることが分かった。

そして、九月には本殿の中心の柱（心御柱（しんのみはしら））も同じ三本組として発見された。

平安時代の源為憲の「口遊（くちずさみ）」に記す「雲太（うんた）・和二（わに）・京三（きょうさん）」の一番を出雲大社の神殿、二番を東大寺大仏殿（四五メートル）、三番を平安京大極殿の順が証明されたものとして注目を集めている。

出雲大社の涼殿祭の神事

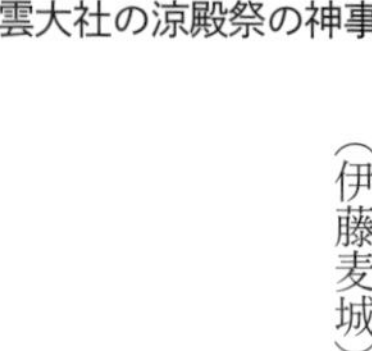

平成13年8月5日号

（伊藤麦城）

世界最大の砂時計

JR山陰本線が松江から出雲と下り、大田市から三つ目の仁万（にま）駅。日本海に面した大田市仁摩町。「仁摩サンドミュージアム」にそれはある。

平成二年竹下登首相の〝ふるさと創生一億円〟で、仁摩町は砂時計を作った。このユニークな発想には理由がある。元々仁摩町はリアス式の海岸線で、古代から海上交通の要衝として北前船の寄港地であり、漁船の基地であった。江戸時代、石見銀山が栄え、一帯が天領となり、隣接する温泉津港、宅野港とならんで銀山の主要な積出港となった。やがて銀山衰退、沿岸漁業も漸減、のこるは豊かな自然のみ。町内の馬路（まじ）海岸琴ヶ浜は「日本の渚百選」にも選ばれ、鳴き砂の浜としても著名である。全国に一〇数カ所もあった鳴き砂の浜が、環境悪化で汚染されて鳴らなくなり、辛うじて琴ヶ浜、京都の琴引浜、三陸海岸十八鳴（くぐなり）浜に鳴き砂の名をとどめる。

鳴き砂は不規則な形の細かい石英の砂粒がいっせいに動く時、震動によってクックッと音を発する。「日本三大鳴き砂の浜」琴ヶ浜の伝承を、町を挙げてアピールする――「仁摩サンドミュージアム」の発想の原点である。

JR仁万駅を降りると南西の小高い丘に、ガラスのピラミッド群が見える。徒歩で約一〇分。大小六基のピラミッド、砂時計はその主塔の中にある。三角形を基調とした無機質な外観も、なかへ入ると一変する。砂時計は中央に据えらえ、内蔵する一トンの砂が一年間の時を刻んでいる。

内部の気圧の変化、上下の球体の僅かな温度差もセンサーが計測、コンピュータで制御。しばらく見ていると、人体の内部を眺めているような錯覚をおぼえる。

毎年大晦日に、老若男女一〇八人が紅白の綱で世界一の砂時計を反転させ、去年今年の如実をはかる。ガラスのピラミッドは昼夜・四季・折々の変貌を見せ、銀山や北前船で賑わった町に新しい息吹を与え、二〇年が経った。

▽交通＝JR仁万駅・徒歩一〇分。国道九号線は真前。石見銀山へは車で一〇分。

▽問合せ＝仁摩サンドミュージアム

平成20年12月5日号（布施　良）

砂時計はピラミッドの主塔の中に

アイリッシュ祭り

「セント・パトリックス・デイ・パレード」をご存知だろうか。アイルランドの聖パトリックの命日(三月一七日)で、この日を記念して世界各国でパレードが行われる。松江でも近年催されるようになった。それはアイルランド人の血を引くラフカディオ・ハーン(小泉八雲)が、当地で一年余過ごした縁による。

聖パトリック役の青年を先頭に、松江の中心街を音楽に合わせ、ダンスをしながら練り歩く。参加者は何かしらの緑を身につける。それは聖パトリックがシャムロック(三つ葉の植物)で、キリスト教の三位一体を説明したからだ。

市内を流れる堀川では、屋根を緑に設えた舟を連ね、水上パレードも行われる。

今年のパレードは、生憎の雨天であった。「この天気はまさにアイルランド的です。アイルランドでは一日の中に一年の気候があると言われています」と、ハーンの曾孫にあたる小泉凡氏の言葉が印象的だった。

特筆すべきは二年前の「あの日」。三月一一日の東日本大震災。あたかもパレードの二日前で、誰も予想だにせず準備に勤しんでいた。

翌日、アイルランド大使館から日本各地のパレードを中止したい旨の要請があった。

松江も然り。急遽、チャリティー・ライブに変更となり、外国の若者たちがいち早く募金活動を始めた。あの哀悼の歌の響きは、今も忘れられない。

翌年のパレードは、震災の一周忌。参加者全員が黙禱を捧げた。

今やパレードは「緑のお祭り」と呼ばれ、春を呼ぶ松江の風物詩になりつつある。

▽交通＝JR松江駅から車で五分、バス利用で一〇分、県民会館前下車。
▽問合せ＝松江観光協会
電話〇八五二—二七—五八四三

平成25年5月5日号(福瀬聡子)

パレード風景(写真提供:松江市)

山陰の耶馬渓「立久恵峡」

出雲市の南部、神戸川の中流部にあり、安山岩質角礫地帯が風化や浸食作用によって形成された峡谷である。

凡そ二キロメートルにわたって、高さ二〇〇メートル以上もある岸壁や岩柱が切り立ち、その下の神戸川の峡谷を二つの吊橋で繋いでいる。

天柱峯、屏風岩などの名称を持つ奇岩と、深い樹林や老松を始めとする貴重な動植物が見られ、昭和二年に国の「名勝天然記念物」に指定。さらに昭和三九年に、県立自然公園にも指定された。

この地には古くから文人墨客が多く訪れ、ひとときの歓を尽くした。その中に、明治・大正期の文学者大町桂月がいた。

「立久恵の渓山に入る。山これ巌、巌これ山、しゅくしゅく相接して天を衝く。奇松これに生じて一層の風致あり。雨に幽趣を添へて雲煙に霊動す。見下す神戸の清流、雪どけの水加はりて、矢の如く奔飛す」（大町桂月大正九年に記す）。

奇岩がそそり立つ立久恵山

ひと際天空をさして聳える奇岩「天柱峯」を見上げると、角度によって大仏様の横顔に見え、天然大仏として信仰を集めている。

この山の麓に立久恵山霊光寺がある。こぢんまりとした本堂ながら造りは総丸木造りで日本に二つしかない。素朴な建築物である。

霊光寺とその一帯は山岳仏教の修験道場として隆盛を極め、往時は坊の数も数十に及んだという。しかし、戦国時代の度重なる戦火で殆ど焼失してしまった。その名残として、数え切れぬほどの石仏群が安置されている。

渓谷沿いには温泉旅館も数件あり、不老橋や浮嵐橋の吊橋を含む遊歩道の散策は、絶好の吟行スポットである。

▽交通＝JR出雲市駅北口より一畑バス須佐行約二五分。立久恵峡下車。

▽問合せ＝出雲市観光交通推進課
電話〇八五三―二一―六九九五

平成29年5月5日号（奥井紘子）

文化財の宝庫・真備町

平成一一年一月一一日一一時一一分、これは開業した井原線の一番列車の発車した時刻である。井原線は岡山県総社市から広島県神辺町に至る旧山陽道に沿うもので、沿線は古代から近代までの歴史、文化そして豊かな自然の富む地域である。

古代吉備地方から二度にわたって中国に渡り、多くの文物をもたらした奈良時代の学者、政治家として手腕を発揮した吉備真備が生れている。

真備町には、その吉備真備の菩提所の「吉備寺」があり、国指定の文化財白鳳時代の蓮華文鬼瓦や、当時の礎石が保存されている。この「吉備寺」の南の丘には吉備公廟や真備公墳墓がある。

昭和六一年に造られた「まきび公園」は、中国にいるような雰囲気の門

吉備真備の菩提所「吉備寺」

窓と六角亭、自然の傾斜を利用した流れ、そして中国に多い柳、楷、槐等が植えられ、西安市に建立したものと同じ記念碑が建てられている。

この「まきび公園」に吉備真備の業績を称える「まきび記念館」があり建物は四隅がそり返った屋根、それを朱塗りの柱が支える構造で、中国情緒を漂わせている。

「まきび公園」の北に国指定の「箭田大塚古墳」がある。六世紀後半から七世紀に造られ内部の石室は巨岩を用いた横穴式の円墳。この墳丘は手入れの行きとどいた孟宗藪の中に見え、良質の筍がたくさん生産されていることで有名である。

真備町の岡田地区に旧岡田藩の古文書が保存展示されている「ふるさと歴史館」があり、そこには昭和二〇年この地に疎開して居住した横溝正史の遺品の寄贈をうけて、東京の自宅の書斎を再現した横溝正史コーナーが設けられている。

「ふるさと歴史館」の近くの横溝正史旧宅は、今も当時の面影を残している由、生涯でこの岡田時代が最も楽しい時期であったと横溝氏は回想されていた。

この他、井原線沿線の吟行地がこれから掘り出され甦りくることが大いに期待されている。

▽交通＝JR伯備線清音駅で井原線に乗換、吉備真備駅下車徒歩一〇分。JR倉敷駅北口より井笠バス井原、矢掛行、備中箭田下車徒歩二分。

平成11年5月5日号（児仁井しどみ）

郷愁誘う祭り・遺跡

苫田郡富村役場のすぐ東南隣りに、国指定重要文化財の旧森江家住宅とたたら展示館が並んでいる。この森江家は中国山地の農家形式の代表的なもので、茅葺き平屋に囲炉裏、広い土間には大きな砧石が据っていて、昭和一桁生まれ迄の者には懐かしいものばかり――。又隣の展示館は、高殿というたたら溶鉱炉などの設備をおさめる建屋を模した造りで、此処で勉強されてから、鍛冶屋谷たたら遺跡へ行かれたらよいでしょう。

次に村役場から一キロメートルほど西北の、富西谷宮原の布施神社へ――。この宮は中世の頃は登美荘二四ヵ村の総鎮守で、素盞嗚尊・櫛稲田姫の夫婦神を祀った旧郷社。この宮での毎年五月五日の御田植祭は、岡山県指定文化財であり、文化庁の選択ともなっている。この御田植祭は美作地方の御田植祭の中では、最も古式豊かで且つユーモアに富んでいる。是非にとお出かけをお奨めしたい。

又、村役場から八キロメートルほどであろうか、真庭郡中和村に近い山間の渓谷に、富村の見どころのメインとも言える鍛冶屋谷たたら遺跡がある。この遺跡に行くのには、先ずのとろ原キャンプ場を目指すのが最も解りやすいであろう。

キャンプ場の西隣りの谷が鍛冶屋谷たたら遺跡。この富村のたたら遺跡は前俳人協会会長の松崎鉄之介先生に、「今までにもたたら遺跡を見学してきたが、立派なものはいずれも復元されたものであって、昔のままで残っているものでは、この富村のものが全国屈指のものだろう」と、折紙をつけられたのを覚えている。

篠坂十一面観音像などを紹介したいが紙数が尽きた。ただ富村は交通の便が悪いのが残念だが、それ故に郷愁を誘う日本のふる里が残っているのだ。

▽交通＝自動車をご使用下さい。中国道院庄ＩＣより四〇分。米子自動車道久世ＩＣより二五分。

平成15年11月5日号（西村　琢）

鍛冶屋谷たたら遺跡の周辺（写真提供：鏡野町産業観光課）

弥生後期最大の墳墓

倉敷と岡山の境に広がるのどかな郊外風景。この辺りが、古代吉備黎明期の先進地域だったとは想像もつかない。そこへ突き出た丘陵が王墓山史跡公園で、その北端に楯築遺跡がある。楯築という奇妙な名は、吉備津彦の温羅退治伝承に由来しており、丘の上に矢避けの楯にしたと伝わる巨石が立ち並んでいる。そしてもう一つ謎の石がある。昔から亀石と呼ばれ、丘の祠に祀られているご神体石である。渦巻き状の文様が全面を縛るように刻まれ、先端には人の顔、その異様さは他に類型がない。

古代史ファンにとって興味津々の遺跡。ここから出土した古代吉備発祥の特殊器台型土器が、のちに岡山以外の備後・播磨・讃岐・河内そして出雲や大和にと、その草創期の首長墓から次々と出土したのである。大和の箸墓古墳ほか最古式の大型前方後円墳四基からも出土している。特殊器台とは王の葬祭・王位継承時に用いられた祭祀用の大型装飾土器。大和は吉備の勢力が進出して作ったのでは、という説がささやかれる所以である。

楯築遺跡は平成元年迄の調査によって、卑弥呼と同時代、弥生後期の列島最大の墳墓と判明。専門家には想定外の発見が続出したが、素人目にも驚いたのは、柩の上一面に件の亀石の二分の一のレプリカが砕かれて敷き詰められていたことだ。これによりご神体の亀石は弥生時代のものと判明、一躍国指定重文の仲間入りとなった。亀石は今も遺跡の小社に祀られている。

丘の高さは四六メートル。周囲は新興住宅地と化したが、東にも足守川・吉備中山、北に古代山城の鬼ノ城、手前近くに鯉喰神社が見える。これらは吉備津彦対温羅の激戦地である。当時は吉備の穴海の潮が眼下に迫っていた。これを眺めていると、古代吉備の風景が澎湃と蘇ってくるようだ。

▽交通＝岡山・倉敷より車で二〇分。
▽問合せ＝倉敷市観光企画課
電話〇八六―四二六―三四一一

平成20年4月5日号（大倉祥男）

矢避けの楯にした丘の上の巨石群

平賀元義の歌ごころ

正岡子規が『墨汁一滴』に万葉の歌人と評し、全国に名を馳せた平賀元義。きっかけは晩年の子規に最も薫陶を受けた岡山の俳人＝赤木格堂が、大学時代に帰省した際、新聞に連載された「恋の平賀元義」を知り、子規へ持参した二百数十首に依る。格堂は後に、このことを「アメリカ大陸を発見したコロンブスのような誇りをもって、直ちに根岸の草廬を尋ねた」と述懐。

元義は寛政一二年（一八〇〇）玉島（倉敷市）に生まれ、同年、岡山藩中老の家老を勤めた父の屋敷（岡山市）へ移る。養育は祖母、一九歳で結婚するも、翌年離婚。病を理由に父の厄介人となる。

弟が跡目を相続し、元義は祖母の実家に預けられる。父の口利きで父の友人の藩士と養子縁組が進むも、同年晩秋に父が急逝。養子縁組は破談となる。

「上山は山風寒しちちのみの
父のみことの足冷ゆらんか　元義」

再び祖母方の厄介人となる。天保三年、弟が中老の命を拒み行方知れず。元義も脱藩。

天保六年から、吉備津彦神社の社務・大守隆侚（たかとし）の賓客として滞在し、充実した一〇年間を過ごした。放浪は晩年まで続いたが、新藩主内命の『先祖書』が評価され、登城（再登用）の命。漸く安住の地が決まりかけた矢先、路上に行き倒れて凍死。享年六六歳。

「我郷は山のさかりに見えなくに
春の霞の隠したるかも」

「故郷はむかしの梅の花咲きて
昔の聲に鶯の啼く」

一首目は同宮を離れて二年後に、二首目は晩年の正月に詠む。

吉備津彦神社境内の崩れ瓦塀や土蔵の寓居跡を巡ると、風の中から元義の楽しそうな囁きが聴こえてくるようだ。

▽交通＝ＪＲ岡山駅から吉備線で備前一宮駅下車。徒歩五分。

平成25年1月5日号（赤木ふみを）

平賀元義寓居跡から亀島を望む

世界最古の公立学校

岡山と言えば後楽園が名高いが、これ以外にも日本近代化の原動力となった世界最古の公立学校＝旧閑谷学校が挙げられる。場所はＪＲ吉永駅からタクシーで八分程の山中。

約三五〇年前、姫路城主＝池田輝政の孫・光政がこの地を訪れ、「山水清閑、宜しく読書講学すべき地」と絶賛し、家臣の津田永忠に命じてここに学校を創建したものである。

二層本瓦葺きの門を潜ると手入れされた芝生が広がる。中心の講堂は入母屋造り、備前焼瓦が使われている。

講堂は丸柱で支えられた漆拭きの板張り。約百畳の広さがあり、夏は火灯窓より差し込む緑の日差しが床に映えて、ことの外涼しく感じられる。

また講堂より高い所に孔子の徳を称える聖廟がある。聖龕には金銅製の孔子座像が祀られ、一〇月の釈菜の儀には、県内外からも多くの見学者が訪れる。

この様子を地元の俳人細川子生（元ホトトギス同人）は〈藩校の釈奠今も菊日和〉と詠んでいるが、同じ作者の〈献饌につづき献誌や釈奠〉は角川大歳時記では春に分類されている。

三〇〇年以上も続いている閑谷の釈菜の儀が春の季語とはいかがなものだろうか。

その他、池田光政公を祀る閑谷神社、供養塚を包む四〇〇本の椿林、その奥の菅茶山、頼山陽等の文人が訪れた茶室「黄葉亭」が残されており、四季を通じて見所には事欠かない。

▽問合せ＝特別史跡旧閑谷学校顕彰保存会
電話〇八六九―六七―一四三六

平成29年2月5日号（浮田雁人）

荘厳優美な閑谷学校講堂

柿簾に埋まる集落

広島県尾道市から北へバスで四〇分、尾道市御調町の山間部に菅という地区がある。ここは串柿の生産地であるがあまり知られていない。

一一月に入るとカメラマンや俳人に注目される。

山道を登ると十数戸の集落がある。入口に石蓋を被った一尺余りの石仏が六体、辻堂にも棚を吊り一体。この辻堂は峠の上にあり旅人や集落の人が一息入れた場所であろう。少し下がったところに小屋があり軒に半鐘が吊ってある。その下に小さい墓が数基、そのまわりには彼岸花が茂る。

ここから集落に入るが、上ったり下がったりした道となぞえ畑、そして柿の木。一一月に入ると十数戸の庭先や納屋で柿の皮剝きが始まる。老人たちが黙々と作業している。剝かれた柿は一串に一〇個を刺し、高さ四メートル位のところから縄で吊るすと柿簾になる。集落の家々へ出入りするには、この柿簾を潜らないと出来ない。山径にまで柿簾で埋まる。

昔は煙草も作っていたが、今は一戸だけになったという。そう言いながらなぞえ畑へ下りた。

集落の中心に大きな柿の木があって鈴生りのままにしてある。柿の神木が美事であった。

一人の媼がなぞえ畑で斜めの姿勢で耕していたのが印象的、そのなぞえ畑の一ヵ所に養蜂箱が一〇ばかり置いてある。雀蜂と蜜蜂が争っていたが雀蜂が去った。

なぞえ畑は一代や二代では作れなかったであろう。石積みから耕作が出来るまでにするには並大抵ではなかったに違いない。

さて、柿の出荷は一二月に入ると忙しくなる。正月の鏡餅の飾りになるからである。

菅地区へ案内しよう。尾道駅（山陽本線）から甲山町行のバスで御調町市の御調高校前下車、下車後タクシーで一五分位で着く。広島市からは広島バスセンターから府中・神辺行で高校前下車、以下同じ。

御調町の照源寺には木造涅槃像（等身大）がある。ついでにバスで三〇分ほど足を伸ばすと甲山町に着く。ここには今高野山竜華寺があって見どころ。
▽問合せ＝尾道市役所御調支所
電話〇八四八―七六―二一一一
平成10年3月5日号（木村里風子）

御調町菅地区の柿簾

市民休息の場・似島

広島市南区似島（にのしま）町は広島市といっても広島港から船で二〇分の沖合の小島。周囲一六キロメートル、二七八メートルの山が島の中心で山の姿が富士山に似ているから広島市民は「安芸の小富士」と呼び親しんでいる。

この島は自然がそのまま残り、青い海、緑の山と四季それぞれの趣で市民を呼び寄せている。

島内には信号がない。昔の町並が残り人情を今も受け継いでいる。かつての日清、日露と第二次大戦では軍の検疫所があり、海外から帰ってくる兵らの検疫をした。軍の島となっていたが敗戦によって平和が戻った。

原爆によって負傷した市民が続々と船で似島に運ばれ検疫所に収容された。その人数は一万人に及んだ。島で多くの人が死亡、今は慰霊碑がそれを物語っている。島は広島市民の休息の場所となり、島の人との会話に人情の濃さを感じるであろう。

島の西側に主港の似島港がある。上陸して右へ歩くと長浜自然海浜、左へ行くと広島市の元宇品が見える海岸の通りがつづく。島の中央の峠を越えると似島学園がある。

この学園は原爆孤児を収容して開校された。学園から慰霊碑まで「平和の散歩道」がつくられ随所に島の生活が見られる。また、慰霊碑の近くには広島特産の牡蠣打場がある。牡蠣筏の浮かぶ似島の南海岸の沖は広々とした瀬戸内海が見える。

検疫所跡、病気の軍馬を処分した焼却場跡など、その歴史の延長が平和の島となって蘇った。

では、似島への案内をしよう。広島駅から市内電車⑤に乗り三〇分で広島港に着く。船で二〇分、似島港に上陸し似島の案内板を見よう。

▽問合せ＝広島市南区役所似島出張所
電話〇八二―二五九―二五一一

平成15年1月5日号（木村里風子）

広島港から望む似島（安芸の小富士）

賑わう木野川雛流し

広島県の西境に位置する大竹市の木野川（この）では、毎年三月、雛祭後の最初の日曜に雛流しが行われる。

雛流しは明治末期から大正の初めまで処々で行われていたが、その後途絶え、戦後に復活した。

そして今では、市民団体の努力により年々にぎやかな行事になってきた。

木野川は関ヶ原合戦の後、周防と安芸の国境になり今日に至っている。

上流には羅漢渓谷や蛇喰岩などの景勝地があり、山地を深く穿入蛇行しながら、大竹市街東部で広島湾へ注ぐ、水量豊かな清流である。

この流れを利用して、大竹には明治以来一〇〇〇軒を越す紙漉場があり、大竹和紙の里として栄えた。近年継承者が乏しくなったが、保存会によって古くからの技法が守られ、その工程を見ることもできる。

またこのあたりには西国街道が通っており、幕末、吉田松陰が捕われの身で江戸に送られた時の渡し場跡もある。

雛流しは木野川の四ヵ所で行われるが、最も盛んなのが、両国橋のたもと。午前一一時からの本番を前に、広い河原では朝から関係の人々がその準備に大わらわである。

直径二五センチメートルほどの藁で編んだ桟俵に、桃の花や菱餅などと共に乗せられた一対の形代雛が、日を眩しみながら出番を待っている。テントの下では、桟俵や雛作りの講習も行われ、初めての子供でも一時間ほどで完成する。自ら作ったものを流すのも一興である。

急流に設けられた一枚板の足場から二三人ずつ交替で雛を流す。すっと奔流に乗るもの、いつまでも水際にたゆたうもの、荒瀬に覆るものなど様々で、手を合せて見送る少女の姿が印象的。

詰めかけたすべての人が流し終るのは一二時頃で、閑散としてきた河原では猫柳が寒そうに震えている。遥か紀州加太の淡島明神を目指す雛たちを乗せて、木野川はひたすら流れ続ける。

▽交通＝ＪＲ大竹駅からＪＲバス坂上方面行乗車、中津原で下車。
▽問合せ＝大竹市生涯学習課
電話〇八二七―二八―五六八〇

平成19年3月5日号（八染藍子）

戦後に復活した木野川の雛流し
(写真提供：大竹市青少年育成市民会議)

洗心の別世界「三瀧寺」

三瀧寺は広島市北西の三滝山中腹にある高野山真言宗の寺院である。西暦八〇九年、空海によって創建されたと伝えられている。中国三十三観音第十三番札所であると同時に広島新四国八十八カ所第十五番札所でもある。

境内には水流の異なる三つの滝（駒ケ滝、梵音の滝、幽明の滝）がそれぞれ水音を響かせている。

この水は広島忌の平和記念式典の際、献水として使われる。

原子爆弾投下の際に臨時救護所として使われたせいか、原爆死没者の慰霊碑が多い。

参詣する道の途中にも、被爆者無縁墓が寄せ集められているのが見られ、哀れを誘う。

境内に立つ朱塗りの多宝塔は、原爆犠牲者の供養のため昭和二六年に和歌山県広川町の広八幡神社から移築されたもの。県の重要文化財に指定されている。中に国の重要文化財に指定されている木造阿弥陀如来像（藤原時代・仁平四年）が安置され、毎年一一月の紅葉の季節に公開される。

塔の近くに中村汀女の「落花濃し三滝のお山に父母恋へば」の句碑が立つ。参道の鐘楼を過ぎ絶え間ない瀬音を聞きつつ進むと、檜造りの寄棟瓦葺きの本堂が見えてくる。

本堂には木造地蔵菩薩座像（国の重要美術品）と木造阿弥陀如来座像（広島市重要文化財）が祀られている。

参道沿いには磨崖仏、石仏、地蔵仏が多く、古くから人々の信仰を集めてきたことを物語っている。参道には俳句、短歌、詩などの文学碑も多く、それらを訪ねるのも一興である。桜や紅葉の名所でもあり、いずれの季節も美しいが、特に新緑の頃の木洩日の下を歩くと、心が洗われるようである。

三瀧寺は訪れる人をしばし別世界に誘う憩いの場である。

万緑に囲まれた三瀧寺鐘楼

▽交通＝JR広島駅から可部線三滝駅下車、徒歩二〇分。
▽問合せ＝三瀧寺
電話〇八二—二三七—〇八一一

平成23年9月5日号（佐藤敏枝）

人に優しい路面電車

広島市はかつて「動く路面電車の博物館」と言われた。基本的には今も変わらないが、さすがに耐用年数の長い路面電車も老朽化が進み、新造電車が増えてきた。古い車両は朝夕のラッシュアワーに見かけるだけになりつつある。

車社会の進展で、各地の路面電車が廃止され始めた昭和四〇年代、解体されるはずの車両を格安の代金で購入し再利用。旧来の電車に加えて、他の都市の電車が走ることになった。これが博物館と称される由来である。

福岡の西鉄電車の福岡市内線と北九州市内線、神戸の市電、大阪の市電、京都の市電がそれぞれの市章や会社のマークを付けたまま広島市内を走り、今も走り続けている。

広島で路面電車が残ったのは、広島市が電車の線路敷の上を自動車が走ることを禁じた条例を定めたことにより、電車の定時運行が確保されて乗客が減らなかったためである。

以来私鉄の広島電鉄は、赤字知らずの企業経営を続けている。

まさに路面電車のハイブリッド新旧の車両が活躍する広島市内

現在、国内で路面電車が走っている町は、北は札幌から南は鹿児島まであるが、広島は営業路線の総延長が四〇数キロメートルあり、長さは日本一である。

ただ昭和四〇年代に購入した車両も、その当時各地で何十年か活躍していたわけで、六〇年を超えて走った車両も少なくない。

二〇年前から新造の車両が導入され始め、三連接車、五連接車など路面電車としては大型の車両が走るようになった。最近では低床電車が増え、ますます乗客に優しくなり、お年寄りや車椅子、乳母車も乗りやすくなった。

最近各地で路面電車の導入が検討されているらしい。排気ガスがなく、人に優しい路面電車は、決して過去の乗り物ではない。

▽問合せ＝広島電鉄(株) 電車カンパニー
電話〇八二—二四二—〇〇二二

平成27年12月5日号（飯野幸雄）

静かな海辺の里・室積

室（むろ）のように平穏な入江という意味で名付けられたといわれる山口県光市の海辺の里、室積（むろづみ）。古くは今川了俊の鹿苑院殿厳島詣記（一三八九年）に

「所のさままことに面白し、岩は高くきりしきてそびえたる峯三四ならひつ、松柏むろなといふ深山木、苔おびさがりて、うき雲うすくかかれり。この山のひんがし、西の脇に舟の泊ありその西北になぎさにそひて、松原ひとすぢ霞につゞきて、白浜も浪もひとつに見ゆ」

とある。古くから風待ちの港として栄えた名残の家並みには足利時代の迎賓館であった専光寺があり、海辺には元禄初点の燈籠堂が移築復元されている。古刹峨嵋山普賢寺に至る。平安時代、書写山の性空上人開基。本尊は地元では「むろづみのふげんさま」と崇敬されていて、五〇年ごとの開帳が明年にあたる。庭は雪舟築といわれる。

寺を過ぎると子どもたちの元気な声が響いてくる。山口大学附属小学校と中学校、静かな里もここだけは明るく活気がある。校庭には毛利藩の北前船荷の役所跡、室積女子師範学校跡などの碑がある。そこから小さな湾を隔てて細い一筋の砂浜が見える。象鼻ヶ岬（ぞうびがさき）と呼ばれ、土地の人は周防天の橋立と親しむ。

右には古墳の多い平生町がたゆたう波の向うに見え、左には風待ちの泊のさざ波光る湾が見える。大人の丈よりやや高く自然石を積んだ四角な台がある。幕末の防塁跡で女台場と呼ばれているが、今は穏やかな海光の移ろいに明け暮れている。木立の中に古い大師堂が有る。漂泊の俳人種田山頭火が

松風のみちが
みちびいて大師堂

と詠った寺である。遠い昔の風情を今なお伝える史跡や自然の中に心なつかしく浸ることができる。「室積」は、そんな女性的ともいえる海辺の里である。

▽交通＝ＪＲ山陽本線光駅よりバス、室積まで約三〇分。（最寄新幹線駅徳山）。

平成11年7月5日号（伊藤よしと）

昔の風情を伝える室積の港

鶴の里・周南市八代

仏坂は九十九折の坂道である。その坂を上ると冬ならば鶴の鳴き声がすぐそこに聞こえ、やがて目の前に小さな盆地が拡がる。鶴の里・山口県周南市八代（旧熊毛郡八代村）である。

鶴が渡来する村が八代だけになったのは明治の初め頃からと伝えられている。里の地形が用心深い鶴にとって昼間の餌場や夜間の塒の見張りに都合のよいこと。村の人たちが鶴を可愛がり、大切にし続けたことなどによるものであろう。鶴の種類はナベヅルで、例年一〇月下旬ころに飛来してきて、冬を過ごし、三月上旬頃北へ去って行く。里の人には鶴と過ごすことがふるさとの冬の暮らしであるといえる。俳人にも格好の吟行地で、毎年一度は訪ねることにしている人も多い。

昭和一五年ころには三〇〇羽を超える鶴が飛来していたという。それが昭和四〇年代には一〇〇羽くらいに減り、その後も減り続けて、最近では十数羽になって、村の人や関係者を心配させている。

藪道を出て田の鶴と顔合はす　　亘理寒太

星消えて朝鶴に空放たれし　　稲畑汀子

鶴戻り来るやしみじみ夕こころ　　水田のぶほ

八代に建てられている句碑のうちから三句を紹介した。最初の句は地元の俳人のもので昭和三〇年頃の鶴と里の人との情景。後の二句は旅人として鶴と八代の明け暮れを詠ったものである。小学校の児童たちも、山の子らしい赤い頬っぺで、寒さに負けず毎日鶴観察日記を書いている。

どの鶴にもそれぞれ名前をつけて記録しており、遠くから見ても鶴の見分けが出来るようである。大人たちもいろいろと工夫して鶴を誘う相談に日を過ごす。そんなみんなの思いが叶って以前のように鶴が群れ飛ぶ日を期待したい。

今年の夏は晴天続きで、餌場もその周辺もすばらしい青田の盆地である。やがて稲の取り入れを終えると、村の人たちは今年は何羽来てくれるか、空を見上げて季節の使者を待つ日が続く。

平成16年9月5日号（伊藤よしと）

山口県周南市八代の鶴の里

響灘の島に残る神事

蓋井島は下関市北西約六キロメートルの沖にある面積約二・三五平方メートル、人口約一〇〇人の漁業を中心とした島である。

蓋井島（ふたおいじま）という名前の由来の一つに、神功皇后がこの島に立ち寄った折この島の水をほめ、その後は蓋で覆ったからだといわれている。

「見付の瀬」「鞠の庭」「乞月山」「幕の紋」「酒の瀬」という地名などはいずれも神功皇后の伝説にちなむが、記紀のころから九州や大陸との海上交通の要衝であったことが推しはかられる言い伝えである。

また日本海の荒波にさらされた海岸線は険しい断崖絶壁がつづき、浸蝕された洞窟や奇岩が至る所に見られる。洞窟は岩門と名付けられ、「一の岩門」から「三の岩門」まである。特に大きいのは「二の岩門」で奥行きは二〇メートル、舟が入っていけるほどである。周辺海域はあわび、うに、さざえなどがとれ、豊かな漁場となっている。

さらに島の北部には「ヒゼンマユミ」の群落があり、大きいものは目通り一・八メートルにも及ぶ。樹木好きの人にはお勧めである。

この島の「山の神神事」は七年に一度催される伝統行事の一つである。

島のなかの「一の山」から「四の山」までの四つの森から「山の神」を家へ迎え、三日二夜の間盛大にもてなし、再び山の森へ送り届けるという神事である。

蓋井島港と岬の乞月山（こいづきやま）

山の神を迎える各家は「当元」と呼ばれ世襲である。神事が行われる間は、島内の他の各家も先祖より決まっているいずれかの「山の神」に奉仕をする。また神官や島外から帰ってきた人たちのために「まかない」というもてなしが行われる。

伝承の形は少しづつ変化しているようであるが、それでも日本古来の型を伝え大変貴重な神事であり、国の有形民俗文化財の指定をうけている。次は三年先の平成二四年一一月に行われる。

古き良き伝統を受け継ぐ蓋井島は響灘の風の中に浮かぶ。

▽交通＝下関吉見より定期船（一日二～三往復）運航。

▽問合せ＝下関市港湾局渡船事務所
電話〇八三二―二二―一三〇五

平成21年6月5日号（岡村千恵子）

防府市向島の蓬萊桜

向島は山口県のほぼ中央、防府市の周防灘に本土と幅一五〇メートルの向島水道を隔てた戸数七〇〇ばかりの島。島全体が錦山にすっぽり覆われている自然豊かなところである。本土とは可動橋によって陸続きとなっている。

島内唯一の学校である向島小学校は、現在は六クラス、児童数五二名の小規模校だが、この小学校が一番の輝きを見せるときがある。それは玄関の南脇に立ち、樹齢一〇〇年とも言われる「蓬萊桜」が咲く頃であろう。樹高約八メートル、枝張り東西南北ほぼ九メートル。

この桜は昔「寒桜」と呼ばれていた。品種はヤマザクラとカンヒザクラがハイブリッドされた園芸種と見られている。蕾は紅紫色。開くと淡紅紫色に。暫くするとやや濃くなる。

毎年、卒業式に合わせるように満開となっていたが、最近は三月中旬に早まった。平成二三年には、山口県の天然記念物に指定。

平成一九年、「蓬萊桜」と命名されたが、その昔向島は瀬戸内海を往来する船から「蓬萊島」と呼ばれていたことに由来する。名称と併せて「向島蓬萊桜保存会」が結成された。

県内に多いソメイヨシノの名所より、二〇日ばかり早く見事な咲きっぷりを見せる蓬萊桜は、毎年県下の多くの人たちがその開花を待ち望んでいる。

この時期は小学校も解放されており、桜の近くの兎小屋や小さな学級園などに足を止めるのも面白い。

現在、蓬萊桜の保存も兼ね、校庭の反対側に「蓬萊桜二世」が移植されている。親子の蓬萊桜はグラウンドを挟んで、子供たちを包み込んでいるようだ。

▽交通＝ＪＲ山陽本線防府駅から防長バス小田港行二〇分。

▽問合せ＝向島蓬萊桜保存会・代表 大場尚武 電話〇八三五―三八―四七五七

平成25年6月5日号（吉次　薫）

向島小学校の「蓬萊桜」（推定樹齢 100 年）

関門海峡の一大絵巻

本州の最西端下関。一一三五年三月二四日、急流逆巻く壇ノ浦の合戦で、第八一代安徳天皇が八歳で二位の尼に抱かれて海峡に入水。源平の武家同士の権力闘争の犠牲となられた帝の話は、聞くも哀れで痛々しい限りである。

その後、幼帝の御影堂を赤間関（現下関）阿弥陀寺に建立。ここは「安徳天皇阿弥陀寺陵」となっている。

帝をお慰めする神事の一つとして、生き残った女官たちがお参りする「女臈道中・参拝」がある。この神事こそ痛ましい昔を偲び、下関の春を彩る絢爛豪華な一大絵巻として、哀史を後世に伝える行事である。現在は下関舞踊協会の協力で、きらびやかな中にも厳かに執り行なわれている。

一番太夫（別名振袖太夫）から順次五番傘留太夫まで、稚児・警固・官女・禿を従え、街中を練り歩き、外八文字を踏む。神宮に着くと天橋を渡り、大前に参拝する。この渡橋の様子が圧巻である。

「関の先帝、小倉の祇園、雨が降らねば金が降る」との謂れがあるように、毎年沢山の人で賑わう。この神事は、今は五月の下関海峡祭に併せて、三日に実施されている。

赤間神宮境内には、芭蕉・虚子・誓子・其桃・南国城等の句碑や秀吉の歌碑もある。

毎年三月には平家雛流し神事があり、俳句会や歌会が催される。

各結社の地元会員が代表を出し、烏帽子・狩衣・千早などの衣装を着け、大前の水庭で曲水の宴で詠んだ句や歌を献上。終わると海峡に紙雛を流す。その後の句会や歌会は自由参加である。

▽問合せ＝赤間神宮
電話〇八三―二三一―四一三八
下関市観光課
電話〇八三―二三一―四一四一

平成29年7月5日号（豊島　及）

きらびやかな女臈道中の神事（撮影／吉岡一生氏）

Ⅶ 四国

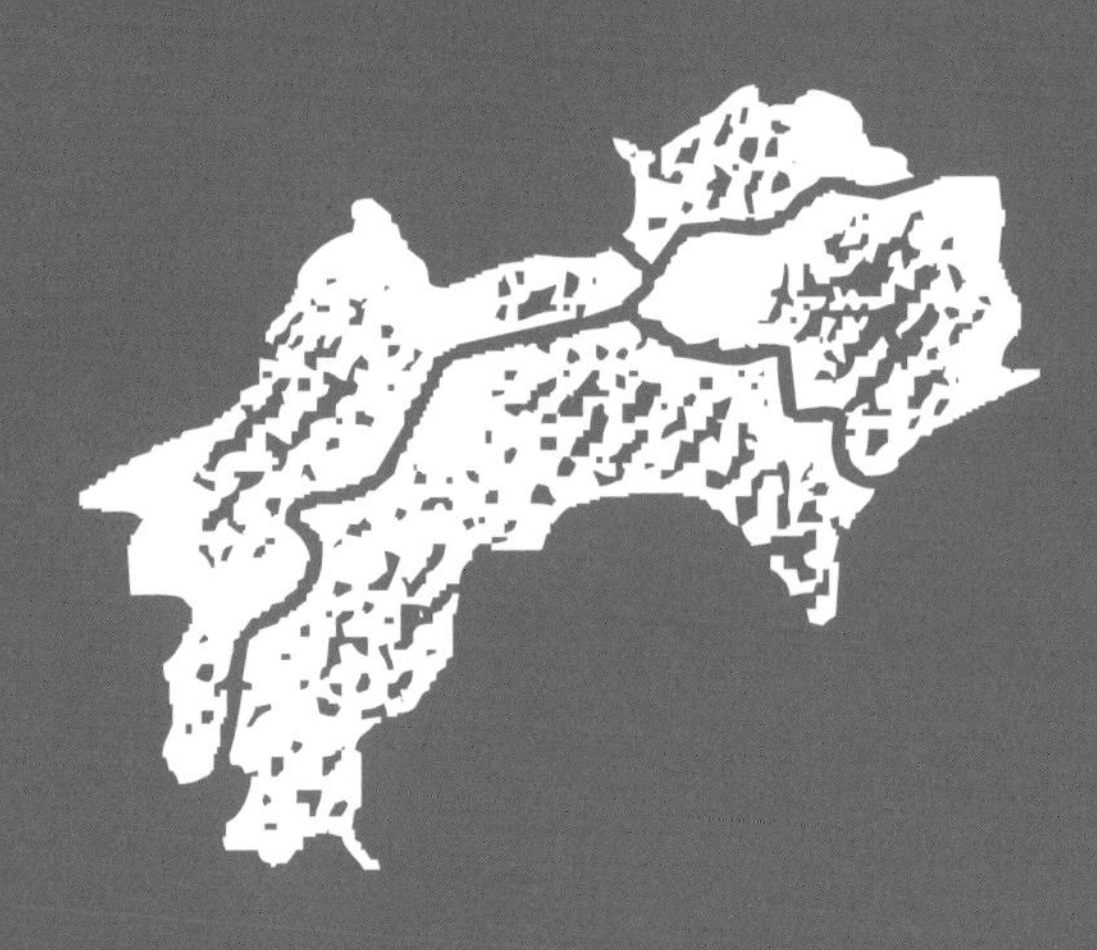

大山さんの力餅行事

徳島群青俳句会編集同人、大山寺龍瑛氏は、阿讃山脈東部の大山（おおやま）（六九一メートル）の中腹にある、大山寺（だいさんじ）の住職。寺にまつわる、土御門上皇、義経、麓の七條城主と力餅の話を聞かせて頂いた。

古刹と謂うに相応しい同寺は、真言宗醍醐派準別格本山、仏王山大山寺と称す。しかし麓の人達は親しみを込めて「大山さん」と呼んでいる。

寺伝によれば六世紀前後に、西範僧都によって開基された阿波国最初の仏法道場。千手観音像を本尊として奉安した。

源義経も、屋島に赴く途中、戦勝の祈願をされ、山宝荒神像、初音の鼓を寄進し、髪懸堂を建立して、本尊の加護に報われた。義経の愛馬、薄雪の墓は今も境内に残っている。また土佐の国より移られた、土御門上皇も度々御参詣になられ、護摩堂を建立し、不動明王像を奉納し、病気平癒を祈られた。この不動明王像は現在、本尊脇侍として本堂に祀られ、近在の信仰を集めている。

大山の風景は、前の吉野川沿いに阿波の沃野が開け、後に瀬戸内海が美しく、阿波百景の第三番に上げられている。

上皇もこの風景を愛でられ、阿波の北嶺と呼ばれて遠い都を偲ばれたと伝えられる。

この大山寺に、四〇〇年来続いている力餅の行事がある。

麓の七條兼仲が、大山寺に祈願し、大力を得た故事に拠り、三宝に乗せた約一七〇キログラムの餅を抱えて、歩く距離を競うもので、観客からはかん声が飛び、見ている者にも力が入る。毎年一月の第三日曜の初会式の後に行われる。当日は、近在から数百名の参詣者があり、境内には露店も並び賑わう。梵鐘はひっきりなしに撞かれ、素朴な田舎の正月風景がおもしろい。

▽交通＝徳島バス神宅（かんやけ）停留所から約五キロメートル。タクシー便あり。麓より徒歩一〇〇分ぐらい。

平成10年10月5日号（著者不明）

力餅競走にかん声飛ぶ

圧巻　犬飼の農村舞台

阿波の人形芝居は三〇〇年の歴史があり、阿波藩主蜂須賀侯の庇護のもと、最盛期には領有していた淡路を含め百余の人形座があったという。

このような歴史的背景から徳島の農村舞台は、他県のそれが主に歌舞伎用の舞台であるのに対し、ほとんどが人形浄瑠璃用に作られているという際立った特徴がある。これらの農村舞台では、祭礼の際に人形座を招いて人形浄瑠璃芝居を奉納し、また地元の若連が地芝居を上演するなど氏子たちの最大の娯楽として継承されてきた。

しかし、昭和四〇年代に県内にあった約一二〇〇棟にも及ぶ農村舞台の多くは、時代の変遷とともに顧みられなくなった。

建築後一〇〇年ほどを経過した建物は老朽化が進み、現存する舞台のうち、カラクリの機能を有している舞台は一〇棟程度である。なかでも定期的に人形芝居を上演しているのは、犬飼と坂州の二棟だけとなっている。

明治六年建造の犬飼の農村舞台は、徳島市八多町の五王神社の境内にあり、平成一〇年一二月に国指定重要有形民俗文化財に指定された。舞台に向かって右横側に和瓦葺の小さな太夫座が付設され、ここに浄瑠璃を語る太夫と伴奏の三味線が裃をつけて座り、人形遣いの操る舞台の人形の動きと呼吸を合わせて浄瑠璃を吟ずるのである。

徳島・八多の犬飼農村舞台

また、この舞台の特徴は、他に見られない珍しいカラクリである。舞台の下にある舟底楽屋から、明治年代に描かれた舞台装置用の襖絵一三二枚を、地元氏子が操作して、花、動物、景色などの四二景に次々と変化させて圧巻。

毎年一一月三日にこの舞台で五王神社の宵宮祭礼行事として奉納される、人形浄瑠璃芝居と氏子の操作による襖カラクリ「段返し千畳敷」の出し物が評判を呼んでいる。舞台前の平土間に敷かれた茣蓙の上は町内外を問わず県外の見物客も加わり賑わっている。

浄瑠璃や母は羅着て泣けり　吉田汀史

鄙びた農村舞台に深秋の一日を清遊されるようお勧めしたい。

▽交通＝徳島駅から市バスで五滝行、約四〇分、終点で下車、徒歩一〇分

平成15年8月5日号（名護靖弘）

桜間の巨大なお石

徳島県石井町高川原に桜間神社があり、境内の小高い丘の上に巨大な石碑が建立されている。この石碑を地元の人は「桜間のお石」と呼んで崇めている。

小高い丘に立つ「桜間のお石」

そこには〈鏡ともみるべきものをはるくればちりのみかかる桜間の池　詠人知らず〉と彫られ、屋代弘賢（江戸中期〜後期の国学者・幕府の右筆役）の書とされている。歌は夫木和歌集（鎌倉時代）の懐中抄に選ばれたもの。

昔ここに、湖のような大きな池があった。阿波藩一三代藩主蜂須賀斉昌がそのことを知り、それを広く顕彰するため建立に踏み切ったとされている。

碑の裏面には藩士の武市信圭・長浜長致の二名に命じて造らせた経過が彫られている。

碑文の文字は草書体で、主として変体仮名が使われている。例えば《も》は母・裳・毛、《り》は李・里・理と変体仮名を自在に駆使。

流麗な筆遣いにも心を奪われるが、難解なことはいうまでもない。

読みすすめ魅入らる仮名よ花の昼　恒星

石は七六キロメートルも離れた海部郡東由岐で採石。約四年がかりで運ばれたという。海上に巨大な筏を組み、一〇〇〇個の浮桶を取り付け、曳舟延べ三〇〇〇艘、挽夫六〇〇〇人を動員したことが記録されている。

碑石は高さ四・二メートル、周囲一〇・二メートル、重さ約七五トン。このとてつもない巨大な石が、ブルドーザーもクレーンも無い時代に、人間の力だけで運ばれ、建立されたのである。

訪れる度に、文芸の力（というより言霊の神秘さ）を感じないではいられない。

▽問合せ＝徳島県名西郡石井町高川原字高川原一〇四―六　川口恒星
電話〇八八―六七四―二一八八

平成23年6月5日号（川口恒星）

阿波公方一族の菩提寺

ここ西光寺は、神亀年間（七二四～七二九）行基が開山。中世には勢力を持った大寺で、足利将軍家一族の菩提寺として知られる。

室町幕府一〇代将軍足利義稙（よしたね）は政争に敗れて京都を離れ、阿波（現鳴門市）で没す。一一代将軍義維（後に義冬と改名）は阿波国守護細川持隆に迎えられ、天文三年（一五三四）足利家ゆかりの京都天龍寺領で良港のある平島に居住。一時は西光寺にも寓居していた。そして義冬が初代の阿波公方（平島公方）となる。その後、二代目義助から九代目義根まで続く。

初代公方義冬の時代から所領は一六ヵ村、三千貫（一万五千石）に及び、蜂須賀入国までは厚く遇されていた。しかし蜂須賀での冷遇甚だしく、義根は文化二年（一八〇五）に京都へ退去する。

徳島では「公方さん」と呼ばれ、親しみの響きがある。寺では句帳を手にした数人の方々によく出会う。

私も立春の日に立ち寄ってみたが、空気は頬に冷たいながら、日の光は確かに春のものであった。ちょうど古木の白梅が蕾をちらほらと綻ばせていた。

白梅や側室母堂室の墓　隆子

そういえば昨年六月に訪れた時は、沢山の黒揚羽が裏の竹林から湧くように現れ、私たちを驚かせてくれた。

今は仄かな梅の香のなかに「義冬室之墓」「母之墓」「側室之墓」「弟之墓」などと肩を寄せ合っているように並び、穏やかで心足る一時であった。

▽交通＝ＪＲ牟岐線阿波中島駅徒歩五分

▽問合せ＝西光寺

電話〇八八四―四二―〇三一六

平成28年4月5日号（谷中隆子）

阿波公方一族の墓所

讃岐・金刀比羅宮の蹴鞠

わが讃岐の金刀比羅宮の蹴鞠をご紹介しよう。

〽金比羅船々　追手に帆かけて　シュラシュシュシュ―

昔から海の神様で全国に知られる「讃岐のこんぴらさん」は、原始林で覆われた象頭山の中腹に鎮座している。門前町琴平の町並を通り、参道にかかると森の石松も登ったと言う七八五段の石段に差しかかる。一汗かいて急な石段を三六五段上ると大門に着く。さらに石段を上ると右方に旧社務所と書かれた四脚門の奥に大玄関が見える。ここが表書院で、幽雅で王朝絵巻さながらの蹴鞠は、ここの前庭で年三回（五月五日の子供の日、七月七日の七夕、一二月下旬）行われる。

蹴鞠の歴史は極めて古く、凡そ一四〇〇年前、即ち用明天皇の御代に仏教の伝来と共に中国から渡来し、皇極天皇の御代に初めて行われたと日本書紀にある。平安朝の末期から鎌倉時代の初期にかけて盛んに流行し、明治維新の頃一時中絶の状態にあったが昭和七年に再興し現在に到っている。京都と琴平に「蹴鞠会」があって、保存と技の錬磨に精進している。

蹴鞠をする場所を鞠懸（まりかがり）、鞠垣、又は鞠の庭、鞠の坪と言い、七間平方の内側の四隅に式木（四季木）の松、桜、柳、楓の双子樹を植えた四間平方の中で行われる。服装は烏帽子、鞠水干、鞠袴を用い、上品にして優美である。鞠を蹴る沓は、革又は糸を以て縫い、その形が鴨の嘴に似ているところから鴨沓と称えられる。鞠を蹴る人々を鞠足（きくそく）と言い、通常六人で行われている。神前に献備した榊又は梶の枝につけた鞠を放つ解鞠の作法は一座の長老が務める最も大切なもので是非見られるとよい。〝アリヤー〟〝アリ〟〝アリヤー〟〝オー〟と言う掛け声と鞠の音、蹴る人の姿、即ち音と象（かたち）との優美な調律、麗しさは蹴鞠を知らぬ人をも感動させるものがある。一見をおすすめしたい。

▽交通＝ＪＲ土讃線琴平駅、琴電終点下車二〇分

平成11年1月5日号（石塚郷花）

年三回行われる王朝絵巻さながらの蹴鞠

旅人憩う・四つ足茶堂

梅雨の最中、香川県南部の徳島県境に近い琴南町勝浦の山中にある昔の旅人の憩いの場所であった「四つ足茶堂」を訪ねた。

そこは二つの谷川の合流点で、五月雨を集めた流れの音が響いていた。橋のすぐそばの小高い所に、萱葺の簡素な茶堂が建っていた。二間四方の広さで三方に壁が無く吹き抜けになっていた。今は八本の柱が立っているが、昔は四隅に柱が立っているだけだった。そのためか、俗に四つ足茶堂といわれている。かつては阿讃を行き来する径脇で、四国遍路や金比羅詣での旅人、借耕牛の人々の長旅の疲れを癒す休憩所であった。（借耕牛とは、阿波から春に牛を借りて来て讃岐の農繁期の仕事を手伝ってもらう牛のこと。秋には報酬の米俵を背に阿波に帰った）。

美しく生まれ変った「四つ足茶堂」

火事で焼けたお堂は、明治の初期に再建されたが、年月の経過と共に屋根などが傷んでいたのを、地元住民の修復作業で美しく生れ変った。

一九七五年には国の「有形民俗文化財記録保存」の指定を受けた。

お堂の北側には板囲いの小さな場所があり、石の地蔵が祀られている。地蔵さんは碾臼を台座にしているところから「粉ひき地蔵」と呼ばれている。

この地方は傾斜地を利用した農地に麦類、雑穀類が生産されていたそうで、粉を挽くことが多かった。夏はお堂の下の清流で口を漱ぎ、冬には茶堂の囲炉裏で暖をとったそうだ。

今は憩う人もなく寂しくすたれているが、春の彼岸とお盆の一五日には、近くの人々によって供養が行われる。当番の家の人が握り飯や茶菓子を準備して参詣者に接待することが、今も行われている。

四つ足茶堂からの帰りには、雨も上り堂脇の農家の花畑に、京鹿子が雨に洗われて美しく咲いていた。

▽交通＝ＪＲ琴平駅→琴参バス美合線二〇分、徒歩二〇分

▽問合せ＝琴南町役場

電話〇八七七―八五―二一一一

平成16年8月5日号（馬場利春）

塩飽(しわく)水軍の本拠地

香川県丸亀市沖の備讃瀬戸に、大小二八の島からなる塩飽(しわく)諸島がある。その中の一つ本島(ほんじま)は、周囲わずか一六キロメートルにすぎないが、塩飽水軍の本拠地として誇り高き歴史と文化に彩られ、史跡や遺構の数々から往時の栄光をしのぶことができる。

そもそも塩飽水軍は、優れた操船技術によって早くから内海のみならず海外にも活動の場を広げていたが、その名が世に出たのは、安土桃山時代以降といわれている。

即ち、織田信長の石山本願寺攻めに味方した功により、堺港出入り自由の特権を得ることとなった。また、豊臣秀吉も島津、伊達攻めや朝鮮出兵の御用船として重用し、これに大きく貢献した勲功により異例の朱印状が授けられたのである。いわゆる〝塩飽人名(にんみょう)制〟である。人名とは大名、小名に対する呼称で、水夫(かこ)六五〇名を人名とし、塩飽全島一二五〇石を領地させるものである。

この島民自治は他に例がなく、ずっと幕末まで続くことになる。

そして人名代表「年寄」による政所として勤番所が置かれ、現在は国の史跡「塩飽勤番所」として整備、公開されている。

勤番所には、信長、秀吉、家康の朱印状や大岡越前守の漁場裁決書、大海路図その他貴重な古文書が大切に保管・展示されている。

また日本人初の太平洋横断に成功した咸臨丸の水夫五〇人中三五人までが塩飽出身であることから、咸臨丸の模型や水夫の遺品など珍しい展示に目が引かれる。かつて皇太子殿下もご訪問になり、中世水運のご研究に供されたとお聞きしている。

島内三カ所にある史跡「年寄の墓」は三メートルを超える墓石で、権勢の大きさを今に伝える。

東部の笠島集落は、船方衆の町屋形式が色濃く残り、島しょ部では初の「重要建造物群保存地区」として必見のスポット。世界一の長大橋「瀬戸大橋」を間近に見上げて、海を舞台に熱き闘いを繰り広げた塩飽の男たちの夢とロマンに、しばし時を忘れるのも一興であろう。

▽交通＝丸亀駅から本島泊港までフェリーで三五分。

▽問合せ＝丸亀市本島支所
電話〇八七七—二七—三二二二

平成21年5月5日号（瀬川一雄）

有木の里と平有盛

徳島との県境に位置する観音寺市大野原町有木地区。険しい山に囲まれたこの集落は、香川県内に残る「平家落人の里」の一つで、平清盛の孫にあたる平有盛が隠れ住んだ所といわれている。

歴史の本によると、平有盛は長門の壇ノ浦で自害して果てたとされているが、左衛門尉某あるいは有木左衛門などの変名を使って隠れ住んでいたらしく、有盛が住んでいた所を今でも地元の人は「えかた」と呼ぶ。その他「宝屋敷」「上屋敷」「姫の城跡」など有盛や彼を取り巻く武将ゆかりの住まいを示す地名が残されている。

また「姥の墓高旗（赤旗のなまったもの）」や「神子谷（巫女のいた所）」、「コツモ谷（骨壺谷で骨を納めていた所）」、「白谷（白拍子のいた所）」など、平家にまつわる地名は数多い。さらに有盛が持ってきたと伝えられる「名剣小鳥丸」、「阿弥陀如来座像」、「陣太鼓」なども大事に残されている。

有盛が小黍の畑で討死したといわれることから里人は決して小黍を作らなかったとか、源氏の白旗を忌み嫌って、鶏や兎などの白い家畜は飼わなかったとか、衣類や祭りの幟も白は避け、色物を使っていたとか、独特の風習も最近まで残されていたと聞く。

そして青木地区の住民の九割が「平」という姓であるという不思議な集落でもある。

現在は八戸に減った有木の集落だが、「平」の名字は今も里人の誇りであり、生きる力になっている。

有木の里は五郷ダムに架かる赤い「有盛橋」を渡って約一キロメートル。龍神淵を越えた山ふところに、静かに佇んでいる。

▽交通＝県道八号線を三好方面へ。ＩＣより有盛橋まで約一五分。
▽問合せ＝観音寺市観光協会
電話〇八七五—二四—二一五〇

平成25年7月5日号（岡　汀子）

「平家落人の里」有木地区の集落

万葉の昔と交差する島

香川県と岡山県を結ぶ瀬戸大橋は、一九八八年に完成し、かねての念願は果された。

九・四キロメートルに及ぶ道路鉄道併用橋は世界最長を誇るものだ。備讃瀬戸を一〇分で結び地域開発に計り知れない効果をもたらしている。かつて塩田で栄えた浜は埋立てられ、架橋下の工業地帯には石油化学工業、電力、造船などが進出し活気を呈している。

近くの公園には「県立東山魁夷せとうち美術館」が建ち、地元はもとより遠来の客が絶えない。橋を望む大きく展けたカフェからは、瀬戸内の大パノラマや橋脚となった島々が一望できる。

公園を出ると万葉の沙弥島へ抜ける。狭いながらも漁港は現役、養魚棚も見られる。

沙弥島は原始時代の遺跡が多いところで知られ、浜辺には、万葉ゆかりの草木が植えられて石にはそれぞれ万葉歌が刻まれて興味深い。傍に柿本人麿が都へ帰る途次詠んだ〈玉藻よし讃岐の国は国柄か……〉に始まる長歌と反歌二首の歌碑が立っている。

更に島の北端には、瀬戸大橋を正面に「柿本人麿碑」が建つ。碑の裏には、郷土の作家中河与一の碑文が刻まれている。碑に立つと昔と今が交差する景もずっと以前からの風景のように思えてくる。

白砂清松の沙弥島と瀬戸大橋

白い砂と木々の緑が象徴的な沙弥島はおよそ一時間ほどで一周できる。家並の上に一際万葉会館が目立つ。開館日は金・土・日・祝日。出土品や万葉資料の展示が見られる。

会館の裏山には古墳群があり、架橋と共にクローズアップされた沙弥島。散策や、バードウォッチングも楽しめる。

▽交通＝JR坂出駅よりバス二〇分。

▽問合せ＝万葉会館
電話〇八七七—四六—九一五四

平成29年12月5日号

（原　文子）

史跡多い道後の町

道後駅周辺、歩いて一四、五分の情景である。

駅は明治の面影を残す木造の洋風建築。前の広場（放生池跡）の大からくり時計では一時間置きに小説『坊っちゃん』の面々の演技が楽しめる。

アーケード街を「椿の湯」で右折して抜けると、伝説の白鷺を屋上に木造三層の重要建造物、温泉本館（振鷺閣）前に出る。建物は、漱石赴任の前年、明治二七年の竣工。毎朝六時三〇分には櫓上の太鼓が響き、朝湯の賑わいで町が明ける。

皇室専用の桃山風建築「又新殿」や漱石ゆかりの「坊っちゃんの間」もある。

左折して白鷺坂を行き「ホテル椿館」駐車場前の墓山へ石段を上り、電柱奥の独立木から右へ一〇メートル程の西向きに父母の墓と並んで「中村草田男の墓」。近くには「桜井忠温」「白河義典」など名将も静かに眠っている。

駅前から東の正面、長い坂道石段の上に鮮やかな朱塗りの社が見える。八幡造りで名のある「伊佐爾波神社」である。

社裏の遊歩道を下ればすぐ一遍上人生誕の旧跡「宝厳寺」へ至る。参道は温泉本館の右裏、湯月町の旅館街を行き、湯月稲荷で左折して「ネオン坂」（元遊郭松ヶ枝町）を登るのが本筋である。

本堂に安置の重要文化財「一遍上人立像」の静かな祈りの姿は室町中期の優れた肖像彫刻。

境内には〈色里や十歩はなれて秋の風〉の子規の句碑もあり、山門から古い廓通りを見下ろせば、明治二八年一〇月、子規と漱石散策の一日にタイムスリップできよう。裏山の墓地には名も薄れた遊女の墓石もあり、今昔のあわれを止める。

温泉本館から南へ冠山の裾を歩くと道後公園に出る。左手に「松山市立子規記念博物館」が大きく聳え、資料の展示と子規顕彰全国俳句大会を開催している。松椿桜の植栽豊かに二重の濠を巡らした園地は元河野水軍支配の拠点、湯築城跡である。目下発掘調査中で、中世の城郭と家臣団住居跡の貴重な遺構が多く、近く武家屋敷や中世風の日本庭園が復元される。

県民文化会館前交差点を南に入り、福祉会館東側の佛海山西龍寺の門を潜ると、六地蔵の端の小さな墓に、教覚速善居士、俗名鼠小僧治郎吉、天保二年八月一二日罪死、とある。由来は定かでないが、歴史の陰の意外な出会いが情趣をそそる。

平成9年9月5日号（石川辛夷）

万葉植物苑の四季

俳句のメッカ松山市は人口五〇万の観光文化都市。街の中心に慶長七年（一六〇二）築城の松山城天守閣が聳え、市街地のどこからでも望むことができたが、最近は高層ビルが建ち見えにくくなった。

松山城を中心に城南・城北・城東・城西と呼ぶ。城北の御幸寺山の麓に県社護国神社があり、県内戦没者の御霊が祀られている。かつての大戦で殉死した殉職女子挺身隊員慰霊の碑には、裏面に県立松山城北高等女学校の殉職者の名前が刻まれ、その中に同級生の名もあり痛ましい。その境内の西方に万葉植物苑が設えてあり四季をとおして散策者が絶えない。

園内の植物にはそれぞれ名札に万葉呼名が付され、詠まれた歌やその由来が紹介されている。

例えば、やぶこうじ（やまたちばな）〈この雪の消残る時いざ行かな山橘の実の照るを見む〉

かくれみの（みつながしは）

……三〇年の秋九月乙卯の朔にして乙丑の日皇后紀伊の国に遊行して熊野の岬に到りその処の御綱葉を取りて還り給引き、と説明されている。

やや高台には、額田王の歌碑「熱田津尓船乗世武登月待者潮毛可奈比治今者許藝乞菜　額田王」〈熱田津に船乗りせむと月待てば潮もかなひぬ今はこぎ出でな〉。

万葉苑を出て民家の路地に突き当たると、「種田山頭火」終焉の地、一草庵がある。正面に肉筆自筆の

鐵鉢の中へも霰

昭和一六年三月二一日建立。この句は昭和七年一月八日、福岡県芦屋町での吟。「今日はだいぶ寒かった。一昨六日が小寒の入り、寒くなければ嘘だが、雪と波しぶきをまともにうけて歩くのは行脚らしすぎる。」と記してこの句がある。

〈風の夜を来て餅くれて風の夜をまた〉の句のように松山の知友に暖かく迎えられて過ごし、死の前夜も同庵で句友の句会があり、山頭火はそのそばで、泥酔卒倒、翌朝午前四時（推定）死去。妻子を捨て、社会を捨て、行乞の人生を送り、自然と一体になり自己にいつわらず、自由に一筋の道を詠いつづけた彼の死後、ブームを呼んだ。生涯詠みすてた句八万四千という。

▽交通＝松山市駅から、バスで鴨川団地前（大街道・山越経由）行。一五分で護国神社前下車、徒歩五分。

平成15年5月5日号（加藤多可詩）

子規、漱石を偲ぶ滝

名瀑「白猪の滝」の岩場には子規と漱石の句碑がある。

明治二四年八月、正岡子規が友人とこの近くの遠縁の近藤家に一泊して観瀑した。夏目漱石はその四年後、明治二八年一一月にやはり近藤家に泊まり滝に来ている。

追ひつめた鶺鴒見えず渓の景　子規
雲来り雲去る瀑の紅葉かな　漱石

嘗て松山城下にあった漱石の住まい「愚陀仏庵」に子規がしばらく同居していたことは、よく知られている。その時期に子規が漱石に観瀑を勧めたのだろう。

滝があるのは、愛媛県東温市東谷。松山市から車で小一時間。桜三里峠の入口を右に大きく入り込むと、そこが東谷である。谷をえぐるような流れがあり、両岸に田と点在する農家が見える。道の左手の山側に、惣河内神社と金毘羅寺が小さな谷川を挟み、威容を誇りあっている。

かつて松山藩の雨乞祈禱所であった神社には、松山中学で教鞭を執った漱石の教え子である松根東洋城が、晩年の一時を過ごした「一畳庵」がある。初冬から春まで咲きつぐ百日桜でも知られる。

寺の入口には、天然記念物指定のウラジロガシの巨木が目につく。歴史を感じさせる仁王門から本堂へ石段が延々と続き、杉や銀杏の巨木に見おろされる境内である。

道に戻り、両岸の棚田を眺めつつ橋を渡り、右岸へとカーブしながら急坂にかかる。上りつめると、道端に半鐘台と消防小屋が村を見おろすように立っている。豆を干す莚が庭に広がっていたり、ものを焚く煙が立つのを見ると子規や漱石が訪れた頃がしのばれる。

駐車場から鬱蒼とした杉山の路を二〇分ほど登ると、ひんやりとした沢が現れ、手摺のついた滝道となる。冬期だと凍結して滑り止めが必要な地点である。

崖を背に石の観音像が祀られ、冒頭に紹介した句碑に至り、流れに架かった木橋の上から滝に真向かうことになる。滝の壮観なることは言うまでもないが、子規や漱石の若き日の健康な足どりを体験する吟行もまた格別である。

▽問合せ＝東温市役所
電話〇八九―九六四―二〇〇一
東温市役所支所
電話〇八九―九六六―二二二二

平成19年11月5日号（江崎紀和子）

壮観！愛媛県・東谷の「白猪の滝」

雪の石鎚神社成就社

日本七霊山の一つである石鎚山中腹に、石鎚神社成就社がある。夏の山開きが有名であるが、冬期の雪の成就社も見応えがある。

獣の足跡が見られる雪の参道

松山市内から車で一時間半、西条市山中の石鎚山登山ロープウェイを利用し一四〇〇メートルまで登る。ここから前方は雪景色。まず、靴に滑り止めの金具をつけ、雪を踏みしめる。

視界の右にスキー場のゲレンデが広がり、スキーヤーが雪を蹴散らして滑降している。

左の雪道に行くと、御神体の石鎚山天狗岳を遥拝する成就社に向かう。この世のものとは思えない樹氷林、純白の雪に野生動物の足跡がどこまでも続き、桁外れに大きい霜柱なども堪能できる。

徒歩でおよそ三〇分、荘厳な雪の社殿が雪道の向こうに現れる。石の大鳥居の真向いに本殿、ご神体の天狗岳を拝する遥拝殿。

ここからさらに頂上の天狗岳まで向かう時は、神門を潜って原生林に入るのだが、積雪の神門に人影はない。

あたりに乳白色の雪雲が垂れ込め、音もなく降る雪はさらさらとしたパウダースノー。

参詣者が利用する宿が社殿の向いにあり、靴を脱ぎ、山小屋風の大きな部屋でストーブを囲みながら、休憩や食事をとることができる。参詣の信者や、山岳ガイドに案内された山歩きの一行などに出会う。宿の方の応対も親切で、問えば何でも教えてくれる。

一三〇〇年前に役行者によって開かれたという霊場は、今もこうして我々に非日常の体験をさせてくれるのである。

▽交通＝JR伊予西条駅よりバスで二〇分。
▽問合せ＝石鎚神社本社
電話〇八九七―五五―四〇四四

平成24年3月5日号（江崎紀和子）

悪虫退散「虫送り」

愛媛県西予市魚成（うおなし）の虫送りは、毎年六月下旬に行われる。朴の木で彫られた男ぶりのよい実盛人形は、宝泉寺で魂を入れて貰い、「悪虫退散五穀成就」の幟を背負う。そして㊉紋の紙の装束を身に着ける。平家の落ち武者が島津藩に身を寄せたからだそうだ。堂縁に座した実盛に、念仏踊りが奉納される。

その後、四本の旗を先頭に、実盛を担いだ一行は寺の坂を下り、歩いて二〇分ほど、川上の大池を目指す。

大池の土手の石灯籠の脇に実盛が降ろされると、子供たちが寄ってくる。そして実盛の首に提げられた頭陀袋に手を入れる。中から飴を取り出し、代わりに持ってきた菓子を入れる。また別の子は菓子を取り、饅頭を入れる。傍らで檀家衆は一升瓶から注がれた酒を呑み、ほろ酔い気分で念仏踊りを披露する。

県都松山から高速で一時間半。山に囲まれた魚成は、青田が実に美しい。合歓の花や紫陽花、萱草が彩りを添え、牛舎から乳牛が貌を覗かせる。枇杷の葉と梵字の呪符を結んだ青竹が、田毎に立つ。鉦太鼓が青嶺に響き、旗を靡かせながら青田を行く虫送りの列は、絵になる風物だ。

倶利伽羅峠で義仲軍と勇敢に戦って死んだ老武者斎藤別当実盛がいつ稲に躓いて稲虫になったのだろうか。一〇〇〇年を隔てた日本中の青田で、実盛は村人と共に今も生きている。

屋根付き板敷きの茶堂に着き、一息入れた一行はさらに虫を追い川下へ向かう。実盛を集落の外れの川に据えて、虫送りは終わる。

人形が早く雨に流されれば、豊作が約束される。

▽問合せ＝西予市　魚成公民館
電話〇八九四―八二―〇〇一五

平成28年8月5日号（杉山　望）

青田を行く西予市魚成（うおなし）の虫送り

今に残る特異な文化

四万十川は、四国山地の不入山（いらずやま）（一三三六メートル）に源流をもち、高知県西北山地部を蛇行、大小の支流を合わせつつ四万十市下田から土佐湾に注ぐ。

日本に残る最後の清流といわれ、流路延長一九六キロメートル、四国第二、高知県第一の大河。

上・中流域は、平安時代、伊予から来国した津野氏によって開かれ、室町時代には五山文学を代表する禅僧義堂周信、絶海中津を生み、幕末には天誅組大和義挙の首領吉村寅太郎ほか多くの勤皇志士を輩出した歴史をもつ。

この地区は津野山文化圏を形成し、〈津野山神楽〉〈堂の口開け〉〈二十日念仏〉〈牛鬼神幸〉など特色のある宗教行事、民俗文化が伝えられている。

下流域の中村地区は、応仁の戦乱を避けて来国し、この地の荘園を回復した関白一条教房（のりふさ）によって開かれた。

一条氏は中村を京都に模して建設、京町・一条通り・愛宕町・祇園通りなどの地名が残る。四万十市中村が小京都といわれる所以である。

清流四万十川を渡る牛鬼天満宮のご神幸

岩清水八幡宮を勧請した不破八幡宮の「神様の結婚式」、「中村大文字送り火」など特色のある民俗文化が今に残る。

四万十川は豊富な魚類に恵まれ、鮎・鰻・あまご・鮖（ごり）・蝦などを、筌（うえ）・柴漬・火振り・投網・建網・貝殻威し曳き・地曳網など多彩な漁法を用いて採捕する川漁師の姿が見られる。河口近くでは青海苔の養殖粗朶が林立する。

中流域のカヌー下り、下流域の遊船屋形船も四季人気があり、八色鳥・三光鳥など珍鳥の探鳥、土佐繍線菊（ときしもつけ）・岸躑躅などの観察も楽しかろう。

▽交通＝上・中流域へはＪＲ高知駅→窪川駅下車。更に同駅から予土線に乗り大正駅、昭和駅、江川崎駅などで適宜下車。下流域へはＪＲ高知駅→土佐中村駅下車。それぞれ二時間から三時間。

平成11年11月5日号（岩村牙童）

紅葉の「満天星公園」

高知といえば室戸、桂浜、ここでは新生「満天星公園」のご紹介。

まもなく紅葉の季節を迎えるが、ここ日高村の「満天星公園」は、五万本という満天星（どうだん躑躅）の林が里山を彩り、春は白色の小花が山を飾り、秋は全山が見事な紅葉に包まれる。

ここが「満天星公園」である。日高は高知駅から西へ約一時間、ＪＲ線。国道三三号線の要路。日高駅で降りると標高一五〇メートルの錦山があり、その中腹が「満天星公園」である。峠越えの村道が通り、車で二〇分。

この地は「大花の里」といって、江戸時代土佐藩の出城のあったところである。

一帯が蛇紋岩土質で、針葉樹林のような大木は育たない。麓には一級河川仁淀川が流れ、戦前は「鵜飼漁」で賑わった。

日高大花の里は春秋、風光明媚の地である。

この日高村を取り巻いて伊野町・佐川町・土佐市がある。戦前この錦山は、界隈の学校の遠足地でもあった。

戦後五〇年、過疎化が進み、かつての大花の里も雑木林となっていた。

この公園造りには、故人となられた一人の夢物語がある。彼は、この山に魅せられ、私財を投じて、この山を買取り、満天星公園造りに生涯を捧げた。そして、どうだんつつじ・山つつじを植え、一〇年の歳月をかけ、満天星公園を完成した。

頂上まで遊歩道をつけ東屋、休憩所、つつじ茶屋などの施設、句碑も建立された。また、各種の行事も行われている。

▽春は児童たちによる小鳥の巣掛け・植物探索会。
▽カメラクラブの撮影会
▽春・秋には俳句会を開催し、特選句は句碑に刻まれ公園を飾っている。
公園登り口の「満天星神社」が、皆さんのご来園を待っている。
▽交通＝日高駅前にタクシー
▽問合せ＝満天星公園事務所
電話〇八八―八九二―五三五〇

平成16年10月5日号（宮崎草十）

五万本のつつじが咲く「満天星公園」

鷹の渡りが見える町

五台山は高知市の近郊にあり、古くから市民の憩いの場となっている。

登り口から鹿の段駐車場まで車で一〇分。左手にある鬱蒼とした椿林を抜けると、もう山頂の展望台の下である。南に土佐湾が広がり、北の山脈は遥かまで続き、眼下には高知市街や浦戸湾を一望できる。

展望台から一〇分ほど降りると、右手に朱の五重塔が、正面左の木立の間には四国八十八カ所霊場第三一番札所、竹林寺の柿葺の屋根が見えてくる。白装束のお遍路さんが行きかい、鈴の音が賑やかに響いてくる。

磴を少し降りると、竹林寺客殿があり、ここには禅の高僧、夢窓疎石（国師）の作庭された名園がある。

広縁に座ると、ゆったりとした空間の中に時を忘れる。築庭は中国の廬山を、池は鄱陽湖を模したといわれている。

竹林寺に隣接して、土佐が生んだ世界的植物学者牧野富太郎博士を記念した県立牧野植物園がある。正面を入ると、自然さながらに作られた森の中に、本館と展示館が長い回廊で結ばれ、近代建築の見事さに驚かされる。奥深く入った南園の方には珍花・珍木も多い。また史跡などもあり、よさこい節でお馴染の「坊さんかんざし買うを見た」の純信とお馬のロマンスの通い路は、「お馬道」として残されている。

秋（九月下旬〜一〇月中旬ごろ）、この辺りの空を眺めていると、鷹の渡りが見られるのは壮観である。大方はサシバだそうだが、中にはハチクマ、ノスリもいるそうだ。多い日には何百羽も見られるとのことである。

▽交通＝五台山へは、高知市の中心地はりまや橋から車で約二五分。牧野植物園前下車。（登り口から遍路道などあり、健脚の方には徒歩をお勧め）
▽問合せ＝高知県立牧野植物園
電話〇八八―八八二―二六〇一

平成20年10月5日号（中澤典子）

波おだやかな浦戸湾

四万十川の「沈下橋」

南国は高知県だけではないが、土佐は「南国土佐」と呼ばれる。これは多分、大ヒットした流行歌に因るものかも知れない。

それはともかく、この土佐の誇りは、自然の豊かさであろう。中でも日本最後の清流といわれる四万十川は、高知県で最も知られる自然遺産である。

四万十川は高知県西部の山間を源流とし、深い谷間を蛇行しつつ四万十市に至り、海へ注ぐ四国一の大河。全長一九六キロメートル、その流域面積は二二七〇平方キロメートルにも及ぶ。

四万十川の名は、一説にはアイヌ語で川を意味する「シマント」という言葉からきたという。つまり土佐にもアイヌ民族が住んでいたということである。

もう一説は、支流が多く、その数が四万十もあるというところから名付けられたというが、今のところ前者の説が有力である。

また、四万十川の流域は雨量が多く、両岸は峻険。洪水の度に橋が流失した。そこで発明されたのが、洪水に逆らわないよう欄干を無くした橋「沈下橋」。

四万十川には、このような橋が四七カ所に架けられているのも特色の一つである。

四万十川の沈下橋

豊かな自然に恵まれた流域には、鮎をはじめ、鰻・鮴（ごり）（鯊の一種）・津蟹（モクズ蟹）・手長蝦などが生息し、川漁が盛んである。鰻や手長蝦などを捕る柴漬け漁といった素朴な漁法も行われている。

川沿いには鮎料理の店が並んでいるが、手長蝦の空揚げ、津蟹汁、鮴汁や鮴の佃煮などの珍味は絶品である。

▽交通＝ＪＲ高知駅から特急一時間四〇分（くろしお鉄道）中村駅下車。

▽問合せ＝四万十市観光課
電話〇八八〇―三四―一七八三

平成25年3月10日号（津田吾燈人）

日本三大鍾乳洞　龍河洞

高知市から東へ、南国市を過ぎ香南市へ入るとすぐ北に三宝山という小高い山が見えてくる。龍河洞はこの三宝山の中腹にある。

龍河洞は、山口県の秋芳洞、岩手県の龍泉洞と並び日本三大鍾乳洞の一つである。

龍河洞の歴史は古く、出口付近に古代弥生人が居住した土器や住居跡、窯場跡等があり、半ば石灰化した弥生式土器「神の壺」は龍河洞一の見所となっている。また名前の由来は、承久の乱（一二二一）の後、土佐に流罪となった土御門上皇が入洞された際、錦の蛇が現れ上皇を案内したという。天皇の乗り物の「竜駕」が転じて「龍河」となったとの伝説が伝わっている。

狭い入口をくぐり中に入ってみると、数々の鍾乳石のオブジェが見られ、二八種類の名前がそれぞれに付けられている。「石花殿」に始まり「千枚岩」「奈落」等々。洞窟内は広いところ、狭くてやっとくぐり抜けられるところ、天井の高い広間など常に地下水が流れ、観光というより探検気分も十分に楽しめる。

一キロメートルの所用時間は、ゆっくり見て一時間足らず。また、出口の下方に「珍鳥センター」があり、土佐の鶏、東天紅や鶉チャボ、尾長鶏の若鳥等、滅多に見られない鶏が見られるのも嬉しい。

▽交通＝ＪＲ高知駅より車で約三〇分。土佐くろしお鉄道野市駅より車で約一〇分。

▽問合せ＝龍河洞保存会

電話〇八八七—五三—二一四四

平成29年3月5日号（津田吾燈人）

神秘的な石の芸術　龍河洞

VIII 九州・沖縄

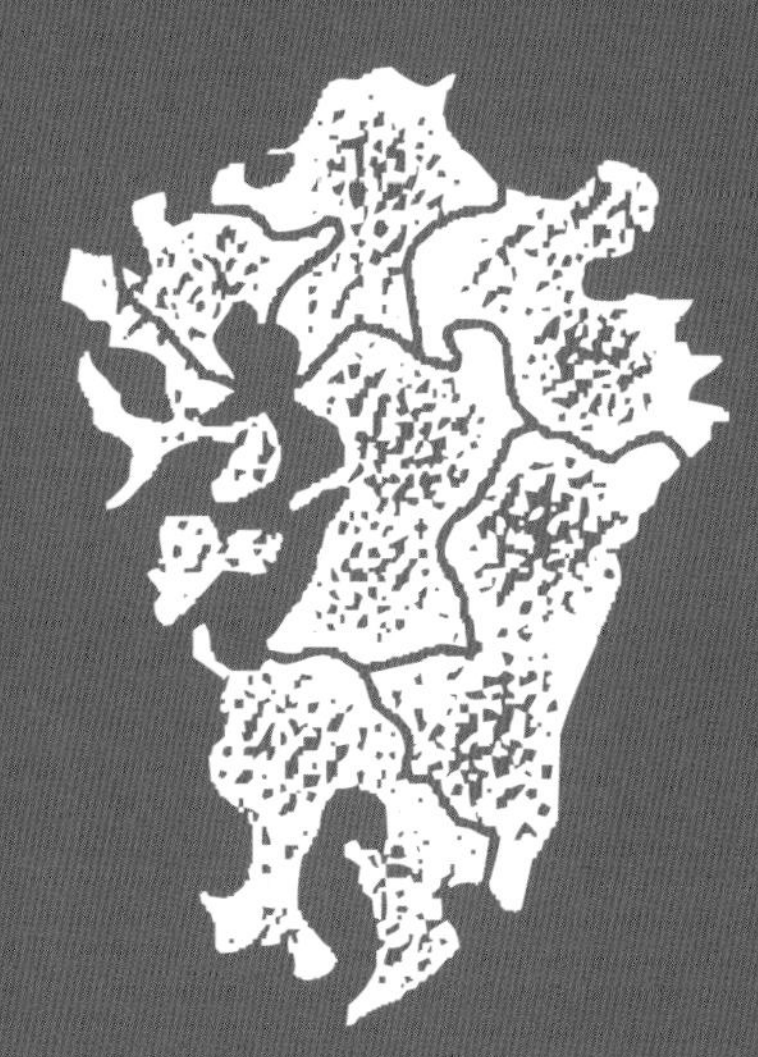

勇壮「玉せせり」神事

正月三日、筥崎宮において締め込み姿の競子と呼ばれる男たちが勢い水を浴びながら、木製の玉を奪い合う勇壮な神事「玉せせり」が行われる。

午後一時、同宮の絵馬堂で玉洗式が行われる。直径約三〇センチメートルの陰陽の玉を洗うのは、昔より市木家・山口家の当主二人で、使う藁束子は、平年は一二本、閏年は一三本を束ねたもの。ぬるま湯で洗い上げたあと、三合三勺の種油を注ぎ磨いて櫃に収め、約三〇〇メートル離れた玉取恵比寿社に移し祭典を行う。

辺りにはすでに締め込み姿の裸の男や少年がひしめいている。神事のあと、陽の玉だけが待ち構える少年の群れに渡され、競り合いながら運ばれてゆく。途中から「陸組」と「浜組」に分かれた大人の群れに引き継がれ、激しい争奪戦が始まる。肩車をして玉を奪い合う男たちには、四方から水が浴びせかけられる。

博多の男の祭りは、「山笠」も「玉せせり」も締め込みひとつの裸で、夏はもとより、真冬であろうとも、とにかく勢い水が浴びせかけられる。

寒風の中、水しぶきを弾いて無数の手が突き上げられ玉を取り合う。もみ合う男たちの肌は紅潮し、湯気が立ち上がる。

玉せせり空押し上げて進みけり　　柴田佐知子

本殿の伏敵門の板間仕切の上部には狭い窓があり、神職はそこで玉を受取るべく待機している。

この伏敵門の競り合いはことに激しい。最後に玉を取り、神職に手渡した者が陸組ならその年は豊作、浜組なら豊漁がもたらされるという。ここで陰陽二つの玉が揃い、競子たちは博多祝歌を歌い、めでたく祭は終る。

「玉せせり」は、古来博多湾周辺で行われる新年の行事で、恵比寿信仰に由来すると言われる。

なお、「せせり」「せせる」は博多方言で、指などでいじるの意。「せせくる」も同義。広辞苑では、「拵る」と書き、①つつく。ほじくる。②さぐりもとめる。あさる。③もてあそぶ。などとある。

▽交通＝鹿児島本線箱崎駅下車五分
▽問合せ＝筥崎宮
電話〇九二—六四一—七四三一

平成19年1月5日号（柴田佐知子）

筥崎宮の「玉せせり」

神韻宿る香椎宮

福岡市東区に鎮座する「香椎宮」は、伊勢神宮、京都の石清水八幡宮、福井敦賀の気比神社とともに本朝四所の一つと称されている。

今でも一〇年に一度、宮内庁から勅使が派遣され、厳かな祭礼が執り行われている。御祭神は主神仲哀天皇、神功皇后、配祀は応神天皇、住吉大神である。

本殿は香椎造りといわれ、日本唯一の様式として重要文化財に指定されている。本殿の前庭には神木の綾杉が聳えている。これは神功皇后が新羅遠征から帰還した際、剣・鉾・杖の三種の宝を埋め、そこに挿した鎧の袖の杉枝が育ったものといわれている。

香椎宮の裏参道脇に古宮がある。ここは仲哀天皇が熊襲征伐に赴く行宮であった。天皇が身罷ったとき、行宮の椎の木に棺を立て掛けた。そのとき何ともいえぬ香りが発せられたという。《香椎》の名はそこから生まれた。この棺掛けの椎は、今も植え継がれている。

重要文化財に指定されている本殿の「香椎造り」

秋立つや千早ぶる世の杉ありて　漱石

神功皇后伝説には、時の大臣武内宿禰が欠かせない。生涯を景行・成務・仲哀・神功・応神・仁徳の六代の天皇に仕え、三六二歳で世を去ったと伝えられている。神社の近くに武内宿禰の屋敷跡があり、その奥に「不老水」と呼ばれる神泉が今も湧き続けている。

また一キロメートルにも及ぶ勅使道には、大正一一年貞明皇后のご参拝を記念して植えた樟が大木となり、緑陰を作っている。さらに脇参道の桜並木も、シーズンには見事な花を咲かせてくれる。

▽交通＝JR香椎線宇美方面行香椎神宮駅下車徒歩五分。西鉄貝塚線香椎宮前駅より徒歩一〇分。

▽問合せ＝香椎宮
電話〇九二―六八一―一〇〇一

平成23年11月5日号（神谷大河）

篠栗八十八箇所巡礼

JR博多駅からJR福北ゆたか線に乗り換え、二〇分ほどで篠栗駅に到着。篠栗（ささぐり）四国八十八箇所（篠栗霊場）巡礼の三十三番札所にあたる本明院が近い。当霊場を巡礼する遍路の多くが、最初の札所として訪れる寺院である。篠栗四国八十八箇所の歴史は天保六年、慈忍という尼僧が四国八十八箇所を巡拝した帰りに、この篠栗村に立ち寄ったことに始まる。貧しさに窮する村人の暮らしを垣間見た慈忍は、その救済のためこの地にとどまり、弘法大師の名において祈願を続け、四国のそれを模した八十八箇所の霊場の造成を提案。

今では小豆島八十八箇所・知多四国八十八箇所とともに「日本三大四国霊場」に数えられている。

また篠栗四国八十八箇所の総本山である一番札所＝高野山真言宗別格本山南蔵院には、世界一巨大なブロンズの釈迦涅槃像があり、年間一〇〇万人を超える参拝者を迎えている。

四国全県にまたがり総距離一三〇〇キロメートルを超える四国八十八箇所に比べ、篠栗霊場は、番外札所の若杉山奥の院も含めて五〇キロメートルほどの道程。歩いて四～五日で巡ることも可能である。札所には広壮な寺域を有する寺院がある一方、野辺に佇む無住の御堂も多く、行程は豊かな自然に富む。

年間を通じて巡拝者は絶えないが、特に気候の穏やかな春秋には白衣のお遍路姿が数多く見られる。

一一月には篠栗町観光協会企画の八十八箇所参拝ウォークも開催される。

▽交通＝JR福北ゆたか線篠栗駅下車、駅前に篠栗町観光協会。

▽問合せ＝篠栗町観光協会

電話〇九二―九四七―〇三七四

平成25年10月5日号（熊谷一彦）

篠栗一番札所南蔵院の涅槃仏（世界最大／全長 41m 高さ11m）

油山の空　鷹渡る

福岡市の中心から車で約三〇分のところに油山（五九七メートル）がある。山の名は、聖武天皇の頃、清賀上人が開いた臨済宗の正覚寺で、松明や灯明に必要な油を日本で初めて椿の実から精製したことに由来する。

油山は市民の森といわれ、四季を通じて地元民に愛される自然豊かな山である。

初日の出を拝み、春の桜はもちろん、夏はキャンプ、秋は紅葉を楽しむ。自生の一薬草や銀竜草も見られる。

大瑠璃、時鳥、鶯、山雀、青葉木菟、鶲、鷺などの珍しい野鳥もいるので、探鳥会が盛んに行われている。

片江展望台からは、毎年鷹の渡りが観察される。九月の上旬から彼岸の中日頃をピークに一〇月初旬まで、本州から東南アジアへ渡る鷹が、丁度油山の上を通過する。

春は桜の名所となり、秋は上空を鷹が渡る油山

北側の玄海や北東側の山から現れた点のような渡り鳥を、双眼鏡や望遠鏡で眺めることができる。野鳥の会の人たちが渡り鳥の数を記録しながら、「宝満山を一二時五分方向にサシバ五羽」「英彦山の方面に流れた」などと教えてくれる。

嵐の後には、一日千羽以上の渡りも確認される日もあり、上昇気流に乗って数十羽が渦をなして柱状になる鷹柱は圧巻である。

日に舞うて凱歌のごとし鷹柱　岡部六弥太

他にも山の東側には「もーもーらんど」という牧場があり、市民の森を散策しながら行くことができる。そこには山羊、羊、兎なども飼われ、申し込めば乗馬や搾乳体験もさせてくれる。

▽問合せ＝油山市民の森管理事務所
電話〇九二―八七一―六九六九
年中無休

平成29年9月5日号（立石　京）

句材豊富な唐津

唐津は、博多からJR筑肥線で一時間余の玄界灘に面した城下町。風景だけでなく、土地柄、古代からの歴史や文化に触れることができ、しかも、海の幸も豊かで味覚も満喫できます。

近郊の東松浦半島の呼子へは唐津から車で三〇分。また、豊太閤が朝鮮出兵の拠点とした名護屋城址や九州最北端の波止岬がある鎮西町へは二時間弱と近く、吟行コースとしても好適です。

以下、唐津の主な吟行地を紹介しましょう。

〈虹の松原〉唐津から隣接の浜玉町にかけて唐津湾の海岸沿いに幅四〇〇～七〇〇メートル、長さ五キロメートルに及ぶ黒松林。初代唐津藩主・寺沢志摩守広高が防潮・防風林として植えたものでその数およそ一〇〇万本。国の特別名勝に指定されています。駅から車で約一五分。

〈唐津城〉歴史資料館。ここからは、虹の松原のほか、神功皇后、松浦佐用姫に由来する鏡山（領巾振山）が一望されます。城のある舞鶴公園へは、エスカレーターが設置されています。駅から車で一〇分。

〈曳山展示場〉獅子頭、兜など華麗な曳山一四台を展示。唐津供日（一一月三～四日）の賑わいを彷彿とさせます。供日のビデオを常時上映しています。駅から車で五分。

〈唐津焼〉〝一楽・二萩・三唐津〟と茶人に珍重される唐津焼。その起源は、豊太閤の朝鮮出兵で渡来した朝鮮の陶工たちが唐津・東松浦一帯に多くの窯を築いたことに始まります。窯元は三〇か所余り。四季のそれぞれの風趣に囲まれた窯場めぐりもまた好適です。

〈七ツ釜・立神岩〉七つ釜は、玄界灘の荒波が浸食してできた玄武岩の海食洞。市西部にあって、駅から車で一時間余。その途中にある立神岩（夫婦岩）の、屹立した二体の玄武岩の風姿は雄大。周辺の海域は、近年、サーフィンの場所として脚光を浴びています。

〈神集島＝かしわじま〉市西部、湊の沖合い二キロメートルにある島。神功皇后に由来し名づけられた島。浜木綿の群生地。島内には、七三六年、大和朝廷の使節として新羅に赴いた遣新羅使一行が、日本最後の泊地として立寄って詠んだ七首の歌が万葉集にあげられており、これにちなみ七基の万葉歌碑が建立されています。

平成9年11月5日号（宮田春童）

唐津くんちの賑いに
義経の兜と鯛の曳山

歴史伝える多久聖廟

佐賀県のほぼ中央部にあって八幡岳、天山山系に囲まれた盆地に、江戸時代から孔子を崇め、その教えに順いいわば儒学によって〝むらおこし〟を進めてきた小都市・多久がある。ここには、わが国に現存する最も古い孔子廟・多久聖廟（史跡・重要文化財）が当時のままに遺され、孔子に蔬菜を供え爵を薦めて祀る典礼・釈菜も創建以来二九〇余年間、欠かすことなく続けられている。

多久聖廟は、多久四代目藩主・多久茂文が宝永五年（一七〇八）に創建したもの。多久氏は歴代儒学を崇めており、特に茂文はこれを座右の指針としていた。そこで、治世の方策を孔子の教えに順うこととし、元禄一二年（一六九九）に身分の区別なく庶民にも門戸を開いた学校・東原庠舎を建て、さらに領民たちの心の支えとその象徴として聖廟を建立し、そこに孔子像とその弟子・四哲の像を祀ることとした。

その典礼……釈菜は、現在では四月一八日と一〇月第三日曜日の年に二回。「釈菜儀節」の定めに則り、市職員が扮する伶人が雅楽を奏する中、棗や栗、筍、雉子（鮒）、芹、飯、甘酒などの供物を市長（献官）をはじめとする祭官によって孔子とその弟子・四哲に捧げられる。そして最後に、各地から寄せられた漢詩を献じ式を閉じるのである。

次に、多久に因んだ歴史公園「丹邱の里」めぐりについて紹介したい。

これは、前述の聖廟とその付帯施設のほか近くの東原庠舎や聖堂小路の槇の生垣、八幡神社、歴史の散歩道、西渓公園、西の原大明神、郷土資料館などで、いずれも時空を越えて多久の歴史の中に身を委ねてゆっくりと探索でき、しかも四季を通じて楽しめる手ごろな吟行コースといえよう。

▽交通＝長崎自動車道・多久ＩＣから一五分。ＪＲ博多駅から佐賀駅まで四〇分、佐賀駅で唐津線に乗り換えて三〇分

▽問合せ＝（財）孔子の里（多久市東の原・東原庠舎内
電話〇九五二―七五―五一一二

平成13年7月5日号（宮田春童）

重要文化財・多久聖廟

早朝から寒鮒の競り

全国の三大稲荷の一つ、鹿島祐徳稲荷のある佐賀県鹿島市浜町では、毎年一月二〇日の「二十日恵比須」に鯛に代り鮒を供える風習が伝承されている。

約三〇〇年来の地方慣習で、二十日正月の前日の一九日、鹿島城の用水路として古くから掘られていた逆川を中心に、早朝二時頃から準備して寒鮒市が立つ。

佐賀地方のクリーク、筑後川、福岡県の大川市、柳川などの堀でとられた寒鮒寒鯉が持ち寄られ、当日は佐賀、有明方面、柳川、大川などから商人が集まり、箱ふね、水槽などに水を張り、鮒や鯉を泳がせ、威勢のいい声を張りあげて競り売りをする。

昔は物々交換で山海の珍味を持ち寄っての市であったそうだ。

鮒は生きたままを昆布巻きにして、大切りにした大根、牛蒡、蓮根などを下に敷き味噌、或いは醬油で一昼夜ほど煮つめ、それを鹿島の人達は「鯉ンこぐい」と呼ぶ。そのこぐいを戎神社や町辻の石戎、自宅にまつる戎に供えて、家内安全、商売繁盛を祈る。

一四、五年前だったか、鹿島の稲富義明氏の案内で初めて寒鮒市へ行ったことがあった。その頃は、寒鮒の出店が三〇店位あったが、今年は鮒だけの出店が六店、乾物その他の出店が一〇店立つばかり。

商人の話では「若(わ)っかもんは川魚ば好かんもんね」(若くない私も苦手ですが)と先行きが心配されている。

亡くなった夫は鮒釣りが好きで、冬休みなど、背振山系の北山ダムというところに入り浸りでしたが、暗い内から出掛ける私に「鮒が珍しゅばしあるか」と笑っていた。

▽交通＝JR鳥栖駅から長崎線に乗り換え、肥前鹿島駅で下車、徒歩約一五分。車では鳥栖から佐賀市を経て四四四号線を長崎方面へ、約九〇分。

平成16年5月5日号（吉富聿子）

佐賀県鹿島市の寒鮒の競り市（写真提供：鹿島市観光協会）

呼子港の歴史と情緒

玄界灘に面した唐津市呼子町は、江戸時代から明治初期まで捕鯨基地として栄えてきた。

今でも漁業が盛んで、玄界灘の魚貝類が豊富に水揚げされる。中でも烏賊漁。「烏賊の呼子」と称されるだけあって、烏賊を傷つけないよう漁火での一本釣りである。

星空の下、真っ暗な海に点々と揺れる漁火は、見馴れた者にとっても神秘的に映る光景である。

「呼子の朝市」もまた有名。日本三大朝市の一つと言われ、水揚げされたばかりの海の幸や地元の新鮮な農産物が商店街の軒先に所狭しと並ぶ。

おばちゃんたちの元気な売り声が響き、観光客との楽しい会話が弾む。

また呼子には、大きな祭りが二つある。まず「呼子大綱引」。毎年六月六日〜七日の二日間、「浜組」と「岡組」に分かれ、浜組が勝てばその年は大漁、岡組が勝てば豊作とされる。それぞれのプライドをかけて、綱を引く男たちの熱気が町中に漲るのである。

次は海を渡る山笠として知られる「小友の祇園祭」。六月一四日〜一五日の両日、八坂神社の禊を受けた法被姿の若者が高さ一五メートル、重さ三トンの山笠を担ぎ、勇ましく地区を練り歩く。その後、呼び物の海渡りを行うという豪壮な祭りである。

呼子大橋で繋がった加部島の田島神社には、三女神が祀られ、海の安全を守っている。

境内には、松浦佐用姫が朝鮮へ出征する夫との別れを悲しんで石になったといわれる伝説の望夫石が安置されている。

このように歴史と伝統を受け継ぎ、活気に溢れる呼子の港町も、日暮れには表情が一変する。

夕日の中に島影が浮かび、澪を重ねて漁船が行き交う。この優しい風景に誰もが癒されるのである。

▽交通＝JR博多駅から呼子高速バス九〇分。JR筑肥線唐津駅下車、バスターミナルから呼子行きバス三〇分。

▽問合せ＝呼子観光案内所
電話〇九五五—五三—七一六〇

平成22年9月5日号（大石ひろ女）

呼子大橋の彼方に沈む夕日

脊振の古道と山茶花原生林

平安時代から博多は海運で栄えてきた。東は響灘、西は壱岐対馬に至る半径六五海里の半円の中に湾があり、海上から見える脊振山肌は古くから航路の指標とされてきた。脊振の由来は、横たわる龍の背の形からとられた。

その真中辺りが山頂で（一〇五五・六メートル）、福岡・佐賀の県境である。太宰府庁はその真南に位置し、「西街道」をつなぐ交通の要所であった。

佐賀県側の脊振越えの古道「筑前街道」は、平成八年文化庁の「歴史の道百選」にも登録されたが、余りにも山深く高所を通るため、殆ど開発の手が入っていない。従って昔のままの雰囲気を保っている良き古道である。

この辺りは古代から近世にかけて山岳仏教が栄え、脊振千坊と言われるほどの僧坊で賑わっていたという。その遺跡群の中の霊仙寺には、建久二年（一〇九一）榮西禅師が宋から茶種を持ち帰り、蒔かれたという茶園が「日本茶樹栽培発祥の地」として現存している。

またこの辺り一帯には自生の山茶花原生林が連なり、それも白花のみで、一一月初めには全山雪が降り積もったように美しく見える。

古道の眼下には吉野ケ里を擁する豊かな平野、その向こうには有明海が光り、遥か彼方には島原・雲仙の山影も望めることがある。

今では殆ど使われなくなったが、古い佐賀弁に「ちくぜんみち」という言葉がある。それは一歩一歩上って下を見下ろす「脚立」のことである。

▽交通＝ＪＲ長崎本線吉野ケ里駅または神埼駅から車で二〇分。
▽問合せ＝神埼郡吉野ケ里町役場
電話〇九五二―五二―五一一一

平成27年2月5日号（松田美奈）

自生の白山茶花の原生林、眼下には吉野ケ里の平野が……。

人も鳥も憩える場所

有明海は、干潟の潮位差が大きく、佐賀県付近では六メートルにもおよび干潮時には日本最大の干潟となる。

海水と淡水がほどよく混じりプランクトンが多量に発生し魚介類の種類も多い。

「東よか干潟」は有明海干潟の一部であり、渡り鳥の生息地として重要性が認められ、二〇一五年ラムサール条約湿地に登録された。

鴫、千鳥類の飛来数は日本一。春と秋、シベリアと南半球付近を行き来する中継地として一〇〇〇〇羽以上が羽を休める。その中にはクロツラヘラサギ・ズグロカモメ等絶滅危惧種も含まれている。

越冬する浜鴫や千鳥類もいて、そこに隼が姿を見せると一斉に飛び立ち、圧巻である。

鶚が旋回していても知らんぷりして餌を啄んでいて面白い。

堤防には望遠鏡が七台設置され、干潟観察が一年中でき、バードウォッチャーに大人気である。毎年同じコースを旅する渡り鳥にとって、鯥五郎・潮まねき・とび鯊が生息するこの干潟は貴重な休息地となっている。

ラムサール条約の目的は湿地の保全だが、「干潟よか公園」では水鳥の保護だけでなく人も干潟を賢く活用しようと、ガイダンスルームを設けパネルや大型モニターに干潟の風景やそこに暮らす生き物を紹介している。

秋には、絶滅が危惧され、海の紅葉ともいわれている塩生植物「シチメンソウ」が海岸を真っ赤な絨緞のように染めて広がる。

干潟の見頃は潮の満ち引きにより時間が異なる。潮汐などを確かめてみるとよい。また、市のボランティアガイドが干潟の魅力を案内してくれる。

▽交通＝佐賀駅バスセンターよりバス四五分

▽問合せ＝佐賀市役所東与賀支所　地域振興グループ

電話〇九五二―四五―一〇二一

平成31年1月5日号（栗林白霜）

春が来るまで有明干潟に集う水鳥たち

古い歴史の茂木漁港

長崎は港町だが、造船工業を主とする商工業の街であった。漁業は衰退の一路を辿って、漁船の姿も殆ど見なくなった。

長崎の南東の真裏に、橘湾に面して、茂木漁港があり、漁船も多く沿岸漁業が盛んで、古い歴史をもっている。長崎周辺の小漁港がだんだん廃れてゆくのに、茂木はいよいよ盛んな例外的存在で、これからも注目されてゆく漁港となるだろう。

近来騒がれている諫早干拓が象徴する沿岸漁業の衰退とは、まさに対蹠的である。

茂木の歴史は長崎の街の成立より、ずいぶん古いもののようで、茂木の名の起源は、神功皇后三韓征伐の折りに、この浦に上陸し、御衣の裳を着け憩われた事蹟より、「裳着」の名が伝わり、後に「茂木」になって来たという史実が残っている。

茂木港には、俗に「茂木艦隊」といわれる約四〇〇の小型漁船が泊し壮観を呈する。夕方から夜へかけて橘湾また有明海へ出漁して行き翌朝帰って来るが、その漁獲が長崎市民の食卓を潤す。

また、全国的に知られる「茂木枇杷」もここの特産で、枇杷山が漁家の裏に迫っていて、袋掛や摘果や出荷の状景は茂木独特のものがある。

枇杷山に競い並ぶように墓山が仰がれるのも、茂木の歴史を物語って特異な景である。

袋掛花とは見せつ江の彼方　下村ひろし

ガラス戸の内に嬰置き枇杷選果　田中環二

潮入川枇杷舟重く傾ぎゆく　岩橋玲子

大南風（はえ）にゆらぎ枇杷山墓山立つ　西谷　孝

長崎と茂木の中間の峠に田上（たがみ）がある。昔は草深い村落で、元禄の頃、向井去来の叔母の田上尼（でんじょうに）が「千歳亭」を結んでいて、去来はここに遊んでいる。

名月や田上にせまる旅ごころ　向井去来

いま田上寺が残っている。

去来忌や月にゆかりの田上寺　下村ひろし

▽交通＝ＪＲ長崎駅下車。同駅前から長崎バスで茂木行に乗車。三〇分～四〇分で終点茂木に着く。

平成9年7月5日号（西谷　孝）

古墳群広がる「牧島」

私が週一回通う文化サークルは長崎市の東部いわゆる東長崎地区にあるが、句が無い時、昼休みを利用して出掛けるのがここから車で約七分の距離にある「牧島」である。面積一六六二平方メートル、漁業と農業を主体とした人口約一〇〇〇人の小島である。

昭和五三年一二月国指定史跡となった曲崎古墳群は、六世紀末から七世紀にかけて造られたもので、九九基の積み石塚と遺構五〇〇ヶ所、ガラス製の玉類や壺、瓶が発見された。この積み石塚の石室構造は、竪穴系横口式石室で北九州に分布するものと同種。このことから、地域が北部九州の文化圏に属していたことが判明した。曲崎は静かな入江を抱く雑木林の岬で、入り口を探そうと渚を歩けば、浜ごうや葛、犬枇杷等が季節の花や実をつけている。

浜ごうの渚に水漬き墳の径　星村
薮蘭や雑木林に墳百基　星村

主農産物の苺は一一月～四月の約半年にわたり順次収穫されるが、最盛期のクリスマス頃ともなれば島のフレームから苺の甘い香りがあふれ、地元をはじめ関西、関東方面へ出荷される。

長崎伝統行事の一つである「競渡（ペーロン）」は本来五月の節句に行われるが、最近は修学旅行の体験学習としてこの島で実施され、中・高校生の人気をあつめている。

交通の便は、長崎駅前県営バスターミナルから矢上団地経由江の浦行バスに乗車、「戸石（といし）」で下車。その先はタクシー使用がよい。長崎駅前から牧島までタクシーで四五〇〇円程度。

途中日見峠の〈君が手もまじるなるべし花薄〉の去来句碑、直木賞受賞なかにし礼作『長崎ぶらぶら節』の主人公芸者愛八が育った「網場港」、長崎街道一番目の宿場「矢上」等見処も多く、海岸線の眺望もよろしい。

平成13年6月5日号（原田星村）

長崎市の「牧島」

引揚の地に平和公園

針尾島の「浦頭」といっても、どこなのか知らない人が多くなってしまいました。

「浦頭」は、佐世保港の入り口にある小さな漁村であります。

昭和二〇年八月一五日、太平洋戦争が終結すると共に、海外者の引揚が始まりました。佐世保引揚援護局は旧針尾海兵団に置かれることになり、この小さな漁村「浦頭」には、佐世保引揚援護局検疫所が設置されたのであります。

昭和二〇年一〇月一四日の韓国の済州島からの旧陸軍軍人九九九七人の引揚第一船の受け入れを始めとして、次ぎつぎに引揚船が入ってきました。主に中国大陸や南方諸島からの引揚で、総計で一二一六隻の引揚船、一般邦人、軍人、軍属などあわせて一三九万六〇〇〇人がこの地に上陸されたのであります。

引揚者は、旧海軍検疫所で検疫の散布をうけて七キロメートルの山路を歩いて旧針尾海兵団の援護局に入り、引揚手続きを終えて国鉄南風崎駅からそれぞれの故郷に向かわれました。

引揚者のなかには、敗戦の失意と迫害のため疲労困憊の極限にあり、上陸を目前にして力尽きて倒れる人、上陸の安堵からそのまま不帰の人となるなど、悲運の人々は四〇〇〇人を数えたといわれています。

佐世保市では、このような悲惨な引揚を再び繰り返してはならないと、引揚の地を永久に残し、恒久の平和を祈念して引揚記念平和公園の建設を企画し、全国からの協賛により昭和六一年五月に完成を見たのであります。

平和の像・引揚者像三体を中心に据えたこの浦頭公園は、少々辺鄙なところにあるせいか何時行っても人影がなく実に寂しいところであります。

六〇年の歳月が、その儘残っているようで、一木一草に引揚者の思いが籠もっているようです。

▽交通＝JR早岐駅から車で一五分。
JRハウステンボス駅から車で一二分。

平成17年6月5日号（中島稾火）

恒久平和を祈念して建てられた浦頭公園

一日一万羽の鷹渡る

長崎県佐世保市の背後に、標高五六八メートルの烏帽子岳がある。秋にはこの山を、一日一万羽以上の鷹が集団で通過する。

鷹一つ見付けてうれし伊良古崎　芭蕉

元禄の昔、芭蕉が感動した一羽の鷹に対して、とんでもない数の渡りである。「日本野鳥の会」長崎県支部の資料によると、種類は主にアカハラダカで、ハチクマも見られるとある。これらは朝鮮半島やロシア、中国東北部で繁殖し、秋には東南アジア方面に数千キロ旅をして越冬する。そして春になるとまた北上するのである。

その一部が、九月から一〇月にかけて朝鮮半島伝いに対馬や五島列島を通り、佐世保市の烏帽子岳山塊にやってくるのだ。

この時季になると、全国から野鳥の会のメンバーが集まり、頂上付近の観察広場で車に寝泊りしてカメラの放列を敷いている。

一方、俳人にとっても絶好の句材であり、県内俳人の有志に呼びかけて「鷹の渡りを詠む会」を開催。すぐ近くの青少年の野外学習の拠点、県立「青少年の天地」という宿泊施設を利用して俳句会が開かれている。

烏帽子岳の空を渡るアカハラダカの大群

朝の空気が暖まり、山上に上昇気流が生まれると、それに乗った鷹の集団が、まるで蚊柱が立つように旋回し、きらきら光りながら高空を南方へ消えていく。

鷹柱太刀のひかりとなりて消ゆ　白城

しかし、毎日一万羽もの鷹が大集団でやってくるのではない。気象条件によっては、一羽も姿を見せない日もある。鷹柱に出会うのは、まさに幸運。

最近の記録では、二〇〇二年に一日一万五〇〇羽が数えられており、一九九九年九月二五日には一日四万羽の記録もある。

芭蕉翁もこれを見ると度肝を抜くであろう。

▽交通＝ＪＲ佐世保駅から佐世保市市営バス烏帽子岳行き約三〇分。

平成21年9月5日号（片山白城）

西海の名勝「九十九島」

長崎県北西部と海洋の五島を含む国立公園の中に、九十九島がある。佐世保港口から松浦市近海に散在する大小二〇八の島嶼群で、二島の他はすべて無人島である。

佐世保港は明治の始めから軍港として旧海軍の鎮守府が置かれ、辺り一帯は写真撮影も自由にならなかった。つまり要塞地域として軍の機密のベールに包まれたのである。

戦後は海洋性の国立公園となり、東の松島（宮城県）西の九十九島と並び称される多島海の名勝地になった。

佐世保市では遊覧船の基地や水族館、リゾート施設、ヨットハーバーなど観光面の充実に努めている。

二〇〇トン近い遊覧船は五〇分で大小様々な島を巡航する。海の色はあくまでも青く、島の緑も白波に映えて美しい。出港直後から現れる奇岩や岩礁は、ライオンや動物の姿に似て興味をそそり、島々の間には真珠棚や牡蠣筏が連なっている。

西海国立公園　冬の九十九島の夕景

乗船客は各地の修学旅行生をはじめ大陸からの観光客も多く、最近の一年間では三一万人を超えた。

景勝の素晴らしさは船上から眺めるだけではない。高地から見える夕映えの島々の姿も圧巻である。専門家の評価によれば、風致の点で松島を凌駕しているという。

因みにサーカスのジンタでお馴染みの「美しき天然」は、明治時代佐世保海軍軍楽隊の隊長であった田中穂積が、九十九島の美しさに触発されて作曲したものといわれている。

▽交通＝ＪＲ佐世保駅前より西肥バス鹿子前入口約二五分。

平成23年2月5日号（片山白城）

殉教の島「生月島」

「生月島（いきつきじま）」は長崎県北西部の平戸島に隣接する。古くは倭寇の活躍の場となり、捕鯨の基地としても栄えた。

宣教師のザビエルが平戸に来て以来、生月島でも多くの島民がカトリックの洗礼を受けた。しかしその後の禁教令で殉教した者や、隠れ切支丹になる者も少なくなかった。

平戸から大橋を渡って生月島に向かうと、青い海に岩肌の露出する小島が目に入って来る。中江ノ島だ。

生月島での切支丹の処刑は、島民たちの目に触れるように中江ノ島を選んで行われた。

一六一四年の切支丹禁教令後、生月島に渡ってキリスト教布教を行ったカミロ神父に協力し捕まったヨハネ坂本とダミヤン出口は、一六二二年に中江ノ島で斬首された。その後も、棄教を拒む切支丹たちの処刑がこの島で続けられた。

当時の人々は捕まった切支丹が生月島から遠退いて行く小舟をどのような気持ちで見送ったのだろうか。

振り向くと島の高台に大きな十字架が聳えている。一五五八年、生月島に最初に布教したガスパル・ヴィレラ神父が信徒たちの墓地として建てたものを、後年信徒たちが建て替えたものだ。ここには弾圧で去った神父に代わって、信徒を指導し殉教したガスパル西玄可が眠っている。

島の裏側へ廻ると、急な下り坂を降りた所に「だんじく様」を祀った祠がある。暖竹の繁った辺鄙なこの地で信徒の親子三人が隠れて暮らしていた。ところが子供が海辺に遊びに出たとき役人に見つかり、直ちに捕えられて殉教した。生月島には、このように悲劇の地が方々に残されている。

▽交通＝ＪＲ佐世保駅から平戸までバス九〇分。さらにバスで生月島まで三〇分。
▽問合せ＝平戸市観光案内所
電話〇九五六―二二―二〇一五

平成27年7月5日号（懸　恒則）

切支丹処刑の島となった中江ノ島

神秘の清流「緑仙峡」

熊本県の中央部を貫流する緑川は県下第二の河川で、その上流には内大臣峡・船津峡・緑仙峡などの景勝がある。この川は九州中央山地の向坂山を源とするが、容易にたどり得る源流は、山都町の「上緑仙峡」であろう。

当地へは熊本市内から国道四五五線→二一八号線で、まず旧清和村を目指して頂きたい。この道は藩政時代「日向往還」と称される肥後四街道の一つ。宮崎県延岡に至る大切なルートであった。

まずは県下屈指の石橋「通潤橋」で知られる浜町を望みながら東に進む。

大正一五年、種田山頭火が〈分け入つても分け入つても青い山〉〈青い山水はみな音たつる山のふかさかな〉と詠んだのもこの辺りである。

ここから滝下部落への道に入り、つづら折りの坂を下ると、目の当たりに緑仙峡の清流が現れる。

この清冽な流れは大雨に激することもあるが、初夏の新緑、秋の紅葉頃には絶好の行楽ゾーンとなる。また小学校の廃校舎を改装した宿泊施設や整備されたキャンプ場もある。川遊びや山女釣りを楽しみ、河鹿の笛を聞き、無数の蛍を見ることもできる。

また今少し上流に足を伸ばせば、様々な伝説を秘めた「穿の洞窟」をはじめ、神秘的ともいえる源流の風景が展開する。

緑仙峡へは小峰から南へ「青葉の瀬」を巡る道もある。山深く入ると、老杉に囲まれた山宮神社の石の鳥居がある。壇ノ浦から逃れて隠れ住み、一七歳で身罷られた安徳天皇の鎮まる宮と伝えられている。

帰路には国道沿いに建つ清和文楽人形芝居の館に立ち寄るのも一興であろう。

▽問合せ＝上益城郡山都町清和支所
電話〇九六七―八二―二一一一

平成20年7月5日号（富永小谷）

伝説を秘める「穿（うげ）の洞窟」（緑泉峡源流）
（写真提供：山都町役場）

横井小楠と「四時軒」

横井小楠の私塾四時軒（しじけん）（小楠旧居）のある場所に横井小楠記念館があり、小楠ゆかりの品々が展示されている。

横井小楠（文化六～明治二）は幕末期の思想家。勝海舟がその談話筆録「氷川清話」の中で「おれは今までに天下で恐ろしいものを二人見た。それは横井小楠と西郷南洲だ。……小楠の思想の高調子なことは、おれなどは梯子を掛けても及ばぬと思った」と述べている。

この四時軒のある熊本市の郊外は、現在は家が建てこんでいるが、当時は沼山津村の一集落であった。一年中四季の景色を楽しめるということで、四時軒と称したという。今も南へ眺望が開け、九州山地を幅広く望むことができる。生計のため許されて熊本城下を離れ、安政二年ここに移転し、明治元年維新政府に招かれて京都に行くまで、（福井藩にいた間を除く）前後八年の住居である。

坂本龍馬はこの四時軒を三度訪問している。

平成 21年に生誕200年を迎えた横井小楠の私塾「四時軒」北門

小楠の略歴＝本名時存通称平四郎、小楠は号である。肥後藩士（一五〇石）の二男として内坪井に生まれ、藩校時習館に学ぶ。学問を政治や経済など実用に生かすべきだと実学的な考えを主張し、時習館改革を図るが藩内保守派と対立した。その後私塾を開く。門人第一号徳富一敬（蘇峰）は蘆花の父である。次いで安政二年沼山津（四時軒）に転居。

この頃から開国論を唱え、肥後藩から受け入れられず、福井藩主松平春嶽に招かれる。安政五年から六年間、殖産振興と貿易の重要性を説き、また春嶽の相談役として活躍した。

甥を渡米させた際に与えた言葉「尭舜孔子の道を明らかにし、西洋の器械の術を尽す。何ぞ富国に止まらん。何ぞ強兵に止まらん。大義を四海に布かんのみは」は、小楠の理想と信念を表したもの。明治二年に暗殺される。

近くの県道高森線に面した小楠公園には、銅像と髪塚がある。

▽交通＝熊本交通センターから市営バス秋津小楠記念館前行約四〇分。

▽問合せ＝横井小楠記念館
電話〇九六―三六八―六一五八

平成22年4月5日号（平島尚典）

威厳と美観　熊本城

熊本城は銀杏城とも呼ばれ、慶長六年（一六〇一）加藤清正が築城に着手、同一二年落成した。元は隈本城と称していたが、後に熊本城と改称。城の重厚さを演出させるべく植えられたとされる楠の木が、四〇〇年の樹齢を誇っている。

　さらに西側、二の丸広場から観る城壁は銃眼を備え、数一〇〇メートルにも及ぶ。武者返しの石垣は、威厳と美観を備え、他城に類例を見ない。

　しかし明治九年、神風連の乱（いわゆる西南戦争の一年前）に原因不明の出火があり、天守閣等主要な建物を消失してしまった。

　住民の再建への望みは頻りであったが、先の大戦のため築城どころではなく、城は第六師団司令部の基地として、国策の任に当てられたのであった。

　昭和三五年（一九六〇）に天守閣再建。その後沸き立つごとく再建の気運高まり、平成二〇年（二〇〇八）に本丸御殿大広間復元。これで城の全容が整ったのである。

宇土櫓から望んだ熊本城の大天守・小天守

　登城口には、城を背にして槍を突き立てた加藤清正公の銅像。外塀は真白な漆喰の長塀を以て囲繞している。

　またここには見事な「見越しの桜」がある。

　落花は筏を組み、有明海に注ぐ。

　今はもう口ずさむ人は誰もいないが、私はここに佇む度に、軍歌「歩兵」が胸にあふれだす。

　万朶の桜か襟の色
　花は吉野に嵐吹く
　大和男子と生れなば
　散兵戦の花と散れ

　毎年、桜のトンネルを潜りながら、往時を偲ぶ今日この頃なのである。

▽交通＝ＪＲ熊本駅から路面電車で熊本城駅前下車約一〇分。

▽問合せ＝熊本城総合事務所
電話〇九六―三五二―五九〇〇

平成23年8月5日号（金澤富水）

地下水都市のシンボル湖

阿蘇の湧水が熊本の動脈のような川をつくり、その川から浸透した地下水が湧水となって江津湖にこんこんと注がれる。その量たるや一日四〇万トン。熊本市は市民の水道水の一〇〇パーセントを天然地下水で賄っている日本一の地下水都市である。熊本市の中ほどにある江津湖は、そのシンボル的存在と言えよう。

とは言え江津湖はもともと地形が生み出した湖ではない。湧水の豊富な湿地帯であり、大雨には洪水などの水害が起こっていた。そこで熊本城を造った加藤清正が、江戸初期に堤防として江津塘を築き、それによって湧水が溜まり湖となった。

土木の神様であった加藤清正は、治水、利水に類まれなる土木事業の力を発揮。他にも熊本に多くの功績を残している。それが今なお日々の生活の中に息づいており、私たちはその恩恵を受けているのである。

豊かな緑に恵まれた江津湖は、四季折々の自然を楽しませてくれる。樹木や草花はもとより、魚類、昆虫類など貴重な種類が多数生息。美しい湧水には蛍も舞う。鳥類に至っては鷺・翡翠・鸊・鳴・鴨その他の渡り鳥が飛来し、湖や森を賑わす。

そんな市民のオアシスには貸ボートもあり、たくさんの人が集う。夏になると中の島に架かる橋から子供たちが競って飛び込む。

江津湖の畔に生まれ育った中村汀女は、故郷の江津湖を生涯愛したと言われている。

汀女を始め、建立されている多くの俳人の句碑を巡るのも、江津湖の散策のひとつである。

▽交通＝市電の市立体育館前、または、八丁馬場、神水橋、動植物園入口で下車。
▽問合せ＝水前寺江津湖公園管理事務所
電話〇九六―三六〇―二六二〇

平成28年2月5日号（川本美佐子）

日本一の地下水都市である熊本のシンボル「江津湖」

歴史の宝庫国東半島

全国八幡宮の総本社である宇佐神宮と国東半島の寺々の関わりは深い。神仏習合の歴史遺産の宝庫であり、大分県観光の大きな看板の一つでもある。本紹介も、宇佐神宮参拝に始まるコースで、進める事にする。

宇佐神宮の北二キロメートルの所に、九州最古の前方後円墳である「赤塚古墳」を始めとする古墳群「風土記の丘」がある。ここでは宇佐神宮と国東半島の有名な寺堂のレプリカや貴重な資料を包蔵展示しており、概括的な予備知識を得る事が出来る。

ここから東に二キロメートル進むと豊後高田市である。有名な真木大堂・国宝富貴寺・日本最大の熊野磨崖仏を見て、安岐町の両子寺に着き、仏の里の主要必見の諸寺仏を拝しその醍醐味を満喫する事が出来る。

さて文殊山は両子山に接する標高六一四メートルの山。半島で二番目に高い。妙義式又は耶馬溪式の奇岩怪峰が重なり合い、夜はメラ鹿の鳴く秘境である。山の中腹に峨眉山文殊仙寺があり、国東発大分交通バスの終点である。又車で両子寺から赤根温泉にゆく谷あいの成佛（じょうぶつ）から別れてバス終点にある駐車場に着く事も出来る。新緑も良く、紅葉の時期は更に良い文字通り秘境をゆくほとけ道。

駐車場の一角から一対の仁王像の迎えを受けて寺への二〇〇段の磴が始まる。仏にとどく厳しさとその後の法悦を味わえる有難い磴である。

当寺は養老のはじめに、仁聞和尚が創建した伝説があり、文武天皇元年役の行者小角が来遊して一宇を建てた日本三文殊の一つで、本堂の観音像は藤原期のもの。境内の宝篋印塔は、半島最大であり、又三浦梅園筆の「枯枝にからすとまりけり秋の暮　芭蕉」の句碑もある。本堂には和尚の汲んだ「智恵の水」が供えてあり、白い小皿に杓で移して戴く事が出来る。本堂から更に五〇段の磴をのぼると、神仏混淆の名残として権現神社様式の「奥の院」の建物があり、その裏側の崖から「文殊の智恵の水」が滲み出ている。一盃の水は汗を冷やし、粛然として智恵を授かる思いがするから不思議だ。

▽問合せ＝国東町役場観光課
電話〇九七八―七二―一一一一

平成10年8月5日号（香下壽外）

文殊仙寺の仁王像

鶴見岳一気登山の会

別府市では市が企画する「べっぷ鶴見岳一気登山大会」という催しが毎年四月に開催される。

鶴見岳は標高一三七五メートルで後方の由布岳などとともに阿蘇くじゅう国立公園の一部である。

鶴見岳の遠望

別府市は温泉の湧出量が日本一、市内のあちこちから湯けむりが噴出している。「別府の湯けむり」はＮＨＫの「二十一世紀に残したい日本の風景」アンケートで「富士山の見える風景」についで第二位に選ばれた。海岸線からなだらかな坂となり市街地の後方に大きな山容の鶴見岳が聳えている。

さて、一気登山は北浜のスパビーチで海に足をつけ、そこから一気に山頂をめざす、というイベントである。小さな子どもから年配の方まで幅広い年齢層の人達が集まり、毎年二〇〇〇名を越す参加者がある。

スタート後はきれいに整備された境川の河川敷を桜並木に沿って歩く。川からの市街地の景色が新鮮である。やがて緑豊かな南立石公園に到着する。この辺り一帯は関が原の戦いのとき豊臣方の大友軍と徳川方の黒田軍が激しい合戦を行った古戦場である。兵士達を供養する五輪塔等があちこちに建てられている。

公園を後にして垂直に切り立った観海寺の崖を階段で登る。この崖は山側が隆起した断層で約二〇メートルある。高度が一気に上がり市街地が一望できるようになる。その後はしばらく里山の道を歩くと鶴見岳に設置された別府ロープウェイの高原駅に着く。

ここからは杉や桧の人工林と自然林の山道となる。小鳥が囀り、蝶が舞う「癒し」の空間である。森林浴を楽しみながら歩いていくと御嶽権現社に到着する。境内には冷たい水が湧いていて清々しい気分になる。

そしていよいよ最後の急登。日頃の運動不足を反省しつつ喘ぎながらジグザグに登っている。樹間から別府湾が見える。ミヤマキリシマの群落を抜けると山頂の広場である。山頂からは別府湾を隔てて遠く四国まで見渡すことができ、気分爽快である。

平成14年3月5日号（阿部王一）

小鹿田焼の里・皿山

国道二一二号を外れて小野川沿いに一〇キロメートル程山に分け入ると唐臼の音も長閑な小鹿田（おんた）焼の里、日田市源栄町皿山に着く。集落は一四戸でうち一〇戸が世襲制の専業窯元、日用雑器類を中心に年五、六回の窯出しを行っている。

小鹿田焼はその昔、宝永二年（一七〇五）大鶴村の黒木十兵衛が福岡県小石原の陶工柳瀬三右衛門をこの地に招いて李朝系の登り窯を築造し、開窯された。

昭和六年民陶の権威柳宗悦によって「世界一級の民陶」と激賞されたが、何分にも九州の山奥、日中戦争などの社会情勢にもより名声の割に需要は増えず、窯元はこれまでと同じく半農半陶の生活を余儀なくされていた。

第二次大戦後、平和が戻ると小鹿田焼も少しずつ売れ始めた。昭和二九年世界的陶芸の大家バーナード・リーチが約一ヵ月小鹿田に滞在、製作に精進してから世界的に有名になり、三〇年代後半からの〝民陶ブーム〟に乗り、作れば売れるという窯元にとって開窯以来の幸運に恵まれ、農業をやめ焼き物作りを正業とするようになる。

一方、小鹿田焼の人気が高まると共に生産量も大幅に増え「粗製濫造のうえ値段が高い」と批判の声が出る。これからも続くであろう長い歴史を思い、民陶を民陶たらしめる為にも窯元、業者双方共に一考を要する問題である。

製品になるまでを見ると、皿山周辺で取れる粘質性の高い原土を原料とした陶土は、川の流れを利用した唐臼で粉砕し「土こし船」で濾過作業を行った後、天日で数日乾燥させてできる。

蹴轆轤を使った成形では、刷毛目、櫛描、飛びカンナなどの技法を用いて独特の模様を描き、仕上げには木灰、藁灰、長石、銹石を原料としたフラシ釉（透明）地釉（飴）セイジ（緑）黒釉（黒）などの釉薬を生掛けする。

成品は登り窯を使って昼夜休まず三日間かけて焼き上げる。こうした制作工程は昔ながらの素朴で伝統的な技法を今に伝えており、平成七年に国の無形文化財に指定された。

平成17年9月5日号（首藤勝二）

陶郷・小鹿田の風景

風光明媚な城下町

日出町（ひじまち）は緑豊かな自然と美しい海岸線、暘谷（ようこく）城址を中心とした風光明媚な城下町である。

駅から歩いて五分余りの暘谷城は江戸時代二七〇年続いた木下家の居城であり、慶長六年（一六〇一）初代藩主木下延俊（秀吉の正室ねねの甥）により築城された。中国の古書『淮南子（えなんじ）』の「日は暘谷より出でて咸池（かんち）に浴す」より引用して命名されたといわれている。

今も天守閣跡や濠・城壁などが残っているが、現在は本丸跡に日出小学校が建てられている。また三代藩主木下俊長が元禄八年（一六七五）に鋳造させた時鐘が残され、今も日出小学校の児童が毎朝八時に撞いて、元禄の鐘の音を響かせている。

城址の裏は別府湾。一帯は城下公園と名付けられ、別府まで遊歩道が整備されている。お城の野面積石垣を背に見渡す湾の彼方には、お猿で有名な高崎山や新日鉄などの臨海工業地帯が見える。

城下公園より別府湾を望む（正面に高崎山）

この海の底に真水の湧き出るところがあり、有名な城下（しろした）カレイが生息している。園内には「海中に眞清水わきて魚育つ　高浜虚子」「早紅葉やその眞清水をくむとせむ　高木晴子」の親子の句碑が建立されている。

城下公園から西へ行くと、日出藩校の致道館。日出藩は昔から学門を奨励し、豊後三賢人の一人帆足萬里などを輩出したが、さらに多くの子供たちのために、藩校を創立したという。

ここから東へ車を走らせると、参勤交代の際に出港した深江港に着く。当時は帆船だったため、出港に適う風や潮を待つための宿泊施設を設け、襟江亭と名付けられた。殿様の風待ち茶屋として三〇〇年の風雪に耐え、今も存続している。

日出町は歴史とロマンに彩られた由緒ある町であり、美しいものが美しいままに息づく城下町である。

▽交通＝ＪＲ日豊本線暘谷駅徒歩五分。
国道十号線暘谷駅入口交差点を南へ一分。
▽問合せ＝日出町観光協会
電話〇九七七―七二―四二五五

平成22年12月5日号（竹中昌子）

お接待「お弘法さま」

歳時記で「接待」は秋の季語であるが、我がふるさとの「お接待」は春の季語である。四国八十八カ所巡礼の影響下に、大分県南部から北部国東半島沿岸部の農村地帯にかけて、古くから今なお続けられている行事である。

歳時記でこの行事に最も近いものは「御影供・弘法忌」だろう。開催日やその内容には地方地方で多少の違いはあろうが、我が村の「お接待」は「お弘法様」とも言われ、旧暦の三月二一日に受け継がれてきている。

この日は、普段は各屋敷内の祠に在すお弘法様に「おちょちょ」と呼ぶ赤い前掛けを新調し、それぞれの屋敷の縁側にお坐り頂く。そして大きな餅や寿司、果物などを供え、花を飾る。門には「弘法大師」と書いた赤い幟旗が立てられ、これを目印に訪れる人々に各家で用意したお菓子を振る舞うのである。個人や班でお金を出し合って行っている。

この行事はさぞ宗教的な匂いがすると思われるだろうが、決してそんなことはない。お寺さんもお坊さんも、何も関係なく誰かに命じられてやっているものでもない。弘法像を祀るが、宗派などとも一切関係ないのだ。

振る舞われるお菓子について言えば、我が子供の頃は粗末な「めがね菓子」と呼ばれるものだったが、今では袋に入った立派な駄菓子になっている。

子供たちにとっては今も昔もお菓子の貰える楽しい日であり、この行事の消え去った都市部からも家族連れで大勢押しかける。信号など一つもない一〇〇戸（人口二〇〇）の村はこの日ばかりは車や人で一杯になる。

「庶民の庶民による庶民のための素朴な行事」。振る舞う方も振る舞われる方も、間違いなく笑顔でいられる楽しい日なのである。

▽交通＝JR日豊線日出駅下車農村部一帯。

▽問合せ＝日出町観光協会
電話〇九七七―七二―四二五五

平成27年8月5日号（小松生長）

お接待に来られた人には誰でもお菓子などが振る舞われる

文化財を守る南郷村

九州山地に囲まれた鄙辺南郷村。この緑美しい静かな村に、奈良の正倉院と寸分違わぬ「西の正倉院」が建立された。樹齢四、五〇〇年の木曽天然桧二〇〇〇本、一二種類の瓦の総数三万八〇七八枚の葺き方も昔ながらのままの工法で延べ大工九八三一人が、日本最古で最大の校倉造りを、ここ南郷村に再現したのである。

宮内庁の協力、奈良国立文化財研究所の学術支援、建設大臣の特別許可を得、門外不出であった正倉院図を解除させたものは何であったのか。

村の伝説では、西暦六六〇年、唐と新羅の連合軍に滅ぼされた百済の王族が日本に亡命し、流謫の末この地に辿り着いたが、平穏な日々も束の間、激しい戦火の果て最期を遂げたと言い伝えられている。しかし、正確な史料は見当たらない。だが村人たちは、百済の風習を色濃く残す祭や村の暮らしを、守り続けて来ている。

中でも「師走まつり」は九〇キロメートル離れた南郷村神門神社と、木城町比木神社が、旧暦一二月中旬、二泊三日の日程で合同で行うもので、別れ別れに漂着した百済王親子が、年に一度再会するという哀しい物語を再現した祭である。

またこの山里に、百済王族の遺品といわれる二十四面の銅鏡があり、これらは奈良正倉院蔵の銅鏡や、最近長屋王邸から出土した鏡と同型の物などである。

この貴重な文化財や、伝説・風習を今日まで大切に保存伝承して来た村人の、尊崇の念厚い純朴善良な人情と、「百済の里づくり」で国を支える農山村おこしを目指す田原正人村長の情熱と夢が一致して、この大きな事業を完成させたことに思い至った。

秋澄むや木の香の西の正倉院　幸奈

平成八年五月に落成した「西の正倉院」の他にも、村内には日韓交流のシンボルの建造物、宝物や土産品など数多く、宿泊施設も完備している。

▽交通＝国道十号線を日向市から三二七号線・四四六号線、更に三八八号線に入ると美郷町南郷。日向市より車で約五〇分。

平成11年12月5日号（大津幸奈）

南郷村に建立された「西の正倉院」

心を癒す高千穂牧場

標高五〇〇メートル、延面積四〇万ヘクタール、日本屈指の高千穂牧場は宮崎・鹿児島両県の県境にあり、天孫降臨の神話が語り継がれる秀嶺高千穂の峰の南麓にある。

大自然のなか、近代的な施設・設備が整い、日曜・連休を問わず、平日に訪れる人の数は絶えない。近年、国民のアウトドア志向が高まり、入場者は年間八〇万人を下らず、両県の企業家達の垂涎の的となっている。

牧場の近くに鬱蒼とした森がある。旧官幣大社霧島神社である。その東に温泉に富む国立公園えびの高原（標高一二〇〇メートル）は、ここの坂道を上りつめた所にある。

当牧場は、一部に急傾斜面と穏やかに広がる、四〇万ヘクタールの草原がアレンジされ、草原にはジャージー・ガンジー等の名血統の乳牛一〇〇頭を放牧。群をなすもの、個々に草を食むもの、横坐りのものなど、のんびりした風景は、西欧の牧場風景を思わせ、牧場入口に植えられた一五〇本の桜と共に、訪れる人々の心を癒してくれる。

更に裏手の終日陽光が降りそそぐ草地は、「羊ヶ丘」と呼ばれ、一〇〇頭の緬羊が放牧され、カウボーイが乗りそうなリンガー種の馬四頭と脇役のポニー二頭が子供達とのスキンシップを暖めている。

展望台から目を南に移すと、鹿児島の錦江湾、桜島、薩摩・大隅の両半島の一部が眺望され、パノラマの壮大さに、気宇の躍動が伝わってくる。

頂上の平地には、牛舎、バーベキューハウス、研修センター、総合案内所等のモダン建築が棟を並べ、休憩所では焼き立てのパン、新鮮な牛乳、乳製品が廉価で販売、好評を得ており、搾乳体験、乗馬訓練は無料。

健脚に恵まれた人はウォーキング、弱い人は乗り心地の良いカートを利用されるとよい。

▽問合せ＝高千穂牧場
電話〇九八六—三三—二一〇二

平成14年5月5日号（森ゆきお）

高千穂牧場から望む高千穂の峰

夜神楽一色の高千穂

夜神楽で知られる宮崎県高千穂町三田井のバスターミナルから約八キロメートル。秋は刈干切りの行われる山の斜面を眺めながら岩戸川沿いに県道を行くと、天岩戸神社の西本宮に着く。

天岩戸神社は東本宮と西本宮からなり、祭神は天照大神である。西本宮の拝殿の裏手にある遊歩道を行くと、岩戸川を挟んだ対面の木立の中に天岩戸という洞窟があり天照大神が隠れたとされている。

さらに上流へさかのぼると森閑とした清流の河原に出る。ここが八百万神の集いの場の天安河原である。その一角に「仰慕窟(ぎょうぼいわや)」とよばれる大洞窟があり、沢山の石を積み重ねて祈願する慣習がある。この一帯全てが神域とされ、古くから地域の人々により大切に守られている。一一月三日には岩戸神楽三十三番公開祭りが行われ、岩戸神楽の全体を知ることが出来る。

西本宮の境内には古代銀杏招霊(おがたま)の古木があり、天鈿女命が岩戸の前で舞ったときに手折ったものと伝えられ、鈴のような赤い実を結ぶ。

天岩戸神社・夜神楽の圧巻

高千穂三田井地区から天岩戸神社への途中、大野原バス停で下車すると天岩戸温泉と、少しはなれて天岩戸木彫の神楽面師の館があり吟行の人々がよく訪れる。

また、岩戸川方向の小高い丘がこの地方の領主であった三田井氏の亀山城趾で、南北東の三方は岩戸川に削られて切り立つ絶壁に、天然の要塞として堅固な山城があったと伝えている。

一一月になると高千穂地方は夜神楽ムード一色になる。

天岩戸神楽の圧巻は、夜の白みはじめる頃天鈿女命が手振りよろしく舞い、手力男命が天岩戸を押し開き、御神体の鏡を両手に捧げ喜びの舞を舞う。山々を渡る笛や太鼓の音は、今に神代を伝え旅人も一夜氏子となり楽しむことが出来る。

▽問合せ＝宮崎交通高千穂バスセンター内観光案内所
電話〇九八二―七二―三〇三一

平成18年1月5日号（岸　小夜）

太古の秘境「西米良」

宮崎県の中央部、九州山脈の真っ只中に西米良村がある。人口わずか一二三四人ながら新しい保養地として脚光を浴びつつある。

全域が急峻な山岳地帯にあり、太古の時代から「神人一如」の風土を培ってきた。

村人たちは「カリコボーズ」という土地の精霊を信じ、自然を敬う精神を現代まで脈々と受け継いでいる。

また、南北朝時代に南朝を奉じた肥後菊池氏が追討を受け、入山したことが大きな画期となった。

菊池氏は四〇〇年にわたり、仁政を以て村を統治。その遺徳は今も語り継がれている。

こうした由緒ある歴史に育まれた癒しのたたずまいが、米良村の風土といえよう。

《小川作小屋村》

菊池氏の城址に、焼畑農耕当時の作小屋が復元されている。

また、民俗学の宝庫といわれる民俗資料館、民話館、民話の宿なども整えられている。

さらに渓谷のせせらぎに面する「米良温泉ゆた〜と」（宿泊可）。双子キャンプ村に隣接し、深山でもアウトドアライフが楽しめる。

その他、落差七五メートルの布水の滝、紅葉の名所横谷、神秘的な蛇淵等枚挙に暇がない。どこに居ても太古の自然が満喫できる郷である。

《菊池記念館》

一九代当主で、貴族院議員等を歴任してこの地に住まわれた菊池武夫公の居宅を記念館としたもの。南北朝以後の米良の資料が陳列されている。

《米良神楽》

毎年一二月、米良の里ごとに夜神楽が催される。「面様」と呼ばれる独特の仮面を用い、「猪頭」など太古の狩猟儀礼が散見される原始的な神楽である。とりわけ村所神楽、小川神楽、越野尾神楽は、重要無形文化財に指定されている。

▽問合せ＝西米良村役場
電話〇九八三―三六―一一一一

平成23年7月5日号（矢野信幸）

古式ゆたかな「米良神楽」

平家と源氏の相聞の里

椎葉村は九州の脊梁山脈の中にあり、宮崎県日向市からバスで二時間弱。バス便が少ないので、自家用車かレンタカー利用がよい。

焼畑農業は戦後一〇年ほどはどこの農家でも行われていた。平地に乏しい山里にあって、主食の稗を栽培するための農法。現在では一番山奥の一戸と、地元小学校の伝承体験学習として、細々と行われている。

焼き跡に一年目は蕎麦、次年は稗、次いで小豆や大豆を蒔く。五年後には放置し、山に還して地力の回復を待つ。二五年経つとまた焼畑に戻すのである。

稗は臼で搗いて脱穀するが、大変な労力が必要だ。その苦しさを紛らわすための労働歌が稗搗節だが、いつの頃からか「鶴富伝説」が結びついた。鶴富伝説とは、平家落人の姫と追討の源氏武将との悲恋物語である。

一一月初旬、鶴富伝説を主題とした「椎葉平家まつり」が村民総出で催される。その日は約三〇〇〇人の村民の凡そ一〇倍もの観光客が訪れる。村人は平家と源氏がこれほど仲良く過ごしている所は他にない……と胸を張る。

一二月に入ると、村内一五ヵ所余りの集落で次々と夜神楽が始まる。隣町高千穂と同様、神楽三十三番を夜を徹して舞うのである。夜が更けると見物客が男衆・女衆に分かれ、相聞歌のように掛け合う「神楽せり歌」が始まる。

村の氏神厳島神社の下に椎葉民俗博物館がある。小規模だが往時の椎葉村がここに集約されているので、ぜひ訪れて欲しい。明治四一年、柳田國男は椎葉を八日間も歩き『後狩詞記』を出版した。椎葉が民俗学発祥の地と言われる所以である。

▽交通＝ＪＲ日向駅より車で約一時間五〇分。

▽問合せ＝椎葉村観光協会
電話〇九八二―六七―三一三九

平成27年11月5日号（甲斐みつを）

山の斜面を利用する焼畑農法

薩摩焼発祥の美山

竹林の緑したゝる陶境美山に足を運ぶと、筍があちこちに頭をもたげ隣には蝮蛇草が首をかしげている。

鹿児島県東市来町美山は薩摩焼発祥の地として四〇〇年の歴史を誇り、一四の窯元が素朴な黒薩摩と格調高い白薩摩を焼いている。特に今年（一九九八）は朝鮮半島から海を渡り薩摩に根を下ろしてからの四〇〇年を記念して一〇月にイベントが計画されている。

韓国で採火した「火」を当地まで運び新たに建設された登り窯に点火するなど、実演や日韓物産展、窯元祭などが美山一帯で行われる予定である。

その中で寿官陶苑主第一四代沈寿官氏は、韓国の名誉総領事として日韓親善に活躍されている。

展示館にはパリ万博やウィーン万博に出品されたと言う「錦手大花瓶」など「里帰り薩摩焼」として当家歴代の美を極めた工芸品が所狭しと陳列されている。武家門構えの門をくぐると一輪の鉄線花が楚々と出迎えてくれた。たわわに実をつけた梅下をくぐり、庭石伝いに茶室もある。庭の隅には「寛政十二年中九月」と刻まれた一五〇センチメートル程もある大きな破れ甕が半分埋もれていて古い伝統が偲ばれる。

美山の寿官陶苑

道に出ると車道より広い歩道を歩いて隣の武家門を覗くと白藤、紫蘭、芍薬、次の住居には利久梅、菖蒲など大きな薩摩焼の鉢にずらりと並べられていた。近くには「陶遊館」もある。体験型レクリエーション施設として窯元作品展示や陶芸体験コーナーもあり、会議室も利用できる。その庭にも筍が頭を出し、踊子草、小判草、春紫苑、十二単衣と野草がすばらしい。

又その近くには終戦期の外務大臣を務めた東郷茂徳氏の生家跡に東郷茂徳記念館が最近開館し、資料などが展示されている。

少し足をのばすと日本三大砂丘の吹上浜や、湯之元温泉で一息つける。

▽交通＝陶郷美山へは鹿児島空港より車で一時間二〇分、鹿児島市より四〇分、JR鹿児島中央駅より東市来駅まで二二分、駅より美山は五分。

▽問合せ＝日置市役所東市来支所
電話〇九九—二七四—二一一一

平成10年6月5日号（山元海郎）

白砂青松「くにの松原」

九州の太平洋に面した東海岸を大分の国東半島より南下すると宮崎の青島、それに日南海岸、野生馬の棲む都井の岬に至り、愈々鹿児島県の志布志、更に内之浦、佐多岬となる。まさに鷹の渡りのコースである。

鹿児島県を大きく分けると、薩摩半島、大隅半島から成る。勿論遠く南海の黒潮に洗われる屋久島、奄美を始めとした多くの島々の美観も鹿児島のふるさとの情景を支えるものであることは言うまでもない。

私は薩摩半島の鹿児島市に住んでいるだけに、薩摩半島側の地理、風土性、あらゆる行事など一応周知しているつもりであるが、これに比べて大隅半島は未知の土地が多かった。ところが数年前、新しい句会が生まれ、月々大隅へ海を渡ることが多くなるに従って、大隅半島の美しさに心うたれるようになった。

実はごく最近、大隅半島のほぼ中央に位する高山町の肝付城址の近くから宇宙観測所の内之浦町へ国見トンネルが開通した。トンネルの長さ三三〇〇メートル。このトンネルの開通に依って、私にとっての陸の孤島が俄かに身近な存在となった。太平洋を背景とした広大な丘陵の中に点在するロケット発射台を始めとする建造物は各々照葉樹の森につつまれていた。内之浦港は大隅半島の漁業基地の一つであり、港に続く松林の渚もいい。この磯は巨大な御影石であることも印象に残った。

この内之浦から志布志の方に太平洋に沿って約三〇分ほど北上すると大崎町の「くにの松原」に至る。薩摩半島の西海岸の「吹上砂丘」も日本三大砂丘の一つに数えられているが、この「くにの松原」は「日本の白砂青松百選」に選ばれており林相の厚さ、七キロメートルに及ぶ長さなど太平洋を背景にその美観は誠に立派である。

この「くにの松原」に近く国指定の「横瀬古墳」がある。五世紀半ばに築かれた全長一二九メートル、高さ一五・四メートルの巨大な前方後円墳で被葬者は中央政権から派遣された権力者と推測される。古墳は吟行にとって最も大きな目標であろう。

鹿児島県の「横瀬古墳」

▽問合せ＝肝付町役場内之浦総合支所
電話〇九九四―六七―二一一一
大崎町役場
電話〇九九―四七六―一一一一

平成15年9月5日号（大岳水一路）

川辺の清水磨崖仏群

指宿スカイライン川辺ＩＣを出て、川辺峠を越えて来る国道二七五号線で坂道を下ると、多くの川辺仏壇の看板が見える川辺の町に入る。

川辺は薩摩半島の中央部に位置し、周囲を南薩山地の支脈に囲まれた盆地の町である。この町の北東部にある岩屋公園に清水磨崖仏がある。

国道二二五号線が万之瀬川と出会う両添から北東へ延びる道を進むと、清水小学校前に出る。清水の地名は崖裾に沸き出る清水から生まれた。近くの水元神社の境内に、日本名水百選の一つ「清水の湧水」が清澄な地下水を湧かせている。

一帯は、中世から平家の流れをくむ川辺氏の支配した所で、「桜の屋形」という豪壮な屋形もあったと言う。

川辺町はここを総合公園として整備し、岩屋公園と名付けた。

公園を流れる清水川の右岸には切り立つ溶結凝灰岩の急な崖が連なり、高さ二〇メートル、幅四〇〇メートルの磨崖に八〇〇年間に彫られた二〇〇基の仏像が並んでいる。

清水磨崖仏群の「月輪大梵字」

平安末期の大五輪塔、鎌倉時代の月輪大梵字や三大宝篋印塔、室町時代の逆修供養の五輪塔、明治時代の十一面観音像など、わが国では例を見ない程の規模の磨崖仏群である。これが清水の磨崖仏である。

磨崖仏の裾を流れる清水川は清流で、水量豊かである。春の桜時には花のいかだがゆったりと流れ、上流からは早くも河鹿の声がしきりに聞こえてくる。

この流れの左岸には隠れ念仏の史跡もある。

公園の芝生広場の一角には、ここ川辺で生まれた俳人福永耕二の句碑

風と競ふ帰郷のこころ青稲田　耕二

がある。町では毎年、耕二を記念する「少年少女かわなべ青の俳句大会」を催すが、昨年（二〇〇六）は一〇万以上の応募句があった。磨崖仏と俳句の町である。

▽問合せ＝南九州市役所川辺支所
電話〇九九三―五六―一一一一

平成19年4月5日号（中間秀幸）

万羽鶴が飛来する里

出水（いずみ）は薩摩の島津家にとって北の護りの要所であった。現在も野田郷歴史街道を歩くとき、その面影が自ずと感じられる。同時に出水には、この武家屋敷以外にも忘れてはならない詩ごころの宝庫がある。出水からやや南西の干拓地「荒崎」に、毎年シベリヤから夥しい数の鶴がやって来るのである。

年によって多少の違いはあっても、ほぼ一〇月中旬に第一陣が飛来する。そして冬が深まるに従って、数は増え続ける。昨年（二〇一一）は鍋鶴が一万一九五三羽、真名鶴一〇三五羽、その他（黒鶴、カナダ鶴など）一八羽、計一万三〇〇〇羽が飛来している。

昭和五二年に地元俳人の黒木爽岳氏が詠んだ〈三千の鶴見て千手観音へ〉という俳句がある。即ち三五年前は、三〜四〇〇〇羽の飛来数であった。ところが今は、実に当時の四倍ほど増加したことになる。

これは地元の鶴への愛着に依る官民一体となった受け入れ体制の強化に他ならない。

具体例を挙げれば、東干拓田の早場米の刈入れを早め、鶴の塒田を確保。さらに西干拓田も少し早めに秋収めを促進した。さらに鶴たちに滞りなく早朝の撒き餌を励行。また引鶴となる二月頃には、刻んだ鰯を撒いて栄養を補給したり、檻を使って病鶴を保護するなど濃やかな心遣いがなされてきたのである。

鶴は殆ど夜に飛来する。朝になって初めて数の増えていることが分かる。それに対して引鶴は朝の九時頃から始まる。塒田の空を高く高く旋回しつつ棹を整える。そして北西の彼方へと帰って行く。

それはまさに感動のひとときなのである。

▽交通＝JR出水駅から車で一〇〜二〇分。
▽問合せ＝鶴博物館クレインパーク出水
電話〇九九六—六三—八九一五

平成24年1月5日号（大岳水一路）

出水「荒崎」の干拓田に飛来した万羽鶴

豪華絢爛「六月灯」

「六月灯」は陰暦六月に当たる七月初めから七月末にかけて、県下の神社やお寺、小さな祠堂に至るまで、それぞれ日を決めて次々と行われる。

写真は鹿児島市でも最も豪華絢爛を誇る照国神社の「六月灯」の夜景である。境内には約八〇〇個の灯籠が灯り、出店がずらりと並ぶ参道には、浴衣姿の家族連れや若者であふれる。特設ステージでは日本舞踊・大正琴・ダンスなどが披露され、約三〇〇〇発の花火が夜空を飾る。

「六月灯」は地元ではロッガッドーと発音される。『鹿児島の民俗暦』の著者・小野重朗氏によれば、一九代薩摩藩主・島津光久が、上山寺新照院の観音堂を造立したその仏詣りの時に、檀家にも灯籠を寄進させたのが例となって広まったものという。

ただ、同氏はこの発生説には疑問を呈し、もっと古くから民間に伝承していた「六月のお灯明上げ」など素朴な風習が根底にあるのではないかと説く。

その根拠として、「旧暦六月は人や牛馬の病気が大流行し、田には害虫が発生する時期に当たる。そこで神仏に願をかけ、この難を逃れようとした」と推測する。また「現在の〈六月灯〉は、派手さや飾る灯籠の数を競うことに躍起となっているようで、寂しい限りである」とも述べている。

「六月灯」は全国規模の歳時記には登載されていないが、地元の『南日本歳時記』（南日本新聞社刊）には立項されており、地元俳人は競って「六月灯」を季語としている。

照国神社の「六月灯」の夜景（写真提供／南日本新聞社）

焼きそばの醤油が焦げて六月灯　護

▽交通＝JR鹿児島中央駅より市バス・市電天文館下車五分

▽問合せ＝鹿児島市観光プロモーション課
電話〇九九—二一六—一三四四

平成28年9月5日号（淵脇　護）

神々が集う島「久高」

那覇から東に下っていくと、太平洋側に出る。二〇〇〇年に世界遺産に登録された聖地斎場御嶽（セーファーウタキ）の真向いに呼応して浮かぶ島が、琉球開闢神話の神アマミキヨが降り立った久高島（くだかじま）である。

徳仁港の入り際には永良部海蛇洞（イラブーガマ）と呼ばれている岩が見える。島へ上陸し坂を登っていくと、この島特有の石で区切られた地割畑が見える。

村の中央には、琉球王朝時代に聞得大君（きこえおおぎみ）（神女の最高位）の即位儀礼を執り行ったという祝女（神女）殿内（ドゥンチ）が二つある。

島の女性の神女になるための儀式は一九六六年一二月二六日から五日間行われたイザイホーが最後になった。その時の儀礼を行った場所が、島のいたるところにある。

御殿庭（ウドゥンミャー）は儀式が進められた場所であり、七つ橋が掛けられ、その奥のイザイ山には神女が籠った。御殿庭の隣には、永良部島海蛇を燻製にするバイカン小屋がある。

ニライカナイ（涅槃）の遥拝地となっているカベール岬までは蒲葵（くば）が群生している。その途中にあるのが蒲葵御嶽（フボーウタキ）である。

蒲葵御嶽は男子禁制であり、一時期は開放されていたが、現在は許可なくしては入れないことになっている。蒲葵御嶽はうっそうとした小径の奥にあり、蒲葵や神木に囲まれた小さな円の広場である。二個の自然石は、それぞれの神々への香炉である。このような香炉しかない御嶽の空間を岡本太郎が「何もないことの眩暈」と言った。島のいたるところにこのような聖地がある。

南へ下ると来訪神が上陸するというイシキ浜がある。ここには五穀の種が流れついたという伝説がある。

悠久の時を体験させてくれる島へ行くには、那覇から二五キロメートルほど離れた安座真港からフェリーに乗る。わずか二〇分ばかりで着く。

▽問合せ＝ジュピター観光
電話〇九八―九四七―三二九六
久高島振興会
電話〇九八―九三五―八九一九

平成20年9月5日号（三浦加代子）

蒲葵（クボー）が群生するカベール岬への道

王家の別邸「識名園」

琉球は明治一二年（一八七九）に日本に併合されて沖縄県になるまで、四〇〇年もの間海外交易で栄えた王国であった。

「識名園」は一八世紀の終わり頃作られた王家の別邸。琉球国王ご一家の保養や中国の冊封使の接待などに使われていた。しかし沖縄地上戦により、殆ど破壊されてしまった。

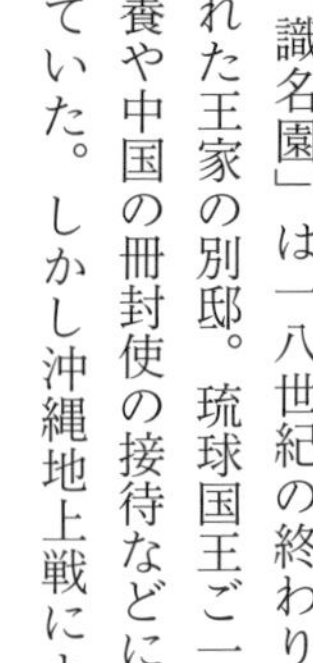
琉球庭園「識名園」の閑静なたたずまい

戦後二〇年かけて復元され、今では国の特別名勝の指定、さらにユネスコ世界遺産にも登録されている。

首里城の南に位置するため「南苑」とも呼ばれ、市民や観光客に広く親しまれている。

入口を入ると亜熱帯の樹木の静かな小径が続く。S字カーブの石畳を下って行くと、右手に心字池が現れる。

左手には清冽な水が湧き出ている育徳泉。琉球石灰岩で囲われ、池の水源の一つになっている。その先の青芝が広がる中に「御殿」が建っている。赤瓦屋根の木造建築で、当時の上流階級のみに許された格式ある造りである。

一番座、二番座、三番座、裏座など沢山の部屋があり、夏向きに風通しよく設計されている。誰でも自由に上がって見学できる。ここで琉装の結婚式が行われることもある。

日本風の回遊式庭園の池には、中国風の六角堂やアーチ橋が架けられ、池の周囲に配された琉球石灰岩と相俟って、調和のとれた琉球庭園となっている。王朝時代には舟遊びを楽しまれたらしく、舟着き場も残されている。

御殿の縁側に座って目の前の池の広がりを眺めていると、琉球貴族の気分になり、時の経つのを忘れてしまいそうである。

池の後方の高台には勧耕台という四阿があり、街が一望できる。昔は豊かな田畑が広がっていたのであろう。

▽交通＝那覇空港より車で約二〇分。
▽問合せ＝識名園管理事務所
電話〇九八―八五五―五九三六

平成24年11月5日号（石田慶子）

世界遺産「勝連城跡」

うるま市は沖縄本島中部の東海岸に位置し東に金武湾、南に中城湾の両湾に延びる半島で、八つの島々からなる海沿いの市である。

ここに世界に誇る歴史的シンボル「勝連城跡」（一二～一三世紀築城）がある。

「勝連わ　何ぎゃ譬える　大和の鎌倉に譬える」。かつて勝連は「おもろそうし」（沖縄最古の歌謡集）の中で、京都や鎌倉に譬えて謳われていた。

沖縄学の父・伊波普猷は、阿麻和利を「沖縄の古英雄」と称えた。

「おもろそうし」に「きもたか」（肝高）の名主と称えられ、村民の信望も厚かったが陰謀を疑われ、王府軍に討たれた。

城跡は四方に眺望のきく比較的傾斜の急な孤立丘を取り囲み、南側に港を控えているなど、極めて良好な立地条件を備えている。

また、城跡は四つの曲輪からなり、珊瑚質石灰岩の石灰を使って、曲線状に瓦葺きの建物やアーチ式の門が造られていた。二の曲輪には社殿跡があり、覆土によって遺構が保存されている。三の曲輪は儀式などを行う広場と考えられている。

阿麻和利の夢の跡「勝連城跡」

現在は世界遺産に相応しく城跡の修復・復元が着々と進み、周辺の整備も整っている。

最も高い曲輪からは中城湾や金武湾に浮かぶ島々、与勝半島などの雄大な太平洋を眺望できる。晴れた日には北は北部の連山、南は知念半島の全景を望むことができる。とりわけ甘蔗の穂の金波銀波に包まれる景色は、しばし時を忘れさせてくれる。今やすっかり観光客や若者の人気スポットになった。

勝連城跡は阿麻和利の夢の跡だ。その時代を生き抜いた勇者を偲び、地域の子等の組踊も演じられている。

▽交通＝沖縄バス与勝線（系統番号五二）。勝連城前下車。那覇より約一時間二五分。

▽問合せ＝勝連城資料館

電話〇九八―九七八―七三七三

平成26年4月5日号（大城百合子）

摩文仁の丘に聴く波音

摩文仁の丘は、沖縄戦終焉の地と言われている。現在丘の上には沖縄戦や南洋諸島などで亡くなった人々の鎮魂の塔が数多く建立されている。また、戦後沖縄各地で拾われた一八万人の遺骨が納められている国立沖縄戦没者墓苑もここに建立されている。

慰霊塔というと、見るものは何もないと思われるかもしれないがその姿かたち・由来・目的は様々で、一つとして同じものはない。

個人的に一番印象深いのは、富山県の立山の塔だ。立山の塔は高い塔なのだが、垂直ではなく、傾いで建っている。南海で戦死した将兵の悲しみを現しているという。その隣にある群馬之塔は、遺族の心によりそった慰霊塔だ。主柱の石が群馬に向かっているので郷里からでも遥拝することが出来るというように、参拝者への思いやりを感じる言葉が綴られている。慰霊塔の一つ一つに、戦争、慰霊への向き合い方が滲み出ている。

しかし、これら慰霊塔の周りは、戦争が本当にここであったのかと思うほどに綺麗に整備されすぎている。当時は火炎放射器やナパーム弾で草木だけでなく人間も焼かれ、遺体がいたる所に転がっていたという。

その情景を忘れられず戦争の九年後に遺骨収集に来た日系二世の米兵がいた。そのときに建てられた南冥の塔付近には摩文仁集落住民の避難場所であった壕と井戸がある。その場に立ち、湿り気のある琉球石灰岩の岩肌に触れ海鳴りを耳にすると、この地で起きたことに少し触れることが出来るかもしれない。

島の果世の果繁るこの丘が　誓子

▽交通＝那覇バスターミナル八九番のバスに乗り、糸満バスターミナルで八二番に乗り換え、平和祈念堂入口下車。
▽問合せ＝公益財団法人　沖縄県平和祈念財団
電話〇九八―九九七―二七六五

平成30年5月5日号（三浦加代子）

平和記念公園より望む海岸線

あとがき

この『ふるさとの情景』は、「俳句文学館」連載の同名コラムを初回から二五〇回目までを一区切りとして一冊にまとめたものである。

「俳句文学館」は、協会会員の増加にともない、本協会と会員の皆さまとのよりよい情報交換の場を設けるために、それまでの「俳人協会報」を引き継いで、昭和五十二年七月に刊行された。以来、令和三年の五月で通巻六〇〇号を迎えるに至った。

その間、数々の連載企画が生まれてきたが、中でもこの「ふるさとの情景」は全国四十七都道府県のみなさまに順に「ふるさと自慢」を語っていただくコラムとして根強い人気を博してきた。

開始からすでに二十年の時が経ている。紹介した施設や建物、あるいは交通機関等が大きく様変わりしているところもある。

単行本にまとめるにあたり、今井聖委員長をはじめ、栗原公子、江口瑠里、遠藤由樹子、西澤みず季、福神規子の各委員、俳人協会各地方支部の役員の皆様には、コラムの文言ばかりでなく、掲載写真、あるいは様変わりした状況や現状まで踏み込んでご確認いただいた。

巻末にコラムに関連した吟行句を一覧として付記した。
コラム連載時に増してこの一冊が広く皆さまに読まれることを願ってやまない。

令和三年八月

公益社団法人　俳人協会
理事長　能村研三

「ふるさとの情景」吟行句一覧

Ⅰ北海道・東北

【北海道】

◆文化と歴史の町・小樽

ななかまど明りの道を運河まで　成田智世子
運河径きれて卓袱屋の冬ともし　橋本末子

◆アイヌ文化学ぶ心を

地より折るるアイヌ杵墓草いきれ　坂本タカ女
杭に似るアイヌの墓標草の花　新明セツ子

◆煉瓦と文教の町・江別

遠き日の見ゆる馬蹄所青き踏む　今井嘉子
吹き硝子のグラスの軽し初紅葉　西田美木子

◆開拓の名残を今に

洋室の奥なる書院夏日影　辰巳奈優美
電話室残る旧邸黴にほふ　田中とも子

◆野鳥の楽園・ウトナイ湖

十万の羽音水音雁帰る　名取光恵
雁渡る蝦夷雲上のあさぼらけ　浅野数方

◆海鳥と原生林の離島

島の四方くらめ善知鳥の帰巣かな　木谷洋子
教材の信号一基島涼し　土門きくゑ

【青森県】

◆「りんごの町」板柳

ふるさとは川に沿ひをりりんご咲く　桜庭梵子
剪定の音降り小気味よき日和　太田鉄杉

◆豊凶占う「乳穂ヶ滝」

青つらら菅江真澄の声容れて　福士光生
磔刑に似て凍瀧の水一途　中村恭子

◆城下町の姿残す弘前

武家屋敷夏日通さぬ竃跡　土田紫翠
片陰や触れつつ歩むさはら垣　今田とみを

◆日本の道百選「こみせ通り」

地酒屋の真昼灯せる雁木かな　藤田千恵子
雁木ゆく老舗少なくなりしかな　長内禎孝

◆圧巻は野辺地の防雪林

孤高という直立ありて冬の杉　西谷是空
防雪林吾(あ)を待つ母のいまも貧し　成田千空

◆北の外れの龍飛崎

春近し鷗飛び交ふ龍飛崎　岩田秀夫
雁風呂やひねもすさわぐ波の白　新谷ひろし

◆十二湖の鼓動

青池の蒼の不可思議水澄めり　草野力丸
胎動のごと十二湖の芽吹かな　蒲田吟竜

◆昭和の記憶「八甲田丸」

繋がれて蝦夷恋ふ巨船秋日さす　小野寿子

船までの古びし鉄路冬隣　浜田しげる

【岩手県】

◆北上の流れと民俗村

曲屋の戸口まつくら栗の花　畠山えつ子
せせらぎを藩境とす草の花　大信田宏子

◆夕日の里に子規の句碑

蟬しぐれ武骨きはまる子規の句碑　佐藤嘉子
和賀川の水の弾みや時鳥　二階堂光江

◆神秘の光　姫蛍の乱舞

北天の星にまぎれず姫蛍　柴田綾子
湧くやうに星降るやうに蛍かな　澤口航悠

◆雪原の犬ぞりレース

野にあそぶ恍惚の日や吹雪く中　小原啄葉
どこまでが道どこからが雪野原　白濱一羊

◆厄病い人形送り

木の晩(くれ)に摩羅隆隆と厄人形　伊藤順子
厄除けの摩羅が守る夏子規の道　小笠原文保

【宮城県】

◆句材豊富な気仙沼港

潮の香や雨に涼しき浮見堂　柏原眠雨
月赤しこぼれ秋刀魚が甲板に　川原寂舎

◆文化遺産豊富な登米

学舎にバルコニーあり菊日和　小島左京
蕉翁の一宿の跡草紅葉　髙瀬恭子

◆女人像まつる甲冑堂

甲冑堂へ細道しるべ花吹雪　田中水桜
大綿小綿孫太郎虫の里に飛ぶ　大野林火

◆史蹟と自然の交響

落雁の声ふりかぶる沼ほとり　菊田島椿
寒雁の声三日月に戻り来し　小圷健水

◆徳仙丈山の山つつじ

鉱山の跡の山なりつつじ燃ゆ　坂内佳禰
光琳の絵図の色なる躑躅かな　小林里子

【秋田県】

◆小京都の面影いまも

薬医門より緑蔭の屋敷径　藤原星人
糸桜梳かるる風の意のままに　藤原よう子

◆「まほろばの里」協和町

豊の秋餅を撒きつつ巫女の舞ふ　吉田金也
黒揚羽能楽殿より舞ひ上がる　伊藤青砂

◆空気がうまい「五能線」

ぶりこ抱く海あしもとに初日の出　柳川大亀
窓大きリゾート列車燕来る　塚本佐市

◆神秘の極み「田沢湖」

田沢湖は四囲の紅葉の坩堝かな　佐々木踏青子
万緑やふところ深き湖の色　鎌田重光

◆石井露月の故郷と高尾山

秋立つや黄金を延べて雄物川　佐藤景心

子規よりの露月へ書簡あたたかし　山内誠子

【山形県】

◆西蔵王高原の大山桜

たそがれのひかりは雲へ牧閉ざす　松浦俊介

桜蕊降りて捨縄まだ朽ちず　大場ひろみ

◆縁結び若松寺の観音様

楪や水こんこんと坊の庭　伊藤　寛

書写了へし般若心経蟬しぐれ　金子つとむ

◆紅花文化の資料館

月山のうつすら見ゆる雛の街　鈴木正子

紅の花胸の高さで摘みにけり　秋沢　猛

◆谷地どんがまつり

雪解けの流れに添ひて紅の蔵　朝倉恭子

たそがれや祭太鼓のひとしきり　舟越とみ子

◆霞城のロマンを訪ねて

振袖に風たくはへし糸ざくら　小野誠一

花すぎの城門に鳴く夕雀　飯野榮儒

【福島県】

◆植物群生の駒止湿原

落雷の白樺一樹谷地の秋　橋本研二

銀漢の手触れんばかり尾瀬ヶ原　佐藤和子

◆伝統誇る松明あかし

小松明おとうとの闇兄の闇　森川光郎

校歌叫ぶ松明あかし果つるまで　宗像眞知子

◆水辺の新吟行ゾーン

行々子水面より発つ川の渦　横山節哉

花栗やはせをのこゑも小夜の風　佐藤秀治

◆神秘「涌井の清水」

北国の空の高さよ泉湧く　永瀬十悟

さしのぶる指のうつれる泉かな　金子秀子

◆須賀川の「松明あかし」

松明あかし星座深きに隠れけり　伊藤霞城

松明の大木めくも哀れなる　佐橋美智子

Ⅱ 関東

【茨城県】

◆さながら「氷瀑浄土」

滝凍てて無言の行に入りにけり　矢須恵由

押し上げる力もありて瀧凍る　今瀬一博

◆鹿島神宮「祭頭祭」

ヘブライ語めく掛声や祭頭祭　松浦敬親

祭頭祭五彩の打ちし棒谺　天下井誠史

◆パワースポット「御岩神社」

賀毗禮嶺が光を放つ五月かな　大竹多可志

夏木立報鼓が空に響きけり　奥井能哉

【栃木県】

◆**隠れた景勝地・仏岩**

露けしや苔曼荼羅の行者道　柴山要作

産の宮秋の木漏れ日やはらかき　星　揚子

◆**壮大な渡良瀬の葭焼き**

ロシアより戻り葭焼き司る　桑原まさ子

碁仇が芦焼の匂ひさせてくる　伏木ケイ

◆**圧巻は蜻蛉の羽化　六月の芦野**

田を植ゑて遊行柳の水鏡　宋　岳人

名にし負ふ柳影置く苅田かな　中込とし郎

◆**子供が主役の蛇まつり**

路地抜けて大蛇どさりと下ろさるる　小林申忠

二度三度大蛇水呑む祭かな　石川忠文

◆**絢爛　蔵の町の人形山車**

秋空のもと絢爛の山車の像　落合惑水

はでやかに山車の弁慶見得を切る　五十畑悦雄

◆**文士の愛した温泉郷**

逆杉日陰りて鱒貪欲に　大高松竹

河鹿鳴く湯宿に今も文士の間　平手ふじえ

【群馬県】

◆**オトギの国・猿ヶ京**

合歓咲いて三鬼きそうな関所跡　秋元不死男

湖よりの風に竹散り猿ヶ京　石塚友二

◆**歴史的な遺産・多胡碑**

古代史の地をへめぐりて秋夕焼　関口ふさの

老梅の一樹しづもり多胡の古碑　酒井文子

◆**俗塵を洗う四万温泉**

四万谷に届く丈余の崖氷柱　糟谷節子

夜桜を湯壺に浮かべ旅仲間　蟻川玄秋

◆**芸術の宝庫　妙義山麓**

秋風や野に一塊の妙義山　飯田蛇笏

凩や妙義が岳にうすづく日　村上鬼城

◆**日本で最初の製糸工場**

製糸場の煙折る風花散らす　高橋洋一

藩校は今は硝子戸額の花　樽沼けい一

◆**鉄道遺産の動態展示**

山ざくら碓氷くだりて日の炎ゆる　角川源義

煤の跡残る隧道蛇の衣　武藤洋一

【埼玉県】

◆**名木百選・牛島の藤**

藤房の実も世もあらぬごとく揺れ　鷹羽狩行

藤棚の奥のやんごとなき暗さ　杉　良介

◆**貴重な植物群生・浮野**

巡り来て浮野の月に会ひにけり　山菅紫馨

野仏へつづく足あと雪だるま　落合水尾

◆**蔵造りの町「小江戸」**

諸の秋羅漢に風の及びけり　磯貝碧蹄館

蔵店の刃物の蜂起風ひかる　小澤克己

◆**昼は人形山車　夜は提灯山車**

やあやあと祭天狗の鼻反らす　佐怒賀直美

異界より近づいてくる祭笛　佐怒賀由美子

◆**世界の盆栽の中心地**

参道に夕暮れ長し秋の蟬　島貫　恵

冬の蜂盆栽村を抜けだせず　沼田布美

【千葉県】

◆**慶喜ゆかりの戸定邸**

春愁の屋根光りをり濡れてをり　望月百代

処暑の風人をやさしくしてをりぬ　渡辺紀子

◆**見所多い仁右衛門島**

石蕗咲いて一島一戸うつくしき　北野耕兵

着ぶくれて覗く頼朝かくれ穴　平嶋共代

◆**白樺派文人たちの跡**

花ふぶく文士通ひしはけの道　杉本光祥

大正の息吹を四囲に春の坂　甕　秀麿

◆**川の駅から利根川散歩**

紅葉鮒佐原囃子は今宵より　青山　丈

月光のどの川舟を盗まうか　飯田　晴

◆**里見氏の歴史息づく**

灯台は天の日時計鳥渡る　石﨑和夫

くつきりと火の島浮かぶ恵方かな　佐久間由子

【東京都】

◆**江戸の粋「とんど焼」**

鳥越に法被百人とんど焼　染谷秀雄

数へ日や昭和の色の煮豆買ふ　大元祐子

◆**厄除けの西新井大師**

鈴振る手いづれも痩せて果大師　倉本尚彦

咲き切つて和紙の手触り白牡丹　一枝　伸

◆**大晦日の狐の行列**

年の夜の月にあつまる狐面　藤田直子

狐面外さずじまひ除夜詣　小沢麻結

◆**野火止用水と東京の今昔**

武蔵野の欅総立ち寒の入　椎橋清翠

湧きおこるひぐらしに水流れゆく　千代田葛彦

【神奈川県】

◆**大岡越前守の菩提寺**

地虫出づ越前墓所の参道に　倉田敏夫

越前守忠相の寺実梅どき　中野陽路

◆**昔と今が混在する島**

江の島に糸の雨ふる栄螺売　安田三代子

夕霞片瀬江の島灯り合ひ　松本たかし

◆**ぶらり横浜　港町**

大桟橋百羽の鷗しぐれけり　古賀まり子
展帆や一直線に秋すすむ　中村明子

◆**中原中也の海棠**
妙本寺裏の南蛮きせるかな　篠　ゆう
銀杏黄葉比企一族の墓こぞる　千早桂子

Ⅲ中部

【山梨県】

◆**必見「三分の一湧水」**
三分の一湧水花野の音となり　細川富士夫
湧水は三筋に別れ山の春　原　霞

◆**厄除地蔵の塩沢寺**
湯の町の雨にほのめき眠る山　堤　高嶺
厄地蔵耳開くてふ春の霜　加々美富雄

◆**つつじが崎館の遺跡**
堂涼し信玄像の厳しき眼　宮下時雨
積翠寺人の声なし秋のこゑ　桜井末子

◆**富士の麓の火祭り**
火祭りにすこし間のある山の空　横瀬弘山
火祭りの点火を待ちて富士暮るる　鈴木文代

◆**手力男命のお道開き**
富士みちの社にはじまる山開き　川上昌子
高原の雨は夏炉を焚かしむる　渡邊　薫

◆**渓谷に架かる奇橋**
秋うらら猿橋鳴らしつゝ渡る　天野和子
猿橋や春雨傘を差し交はし　佐藤寛子

【長野県】

◆**四季を彩る花岡平**
濁りつつ千曲の迅し花りんご　東福寺薫
目の下に秋の千曲川と善光寺　神谷順子

◆**八ヶ岳西麓の「穂屋祭」**
参道の猷くさしよ穂屋祭　村上佳乃
先頭は黒の紋付穂屋祭　東福寺碧水

◆**牡丹と楓「信濃清水寺」**
冬紅葉洗ひたてなる空の色　市川まち子
牡丹と夕べの息を合はせけり　藤森和子

◆**負の遺産　松代の地下壕**
地下壕の不戦の誓ひ帰り花　宮尾進一
地下壕を出て秋天へ深呼吸　杉山　惟

【岐阜県】

◆**数多い鵜飼の句碑**
篝火に闇のしりぞく鵜飼川　堀　仁
鵜供養会供物に魚のなかりけり　佐藤おさむ

◆**神秘の多治見大聖堂**
初夏や修道院に木を挽く香　辻恵美子
聖堂の影より出でず羽抜鶏　荻原八重子

◆「奥の細道」結びの地

しぐるるや蛤塚の片身濡れ　はやし碧

かしこみて木因像と日向ぼこ　富田澄江

◆白川郷　合掌集落

月おぼろ合掌村の寝落ちたる　藤田真木子

稲穂垂る合掌村の朝の鐘　坂部尚子

◆木乃伊と蛍の里

手探りでくぐる戒壇蟬時雨　足立賢治

谷汲踊草萌に置く鉦太鼓　矢田邦子

【静岡県】

◆脚光浴びる富士霊園

雉子鳴けり両手で拭ふ父母の墓　室谷幸子

生ま生まと富士の雪渓不死男の墓　松尾隆信

◆四季を楽しめる佐鳴湖

湖北はや入江深くに鴨は寄り　古橋成光

借りて来し双眼鏡に鴨とべり　神谷わさ

◆吊橋の残る防人の里

熟れ枇杷を袋に透かせ海の風　吉原房子

えび干して冬日を展ぐ薩埵口　久保田愛子

◆修善寺温泉「独鈷の湯」

独鈷湯に足を浸して紅葉かな　伊東夢女

漱石の句碑また一つ春めける　冨里道子

◆風と闘う中田島砂丘

浜防風砂丘の皮層乾きゐて　橋本美代子

喧嘩凧揚がる遠州大砂丘　安藤恵美子

◆蘇った清流　源兵衛川

頼朝の出世絵馬買ふ初詣　室久定佳

せせらぎの道気ままなる夏帽子　小林とみ子

【愛知県】

◆四季の豊かな西明寺

ベルツ碑に寺の菩提樹咲きにけり　齋藤朗笛

菩提樹の樹下は尊し蟬の穴　山本比呂也

◆蒲郡のシンボル竹島

神の島に生るる舟虫争はず　窪田愛子

竹島や晩夏の波のいよ白し　島津余史衣

◆三河の山にかぎ万灯

墓前祭の手桶に光る冬の水　牧野暁行

かぎ万燈火は弓なりに盆の山　乙部妙子

◆家康誕生の岡崎城

月今宵葵御紋の湯の井かな　伊藤敬子

秋霖や時刻みたる堀の台　村田浩子

◆神話が息づく白鳥公園

神の宮鎮めて木の葉散りやまず　小川洋子

奉納の武芸百般熱田祭　西井いさ六

◆御油宿から藤川宿へ

麦の穂のむらさき風に流るるよ　栗田やすし

しぐるるや遊女置屋に駕籠二丁　武田綾子

【新潟県】

◆圧巻！瓢湖の白鳥

湖昏れてゆく白鳥の甲高き　山口啓介

水蹴りてたつ白鳥に日の雫　山口あつ子

◆佐渡一の宮度津神社

妹山のさくら見てゐる背山かな　赤塚五行

鮎落ちて妹山背山暮れにけり　羽生雅春

◆整然と並ぶ高田寺町

寺町の六十三ケ寺涅槃西風　星野八郎

真昼間の寺町通り蟬時雨　石黒正勝

◆裏佐渡の文学碑林

風の葛坑夫人夫の墓とのみ　中島斌雄

日蓮の配所の寺の大氷柱　山本修巳

◆越後の雪晒し・堂押し

巻機(まきはた)山の雲払ひたる雪晒　井口光雄

下帯の雪より白し堂押祭　若井新一

◆千の風の散歩道

囀や大樹の上を千の風　小林風千

千の風合唱団より春兆す　山内美子

◆豊かな文化「山古志村」

豪雪やこゑを出さねば消ゆる村　矢澤彦太郎

若葉風角突く牛の肌ひかる　平賀寛子

Ⅳ北陸

【富山県】

◆万葉以来の藤の名所

藤浪に雨かぜの夜の匂ひけり　前田普羅

風音の果ては水音藤の影　中坪達哉

◆先人偲ぶ黒部の川音

月明の四十八が瀬水こだま　石田阿畏子

大ぶりの黒部の木の実降りにけり　中坪達哉

◆文化交流の「東西橋」

とびからすかもめも聞こゆ風雪解　金尾梅の門

この里の水を離れず恋螢　野中多佳子

◆倶利伽羅古戦場

倶利伽羅や骨山(こつやま)探す鶯の啼く　進藤一考

義仲も今は風なり木々茂る　川井城子

◆八尾の華麗な曳山祭

胡弓の音厄日の闇をふるはせて　成重佐伊子

山車囃子ひと日ふくらむ坂の町　吉野恭子

◆四季折々に美しい風景

囀や空透きとほる散居村　野村邦翠

田かはづの声を囃子に謡かな　大谷こうき

【石川県】

◆仏御前ゆかりの原町

稚児百合や仏御前のお産石　北川愛子
銃口を支へし柵や蔦若葉　杉本年虹

◆**勇壮な神事・竹割祭**
引き廻す縄の大蛇に春の雪　川崎房恵
べこべこの久弥の飯盒山笑ふ　高岡幸子

◆**絶景・河口の夕日**
物の芽の朱色手取の扇状地　中西舗土
音のなき河口の流れ鰯雲　北島智子

◆**金沢の奥座敷「湯涌温泉」**
芥子は実に夢二彦乃の隠れ里　千田一路
遠嶺に雲をはぐくむ氷室の日　矢地由紀子

◆**金沢城下を一望の「卯辰山」**
卯辰山が紅葉するよと金沢人　細見綾子
母恋の句碑抱く山滴れり　細川朱雀

【福井県】

◆**苔むす平泉寺境内**
白山に雪来て鍬を仕舞ひけり　伊藤秀雄
六千坊滅びの跡や蟬時雨　杉原　静

◆**発掘続く一乗谷遺跡**
万灯会果てて一乗谷の闇　加畑霜子
秋燕や小次郎太刀を切り上ぐる　坪田哲夫

◆**戦乱の場・金ヶ崎城址**
鐘塚の寂に徹して虫のこゑ　石田野武男
宝暦の鐘塚を訪ふ秋日傘　倉谷紫龍

◆**朝倉氏の夢の跡**
湯殿跡石も朽つかに残る虫　土肥清二
一乗谷川へ攻め入る蘆の花　村田　浩

◆**難攻不落の国吉城**
秋蟬や死闘のありし砦あと　山本麓潮
朝倉を阻みし城址草じらみ　原　稔

V近畿

【三重県】

◆**気品ただよう無動寺**
種おろす黒田の庄の女杣　西田　誠
杣山の音を収斂修行滝　百上進一

◆**日本武尊の陵めぐり**
まほろばの地より加佐登へ小鳥来る　石井いさお
白鳥座能褒野の天に懸りたり　小林青波

◆**歴史の宝庫・伊賀寺町**
炎帝の寄らば白壁なほ白し　大野利江
仇討の弔ひの寺蓮開く　平野淑子

◆**江姫たちと伊勢上野**
江姫に隠（おだ）しき日あり石蕗明り　古川和子
鈴鹿嶺を越ゆれば近江冬がすみ　山中悦子

◆**伊賀の「御斎峠」**

忍びめく伊賀霊場の黒揚羽　松岡美代子
秋深む鍵谷の辻の標石　浜地和恵

◆勇猛・豪壮な鯨船まつり

鯨追ふ転舵に転舵祭船　平野　透
祭船艫高く上げ祝ひ歌　佐藤　茂

【滋賀県】

◆近世の町並み柏原宿

中山道ここは艾屋冬うらら　宮本康恵
大店を守護の福助秋暑し　鈴木圭子

◆いぶし銀の町・日野

麦秋の日野に墨書の家訓かな　大橋利雄
桟敷窓ひらき渡御待つ日野長者　波多野絹江

◆観光の中心、彦根城

井伊さまの金箔しづむ貝雛　井口弥江子
山茶花の日に埋木の舎は閉し　江川虹村

◆業平伝承の在原集落

業平の墓のうしろの落椿　安部和子
雪代や魞見つづける風の鷺　春山花郷

◆芭蕉の心のふるさと

義仲寺や笹子ときどき走りこみ　原田しずえ
義仲の墓に十日の菊を挿す　小畑晴子

◆桟敷窓のある町並

湖国より雨の近づく葉鶏頭　吉田鴻司

江鮭（あめのうお）馳走としたる祭かな　後藤比奈夫

【京都府】

◆感動的な鞍馬の火祭

火祭の日を通さむと門を掃く　前田攝子
火祭りや火の粉を浴びても退かず　水木春男

◆にぎわった「大原志」

秋声を秘めし産屋の残る里　駿河白灯
産屋てふ昔の名残り吊船草　矢野ゆきえ

◆八月の洛中は盆一色

六道の辻に抜け道ラムネ飲む　松村　茂
閻王に速達一つ届きたる　富吉　浩

◆歴史伝える宇治田原町

星近き里や夜干の梅匂ふ　朝妻　力
二十戸に足らぬ山里冬ざくら　今井妙子

◆愛宕神社の千日詣

石階に仮寝す愛宕お千日　浅井陽子
空也忌の雲一つ置く愛宕山　倉持嘉博

◆天に飛翔する浮橋「天橋立」

天橋の一里涼しき松の風　辻田克巳
炎昼の地獄絵にある鏡かな　矢野ゆきえ

◆伏見稲荷の千本鳥居

爽やかや鳥居のなかに鳥居見え　斎藤ふき子
稲荷社の裏まで拝む毛皮被て　品川鈴子

【大阪府】

◆幼き日の蕪村を想う
長過ぎて曲り癖つく毛馬胡瓜　松井トシ
踏青の毛馬閘門に突き当たる　北田桃代

◆「茶禅一味」の南宗寺
一門の供華みな同じ利休の忌　小林恕水
大茶会始まる前の松手入　築野治子

◆卯の花の名所・高槻市
との曇りなる摂津野や右近の忌　清水欣一
城址に右近を語り良夜かな　塩見治郎

◆ロマン秘める能勢郷
菊炭を焼きて三代山住まひ　中西久美子
落栗や山路ここより能勢に入る　高橋玉水

◆わが国唯一の連歌所
町ごとに地蔵の祠燕来る　山内繭彦
連歌所は閉まりしままやさみだるる　奈良八恵子

◆通天閣　頑張ってまっせ
水打つてジャンジャン横丁昼しづか　坂川満智子
通天閣はやばや点りふぐと汁　南波保子

◆実業家と文人墨客の池田
夜桜や池田はふるき酒どころ　北市秋帆
がんがらの祭火くづれては立ちぬ　林　和子

【兵庫県】

◆「しあわせの村」誕生
一の谷奈落は猫の逢瀬かな　山田　実
公園の案内図になき草いきれ　山内山彦

◆数多い歴史的文化財
千年家破れ障子を覗きけり　池田順子
灰古りしまま千年家炉を焚かず　秋馬より子

◆明石海岸・浜の散歩道
今日はしも明石海峡夏景色　後藤立夫
瀬戸内の海の明るさ桜鯛　福本せつこ

◆禅機みなぎる高源寺
薬玉を吊るす綾子の生家かな　上村佳与
夏座敷丹波木綿の藍のいろ　尾部きよみ

◆安産祈願の名刹
安産の寺に我らは梅見かな　中村未有
岩田帯受けて梅林にも寄りて　森本成子

◆勇壮絢爛　播磨国の置山
穴子めし白鷺城は雲放ち　岩本尚子
綿繰の播磨の昔話かな　竹腰八柏

【奈良県】

◆伝統の牡丹焚俳句養
藁苞は撫肩がよし寒牡丹　山崎みのる
二上の雌岳は見えず寒牡丹　田中春生

◆信仰の道・伊勢街道

鯉もまた日ざし好めり冬の山　茨木和生
鴛鴦の巣をたしかめに御杖村　右城暮石

◆平城宮跡から法華寺

朱雀門誰か草笛吹いてをり　杉浦典子
ことごとく終始十一面観音　鷹羽狩行

◆狼のいた山河・深吉野

谷へだつ初音たしかや杉みがき　塩路隆子
狐の目ヘッドライトにとび込めり　吉沢紀子

◆「かぎろひの丘」の神秘

かぎろひを待つや阿騎野に大焚火　緒方みどり
小走りに人ゆくおぼろ宇陀郡　宇陀草子

◆能楽の原点　奈良

世阿弥忌や恋捨てし日の女面　飯泉葉子
一芸もなく老いてゆく世阿弥の忌　小室善弘

◆はるかなる二上挽歌

威銃大津皇子は天に在り　阿波野青畝
牡丹照り女峰男峰とかさなれる　橋本多佳子

【和歌山】

◆幻想的な白崎の景観

沖に立つ由良の白波鳥雲に　西村貴美子
切子出で来る水際の一軒家　山本嘉子

◆「熊楠邸」一般に公開

熊楠のルーペの透きて夏来たる　吉田万喜子
熊楠の紙魚の植物採集帖　金森教子

◆復活二十五周年の流し雛

流し雛紀ノ川添ひは寺多し　山田東海子
鮎ずしやここも紀の川筋の村　松浦其國

◆厳しい高野山への道

白絹の乳房の絵馬に花の雨　藤沢美奈子
星凍てて高野を闇に沈めたる　辻口静夫

◆熊野古道から旧中筋家

梅が香や熊野に向かふ木の根道　尾池和夫
路地裏が熊野古道や花みかん　森　幸子

◆勇壮な男の火祭り

灼けゐたり漢の触れし岩も樹も　後藤綾子
火祭の白装束に縄の帯成　宮弥栄子

VI 中国

【鳥取県】

◆漁港と漫画の町作り

爽やかや妖怪をもて町起こし　由木みのる
遠足の子等撫でて過ぐ妖怪像　堀江典子

◆洞門・奇岩の浦富海岸

口笛を晩夏の海へ吹きにけり　白岩敏秀
涼風や龍神洞へ舟を漕ぐ　中嶋武志

◆ゲゲゲの「妖怪ロード」

鬼太郎も加はる祭支度かな　崎多瑠子
妖怪と仲良くなりし跣かな　岸田　昌

◆蕪城の愛した漁港

燃えさしの汐木散らばり夏果てぬ　景山みどり
船団の魚場へ急ぐ雲の峰　出木俊子

◆情緒豊かな雛送り

杉山を巡りし水に雛流す　大谷正子
いつさいを振りきり雛流れゆく　石山ヨシエ

【島根県】

◆人麿終焉の地・鴨山

あしひきの鴨山恋ひし時鳥　宮本壮太郎
濡れてゐるやうな狭空河鹿鳴く　西村松子

◆夏を告げる「涼殿祭」

涼殿祭の祝詞風に乗る　足立歩久
大己貴神の宿る椋の木真菰祭　上川美絵

◆世界最大の砂時計

砂時計春の夜空を彩りて　田村濱恵
鳴り砂を鳴らしつつ運ぶ若布かな　向田郁子

◆アイリッシュ祭り

卯浪立つハーン旧居のかくも古り　長谷川双魚
アイリッシュ・フェスの緑に春の風　福頼聡子

◆山陰の耶馬渓「立久恵峡」

新緑にまみれ魚霊碑鳥獣碑　万代紀子
谿の水樋にひきたる鮎の宿　奥井紘子

【岡山県】

◆文化財の宝庫・真備町

円墳を包む冬日や鳶の笛　小倉貴久江
白鳳の礎石のいろや初時雨　樋口千恵子

◆郷愁誘う祭り・遺跡

御田植の雌獅子に咬ます農の指　西村　琢
昼暗きたたら遺跡や雪解川　磨家　泉

◆弥生後期最大の墳墓

まかね吹く吉備のまほろば夏薊　大倉祥男
神石に旋帯文(せんたいもん)や冬うらら　杉本征之進

◆平賀元義の歌ごころ

もみづるや崩れ築地の寓居跡　赤木ふみを
亀島の祠へ亀や神の留守　三垣　博

◆世界最古の公立学校

楷の葉のいろづく秋の釈奠(おきまつり)　浮田雁人
藩校の丸き石塀日脚伸ぶ　角南英二

【広島県】

◆柿簾に埋まる集落

柿を吊り賑はひ戻る過疎の村　野呂天風
吊し柿種まで透ける日和かな　木村里風子

◆市民休息の場・似島

種牡蠣をしづかに垂らす盆の海　鈴木厚子

鳥渡り灯台白くのこりたる　井上久枝

◆**賑わう木野川雛流し**

袖濡らすしぶきも花に流し雛　日比野さき枝

流し雛振り向くに舟回しけり　八染藍子

◆**洗心の別世界「三瀧寺」**

一の滝二の滝三の滝もみぢ　務中昌己

水逸る三つの滝を束ねては　上山本一興

◆**人に優しい路面電車**

引退の被爆電車や晩夏光　大久保信子

冬暖か次第太りに来る電車　飯野幸雄

【山口県】

◆**静かな海辺の里・室積**

石蕗咲いて象の鼻てふ一と岬　宮野しゅん

一湾はひかりの器鳶の秋　吉次　薫

◆**鶴の里・周南市八代**

鶴唳（かくれい）の天に師を呼ぶ声かとも　宮本仁宏

引鶴の声消ゆるまで鍬を置く　森田千枝子

◆**響灘の島に残る神事**

石蕗の花今を盛りに遠流島　向井千雅子

身に入むや郷に一基の流人墓　豊島　及

◆**防府市向島の蓬莱桜**

百年を蓬萊桜翼張る　岩本千絵

島の褻に紅凝らしたる桜かな　森田知義

◆**関門海峡の一大絵巻**

上臈の爪を真赤に先帝祭　羽嶋小鼓

先帝祭終へし御旅所ほととぎす　広田智恵

Ⅶ 四国

【徳島県】

◆**大山さんの力餅行事**

泰山木散る弘法のゆきし道　吉田汀史

よたよたと力自慢の鏡餅　阿部　要

◆**圧巻　犬飼の農村舞台**

笛方のひとりのいそぐ阿波の月　黒田杏子

浄瑠璃の木偶泣いてゐる文化の日　名護靖弘

◆**桜間の巨大なお石**

お石さんに海蝕痕や草紅葉　西池みどり

天地の像家に感謝涼新た　川口恒星

◆**阿波公方一族の菩提寺**

公方さまおはせし郡梅つぼむ　谷中隆子

薄氷や九代に終はる阿波公方　北島美智子

【香川県】

◆**讃岐・金刀比羅宮の蹴鞠**

塀越しに社家の街並梶の鞠　植田桂子

七夕の天を蹴り上ぐ鞠白し　蒲生繁代

◆**旅人憩う・四つ足茶堂**

谿音は逝く夏のうた四つ足堂　馬場ミヨ子
蕎麦どころ蕎麦もて茶堂盆用意　吉田芙美子

◆塩飽水軍の本拠地

皇子の碑をかなめの番所せみしぐれ　原　文子
なまこ壁の朱印庫鎖され昼の虫　藤澤道彦

◆有木の里と平有盛

隠し田に芋の葉小さき平家村　有岡和子
竹の春有盛塚へごろた石　岡　汀子

◆万葉の昔と交差する島

人麻呂碑涼し汀の岩座に　名越奈緒
秋高し大橋指呼に人麻呂碑　多田昭男

【愛媛県】

◆史跡多い道後の町

湯にかよふ顔はれやかに日脚伸ぶ　渡辺美紀子
千年の湯の香をまとふ良夜かな　和泉厚子

◆万葉植物苑の四季

年々の萬葉苑の蛭蓆　高岡周子
青萱の益荒男ぶりの万葉苑　大野汀子

◆子規、漱石を偲ぶ滝

雪嶺の一糸まとはぬ上天気　藤田美和子
朝日浴びけり石鎚山の霧氷林　久門ヨシエ

◆雪の石鎚神社成就社

岩角に坐してしんから滝じめり　井門忠士
秋の滝みづのひかりを綴りあはす　江崎紀和子

◆悪虫退散「虫送り」

茶堂より茶堂へ風の青田道　杉山　望
鉦太鼓青田の中を進みけり　山中清子

【高知県】

◆今に残る特異な文化

四万十青し秋の祭の牛鬼に　中越一七
牛鬼の腹より出でて休息す　中平松鶴

◆紅葉の「満天星公園」

満天星の真昼一人に逢へるまで　今久保あき
高千満天星と響き合ふ　和田耕人

◆鷹の渡りが見える町

真向を一直線の鷹渡る　藤戸寿枝
声聞こえすぐ眼前を鷹渡る　上村涉水

◆四万十川の「沈下橋」

串打つて身を反る鮎に化粧塩　中平千賀
鮎簗に水の輝く四万十川　朝日千寿子

◆日本三大鍾乳洞　龍河洞

三畳紀・ジュラ紀・白亜紀・青樹海　乾真紀子
あな黝し土佐のかんたらうみみずとか　飯島晴子

Ⅷ　九州・沖縄

【福岡県】

◆勇壮「玉せせり」神事
放生会満一歳の目が潤む　堺　久芳
放生会四方拝もて舞果つる　重松和子

◆神韻宿る香椎宮
棺掛けて寒夜の殯（もがり）幾日ぞ　宮原美奈子
朱鳥忌をいくつも重ね朴芽吹く　神山大河

◆篠栗八十八箇所巡礼
蹲踞に紫陽花浮かぶ札所寺　伊藤倫子
秋遍路アサギマダラと憩ひをり　矢動丸典弘

◆油山の空　鷹渡る
日に舞つて凱歌のごとし鷹柱　岡部六弥太
群れ舞ひて光となれる鷹渡り　立石　京

【佐賀県】

◆句材豊富な唐津
からつくんち宵山も見て昼も見て　小浜史都女
おくんちの警官走る皆走る　谷山瑞枝

◆歴史伝える多久聖廟
聖廟の長き参道石蕗の花　下村一馬
淑気満つ格子の奥の孔子像　田久保峰香

◆早朝から寒鮒の競り
寒鮒の十キロ担ぎゆく男　栗山敬子
寒鮒市夫と逸れてしまひけり　桑原みわ子

◆呼子港の歴史と情緒
漁火の玄界灘に星流る　大石ひろ女
島七つ結ぶ潮目の茅花風　内田景子

◆脊振の古道と山茶花原生林
冬迎ふ千坊跡の万の木木　松田美奈
遠霞つらなる山の七重八重　富永喜美枝

◆人も鳥も憩える場所
数万の鳥の羽風や大干潟　栗林白霜
愛鳥日へらさぎ捉ふ双眼鏡　光野遊季

【長崎県】

◆古い歴史の茂木漁港
一つづつ海の風入れ袋掛　西山常好
とろ箱を棲家の猫や浦小春　辻原晩夏

◆古墳群広がる「牧島」
ほととぎす啼くや古墳を守るがに　西　史紀
野ざらしの古墳小島の冬の波　木下慈子

◆引揚の地に平和公園
引揚のここが原点鶴来たる　田中正人
昭和の日引揚船に赤子泣く　牛飼瑞栄

◆一日一万羽の鷹渡る
西海のうしほ浴びつつ鷹渡る　朝長美智子
鷹柱風の螺旋を競りのぼる　奥村ちか

◆西海の名勝「九十九島」
満月の九十九島を渡りゆく　馬場定水

秋の航九十九島の幾曲り　永野潤子

◆殉教の島「生月島」

パライソに一番近き島小春　髙永久子
島山にこもるオラショや蟬の穴　鶯渕和明

【熊本県】

◆神秘の清流「緑仙峡」

釣り人の永き日となる緑仙峡　児玉文子
山祇（やまつみ）のこぼしてゆける木の実かな　加藤いろは

◆横井小楠と「四時軒」

生新の気運呼び込む夏座敷　田島三閒
四時軒の庭より眺む秋天下　永田満徳

◆威厳と美観　熊本城

春一番熊本城の楠の鳴り　宗像夕野火
旅を撮る紅葉且つ散る城を背に　西村泰三

◆地下水都市のシンボル湖

花びらの降りきし舟のかるさかな　安倍真理子
小流れは湖へ急ぐや首夏来たる　川本美沙子

【大分県】

◆歴史の宝庫国東半島

春疾風国東塔に傾ぐくせ　阿部正調
山門の仁王にすくむ穴まどひ　渡辺笑子

◆鶴見岳一気登山の会

鶴見岳の百神ここに樹氷林　田邊博充
明易の海より入る帰郷かな　渡辺節子

◆小鹿田焼の里・皿山

陶工の間を置く応へむべの花　首藤勝二
皿山の冬日跳ねたる飛び鉋　かみあし律

◆風光明媚な城下町

波音の遠くにありて椿寿の忌　平田節子
ただ秋風往時の高き松もなく　小松生長

◆お接待「お弘法さま」

お接待下校の子らにめがね菓子　安藤ミヤ子
お接待草餅のまだあたたかき　亀田多珂子

【宮崎県】

◆文化財を守る南郷村

阿蘇凛と真向いに立つ若井汲む　大津幸奈
銅鏡や百済の里の秋深き　遠井俊二

◆心を癒す高千穂牧場

時鳥町を夜明けの川流れ　森　ゆきお
放牧の百の羊に秋日濃し　宮地れい子

◆夜神楽一色の高千穂

神々の系図の縷縷と梅開く　岸　小夜
高千穂の闇たくましや夏神楽　原田檳榔子

◆太古の秘境「西米良」

湯の宿に遠く出会ひの米良神楽　真方寅徳
奥米良の奥は火の国冬霞　矢野信幸

◆**平家と源氏の相聞の里**

銀漢の裾は未だ見ず椎葉の子　濱田淡水
花は葉に絵馬ことごとく合格す　甲斐みつを

【鹿児島県】

◆**薩摩焼発祥の美山**

竹の皮脱ぎかけ窯の休みかな　山元海郎
しわしわと秋の陶土の練られけり　邊見京子

◆**白砂青松「くにの松原」**

冬麗ら古墳伝ひの今日の旅　大岳水一路
秋風や松毬潮の音納め　和田洋文

◆**川辺の清水磨崖仏群**

紅葉散る摩崖月輪大梵字　中間秀幸
初秋の摩崖菩薩の微笑かな　大川畑光詳

◆**万羽鶴が飛来する里**

恵方とす畔の直線上に鶴　大岳水一路
旋回は別れのことば鶴引けり　瀬戸清子

◆**豪華絢爛「六月灯」**

夕されば絵の膨れ来る六月灯　淵脇　護
六月灯火の山へ風わたるなり　浅田　巖

【沖縄県】

◆**神々が集う島「久高」**

アマミクの降りし聖地や紋羽に実　當間タケ子
カベール岬白鯵刺の低く去る　仲里八州子

◆**王家の別邸「識名園」**

三線（しゃみ）の音（ね）に蓬の芽吹く識名苑　日嘉　安
蟷螂の孵化まだ遠し識名苑　吉田初音

◆**世界遺産「勝連城跡」**

夏近き曲輪のうねり勝連城　金城　杏
白南風や一の曲輪の参画点　小松澄子

◆**摩文仁の丘に聴く波音**

摩文仁野の丘に逆さの風車　井波未来
月桃に餅のねばりや平和の塔　三浦和歌子

創立60周年記念事業

『ふるさとの情景』

編集委員

今井　聖（委員長）

江口瑠里　遠藤由樹子　栗原公子　西澤みず季　福神規子

事務局

染谷秀雄　菊田一平

ふるさとの情景｜ふるさとのじょうけい

令和3（2021）年11月30日　第1刷発行

編　者｜公益社団法人 俳人協会

発行者｜西井洋子

発行所｜株式会社東京四季出版

〒189-0013 東京都東村山市栄町 2-22-28

電話 : 042-399-2180／FAX : 042-399-2181

shikibook@tokyoshiki.co.jp

https://tokyoshiki.co.jp/

装　幀｜髙林昭太

印刷・製本｜株式会社シナノ

定価はカバーに表示してあります。

ISBN 978-4-8129-1071-9